北京市哲学社会科学规划办公室
北京市教育委员会　资助出版

北京学研究报告
2019

北京学研究基地 编

中国社会科学出版社

图书在版编目（CIP）数据

北京学研究报告.2019/北京学研究基地编.—北京：中国社会科学出版社，2021.6
　ISBN 978-7-5203-8630-2

Ⅰ.①北… Ⅱ.①北… Ⅲ.①城市学—研究报告—北京市—2019 Ⅳ.①C912.81

中国版本图书馆 CIP 数据核字（2021）第 109032 号

出 版 人	赵剑英
责任编辑	吴丽平
责任校对	梁晓婷
责任印制	李寡寡

出　　版	中国社会科学出版社
社　　址	北京鼓楼西大街甲 158 号
邮　　编	100720
网　　址	http://www.csspw.cn
发 行 部	010-84083685
门 市 部	010-84029450
经　　销	新华书店及其他书店
印　　刷	北京明恒达印务有限公司
装　　订	廊坊市广阳区广增装订厂
版　　次	2021 年 6 月第 1 版
印　　次	2021 年 6 月第 1 次印刷
开　　本	710×1000　1/16
印　　张	19
字　　数	309 千字
定　　价	98.00 元

凡购买中国社会科学出版社图书，如有质量问题请与本社营销中心联系调换
电话：010-84083683
版权所有　侵权必究

编委会

主　　编　张宝秀　黄　序
副 主 编　张景秋　孟　斌　杜姗姗
编　　委　杨绍澄　杨鹤鸣　袁　蕾　柴浩放
　　　　　张佰瑞　张远索　逯燕玲　谌　丽

前　　言

　　《北京学研究报告2019》以"北京城乡融合发展"为主题，设有总报告和北京城乡发展战略、都市型乡村振兴、城乡文化保护与发展四个栏目，共收录2019年北京城乡融合发展报告1篇和23篇分报告。作者既有高校师生、研究院所科研人员，也有市政府研究机构科研人员，以及相关区委、区政府、区人大相关机构的人员。

　　城乡融合主要是指城乡一体化。改革开放后，特别是在20世纪80年代末期，由于历史上形成的城乡之间隔离发展，各种经济社会矛盾出现，城乡融合思想逐渐受到重视。北京作为我国的首都，是城市体系中一个特殊的单元，其发展有自己特殊的规律。北京又是一个大城市小郊区的城市体系，时至今日，城乡之间仍然存在明显差距，因此，以统筹城乡发展作为主线，深入研究北京城乡发展状况，探讨首都北京城乡发展规律和发展趋势，对于城市化研究和城市科学的发展具有重要的理论意义。

　　近些年，我国在持续提高城镇化水平，推进城乡统筹，全面、协调、可持续发展。北京作为首都和特大城市，在落实中央精神方面要做出表率，需要在北京的城乡发展进程中不断总结经验，研究城乡发展出现的重大问题，同时参照国外首都的发展经验，对北京今后的发展方向做出科学的预测，为市委、市政府的决策提供依据。因此本研究报告对推动北京城乡融合发展方面具有重要的现实意义。

　　本研究报告展现了2019年北京城乡发展领域取得的新进展，包括进一步落实城市战略定位，促进京津冀协同发展，开放与创新带动城乡高质量发展，全面落实乡村振兴发展战略，城乡一体化改革不断深化，城市治理水平提升，城乡生态环境改善，公共服务供给水平提高，民生福祉改善等。同时，指出了在全面落实京津冀协同发展战略和乡村振兴战略的背景下，北京城乡融合发展面临重大机遇，但也存在农业发展质量提升与农民收入增长难度加大、农村特别是城乡结合部环境痼疾难除等问题。展望北京城乡一体化的发展动向，在深入推动京津冀协同发展、城乡区域均衡发展、生态环境以及社会发展领域都将取得更大进展。

目 录

总报告

2019年北京城乡融合发展报告 ………… 袁 蕾 黄 序 张宝秀（3）

发展战略篇

京津冀协同发展形势下北京城镇化进程
　　研究…………………… 季 虹 赵术帆 栗 挺 王 任（25）
关于加快推进城乡融合发展的研究 ………………………… 尚祖国（40）
北京城乡公共交通一体化现状研究 …… 窦晨晨 谌 丽 解扬洋（49）
北京市撤村建居调查与思考 ………………………………… 张英洪（62）
关于统筹做好老城保护与民生改善的研究 ………………… 夏林茂（75）
新形势下通州区新型城镇化发展的现状、问题与
　　建议 ………………… 季 虹 赵术帆 张 俊 王 萧（92）
新形势下城乡劳动力职业培训工作面临的机遇、
　　挑战与应对 ……………………………………………… 杨连元（100）
梨园地区高精尖现代产业体系的研究 ……………………… 刘永忠（106）
通州区宋庄镇新型城镇化模式 … 季 虹 赵术帆 张 俊 王 筝（112）
关于加快推进温榆河公园建设的调研与
　　思考 ………………… 朝阳区人大工作研究会农村办课题组（124）
关于解决朝阳区"停车难"问题的思考 ………… 邢平芳 李沛鸽（139）
畅通诉求渠道　化解群众难题
　　……………… 朝阳区人大常委会南磨房街道工委、南磨房乡人大（152）

都市型乡村振兴篇

2011—2019年顺义区农地经营权流转市场状况及对策
　　研究……………………邓思宇　向小倩　郭若男　张远索（165）
北京农宅利用管理实践研究………………………季　虹　赵雪婷（177）
北京市乡村民宿发展现状与持续健康发展策略
　　——以门头沟区为例………余煌　丁雅沁　杜姗姗　陈建周（195）
农村垃圾分类"辛庄模式"的调研报告…………………李小环（214）
推进帮扶农村残疾人就业增收…………………戎维兵　田晶晶（219）
问策基层，问计群众　扎实推进农村"厕所革命"
　　……………………………………………戎维兵　买年昊（226）

城乡文化保护与发展篇

北京"三个文化带"建设推动京津冀自然与文化生态
　　协同优化……………王泽卉　高彩郁　王　玥　逯燕玲（237）
北京长城文化带建设对京郊旅游的辐射带动作用
　　研究…………………高彩郁　王泽卉　王　玥　逯燕玲（248）
开展街区更新，推进历史文化街区保护复兴
　　——以北京市东城区为例………………………………金　晖（260）
北京农业文化遗产保护利用的现状、问题及对策
　　研究……………陈建周　杜姗姗　邱　茜　陈京雷　吉　阳（271）
城乡一体化视角的文旅融合日本经验及其对北京的启示……韩孟缘（286）

总 报 告

2019年北京城乡融合发展报告

袁 蕾 黄 序 张宝秀*

摘要： 2019年北京市城乡发展领域取得的进展包括：进一步落实首都战略定位，促进京津冀协同发展；开放与创新带动城乡高质量发展；全面落实乡村振兴发展战略，城乡一体化改革不断深化；城市治理水平提升，城乡生态环境改善；公共服务供给水平提高，民生福祉改善。在全面落实京津冀协同发展战略和乡村振兴战略的背景下，北京城乡一体化发展面临重大机遇，但同时也存在农业发展质量提升与农民收入增长难度加大，及农村特别是城乡接合部环境痼疾难除等问题。展望2019年北京城乡一体化的发展动向，预计在深入推动京津冀协同发展、城乡区域均衡发展、生态环境以及社会发展领域都将取得更大进展。

关键词： 北京；城乡一体化；问题；展望

2019年，北京市继续以习近平新时代中国特色社会主义思想为指导，贯彻习近平总书记对北京重要讲话精神，以服务保障中华人民共和国成立70周年等重大活动为重点，建设"四个中心"、突出"四个服务"，推动乡村振兴发展、城乡经济社会持续融合健康发展。

一 2019年北京城乡融合发展进展

（一）聚集重大活动，实施新版规划，京津冀协同发展取得重大进展

2019年，北京市服务保障国家重大活动，如庆祝中华人民共和国成立

---

* 袁蕾，北京市社会科学院城市问题研究所副研究员，博士，研究方向为城乡发展战略；黄序，北京联合大学北京学研究所特邀研究员，研究方向为城市化、城乡统筹发展；张宝秀，北京联合大学北京学研究所所长，北京联合大学应用文理学院院长，博士，研究方向为北京城市研究。

70周年，举办"一带一路"国际合作高峰论坛、亚洲文明对话大会，举办2019年中国北京世界园艺博览会等。同时，将服务保障与城市运行管理、城市更新改造等工作结合起来，高质高效修缮天安门城楼和城台，对天安门周边、长安街沿线等重点地区和主要道路进行了环境美化和景观提升，提升了北京市的城市面貌。

按照首都规划权属党中央的原则，北京市贯彻新的城乡规划条例，划定生态控制线，制定城市开发边界管理办法，战略留白、减量发展。2019年城乡建设用地规模下降30平方公里。进一步完善国土空间规划体系，制定了13个区的分区规划及亦庄新城规划，高质量完成了28项市级专项规划编制。首都功能核心区范围内的控制性详细规划，长安街及其延长线品质提升详细规划，以及老城整体保护规划编制完成。制定大运河文化保护传承利用实施规划和五年行动计划，实施长城文化带、西山永定河文化带保护发展规划。制定国际交往中心功能建设专项规划和行动计划，第四使馆区控制性详细规划及城市设计，完成雁栖湖国际会都提升规划。继续落实丽泽金融商务区等重点功能区规划。强化规划自然资源领域的整改力度。对基层与土地规划建设相关的问题和腐败加强治理，强化规划自然资源领域内部的相互监督与制约，将建立自然资源国土空间规划督察体系和市区两级重点规划项目联动机制。以此为契机，将各项整改工作逐级落实。开展了专项巡视巡察，对浅山区违法占地违法建设、违建别墅进行了集中整改，已基本完成绿地认建认养、公园配套用房出租及"大棚房"问题整治。

持续实施疏解整治促提升专项行动。清退399家一般制造业企业，疏解提升66个市场和物流中心，拆违后腾退土地5706公顷，基本完成新生违建、地下空间违规住人、"散乱污"企业、占道经营的动态整治工作。优质公共服务资源布局进一步均衡，有序推进8所医院的新院区、5所市属高校的新校区建设。完成核心区背街小巷环境整治提升三年行动任务，市级达标验收1255条。"留白增绿"绿化面积达1686公顷，建设完成城市休闲公园24处、城市森林21处、小微绿地和口袋公园60处，80%的建成区实现公园绿地500米服务半径覆盖。推动便民店建设提升三年行动计划，补充便民商业网点1190个。回龙观天通苑地区三年行动计划完成阶段目标，人大附中昌平学校、清华附小天通苑校区投入使用，新增开放回龙观体育文化公园北区等3处文体设施。

副中心城市框架逐步完成。落实副中心控制性详细规划实施方案，制定副中心规划设计导则，成立城市副中心管委会。第一批市级机关搬迁至副中心，行政办公区二期开始建设。城市绿心完成8000亩绿化造林主体栽植，启动剧院、图书馆、博物馆三大文化设施工程。开工建设副中心站综合交通枢纽、东六环路入地改造等项目，7号线东延、八通线南延实现运行通车。环球影城开始设施安装阶段。发布副中心老城双修与更新三年行动计划，推动老旧小区规范管理和综合改造。北大人民医院通州院区基本建成，黄城根小学通州校区、北京学校小学部开始招生。深化与廊坊北三县的协同合作，52个合作项目有序推进，燕潮大桥投入使用。

京津冀协同发展重点领域任务快速落实。大兴国际机场实现通航，大兴机场高速、轨道交通大兴机场线等投入运行，开启了航空"双枢纽"的新时代。实施大兴国际机场临空经济区总体规划，建立自贸片区。大力支持河北雄安新区建设，京雄城际北京段建成开通，开工建设3所优质学校、1所高水平医院。生态环境跨区域协同治理，实现黄河水进京，永定河山峡段河道40年来第一次没有断流。北京向津冀转移技术合同成交额283亿元，同比增长24%。在环京地区扶持建设蔬菜基地近三十万亩、畜禽基地34家，环京津一小时物流圈20个蔬菜主产县平均供京比重近50%。京津冀协同发展的标志性工程"三元乳业河北工业园"，带动当地1500人就业，扶持建设了1.7万亩的高标准畜牧场，带动周边农户年增加收入两千余万元。

（二）开放创新，城乡经济持续高质量发展

2019年，北京市地区生产总值同比增长6.2%，第三产业比重达到83.1%，金融、信息、科技三大优势产业增加值对经济增长的贡献率持续保持在65%以上。人均地区生产总值约2.4万美元，全员劳动生产率高达26万元/人，居全国领先水平，单位地区生产总值能耗和水耗分别下降4%和3%。

发展"高端、高效、高辐射"的现代农业。重点培育农业高端研发、产业链创新和现代服务业，发挥农业高端服务、产业链创新和先导示范功能，进一步彰显北京全国科技创新中心的农业科技创新引领地位，推动农业信息化、智能化、生态化和农村宜居化，促进了农业农村的高质量发展。一是继续推动农业"调转节"。推广节水农业，发展生态环境友好型农业。农业发展实现了"五减五提升",即高耗水作物播种面积调减了70%,低端规模养殖场调减了90%,农业年用新水量调减了43%,化肥和农药施用量分别调减了20%和10%;"三品一标"认证覆盖率提高了近30%,农田灌溉水有效利用系数提高了3%,农业科技进步贡献率提高了3%,平原地区森林覆盖率上升了14%,农业生态服务价值提高了16%。二是大力发展绿色高效农业。紧抓建设北京农产品绿色优质安全示范区的契机,大力推广绿色防控产品和有机肥的使用,强化质量安全监管。制定生猪产业优化提升发展方案,优化生猪产业布局,投入8.5亿元促进生猪产业转型升级。深入研究农林复合体发展,在房山区大石窝镇进行林下经济的试点,制定实施《北京市林下经济发展指导意见》,探索集体经济薄弱村林下经济的实施路径。三是继续扶持休闲观光农业的发展。制定乡村民宿发展指导意见,推动休闲农业和乡村旅游产业升级和档次提升。2019年,北京市7个区被认定为全国休闲农业和乡村旅游示范区,有1100多个休闲农业园区、7700多个民俗旅游接待户,年接待游客稳定在4000万人次左右。培育了11个各具特点的"中国少数民族特色村寨"。9个村新入选第九批全国"一村一品"示范村镇,累计达80个。

高质量建设全面开放型现代服务业发展先行区。落实金融、科技、专业服务等8个领域开放改革三年行动计划,统筹推动政策项目落地。合格境内有限合伙人境外投资试点、货物贸易外汇收支便利化试点、知识产权证券化、放宽外商设立投资性公司门槛等一批政策率先突破落地。推动金融业全方位对外开放,重点吸引环球银行金融电信协会中国法人机构、贝宝支付、全球两大银行卡组织等一批世界知名金融机构在京落地。工行、中行、农行、邮储银行等在京成立理财子公司,大和证券、丰田金融等机构加速落户。成立金融科技研究院,金融科技与专业服务创新示范区在全国率先开展"监管沙盒"试点,累计入驻企业70余家,北京成为全球金融科技聚集度最高的城市之一。积极应对中美贸易摩擦,实施稳外贸一系列措施,全市货物进出口增速持续高于全国平均水平。中国国际服务贸易交易会提质升级,参展参会人次增长3倍,"一带一路"国家参与率超过70%。国际人才社区试点区域增加到8个,确定7家国际医疗试点医院和6个国际医疗服务试点区,制定国际学校发展三年行动计划,加快建设"类海外"环境。

持续优化营商环境。实施优化营商环境2.0版、3.0版改革政策,在国内营商环境评价中继续保持第一，尤其是在全国率先推行社会投资低风险项目全流程简易办理，办理建筑许可压缩至5个环节、20天办结；开办企业、获得电力、执行合同3个指标进入全球前20强。群众和企业办事便利化水平大幅提高。为了实现群众在任何一个窗口都可以办理各类事项的便民目标，市、区、街道乡镇政务服务中心设立综合窗口。取消市区两级政府设立的证明和办事所需的"其他"兜底条款，群众办事申请材料和办理时限均压减60%，895项事项实现全流程网络办理，150项事项实现自助办理，新版"北京通"上线运行，600余项事项实现移动办。开通58个"办成一件事"主题，填报一张表单就可以完成信息一次采集。推进政务服务事项标准化、规范化，行政许可等11类事项在三级政务服务大厅实现名称、类型、依据、编码"四统一"。

继续优化创新环境，出台新时代深化科技体制改革30条政策措施，修订科学技术奖励办法，制定促进科技成果转化条例，科技成果权属改革等实现重大突破。系统布局基础前沿研究，"三城一区"创新平台进展顺利。中关村科学城深入落实海淀创新发展16条，加强服务企业创新活动，大力优化创新生态体系和城市创新形态，取得了世界首款类脑芯片、我国首款在海外获批的抗癌新药等标志性成果。加快推进怀柔科学城综合性国家科学中心建设，制定实施科学城规划，5个大科学装置实现开工，第一批交叉研究平台已经进入设备安装调试阶段，科教基础设施和第二批交叉研究平台建设规划获得批复并实现开工，建立国家科学中心国际合作联盟。未来科学城东区建成一批创新配套设施，央企创新要素集聚效应初现；西区加强与沙河高教园的融合，加快中关村生命科学园三期的建设。北京经济技术开发区南扩基本完成，提出推动开发区高质量发展的20项重点任务，瓦里安研发中心、阿斯利康北方总部等外资项目入驻，形成开放创新型高端产业集群。中关村示范区先行先试，积极引导各分园特色化、差异化发展，重点培育22家硬科技孵化器，企业研发投入增长达到16个百分点。示范区企业实现总收入6.5万亿元，同比增长超过10个百分点。北京市共有独角兽企业82家，位居全国第一位。

（三）深化城乡一体化改革，推动乡村全面振兴

乡村振兴战略加快实施。强化资金保障，有序编制村庄规划，以科学规划引领乡村建设实践。2018年，市级财政安排美丽乡村建设引导资金

41亿元，2019年提高到52亿元，由区级统筹用于农村人居环境整治和美丽乡村建设。坚持开门编规划、驻村编规划、统筹编规划。至2019年年底已编制村庄规划2028个，占全市村庄总数的53.4%，2020年年底将完成全部村庄的规划编制工作。实施乡村责任规划师制度，举办了"百名规划师、百村示范行"活动；通过村民代表会议、议事厅等聚焦农民需求，发挥农民主体作用；搭建各相关部门和责任主体共同参与的协同平台，高效率推进村庄规划工作。实施村庄分类引导管控，划定城镇集建型、整体迁建型、特色提升型和整治完善型四类村庄，分类别制定村庄布局和发展定位。统筹土地利用、产业发展、生态保护、人居环境整治、历史文化传承等方面，联合相关部门共同实现多规合一。强化农村空间管控，特别是永久基本农田、生态保护红线、河湖蓝线、公共服务设施等，将村庄建设与自然环境有机融合起来。

加快美丽宜居乡村建设。开展"百村示范、千村整治"行动，确定了152个乡村振兴示范村和"千村整治"批次名单。重点抓好"四线两区"（冬奥会世园会、雁栖湖国际会议中心、大兴国际机场、北京城市副中心的主要道路沿线以及通州区、延庆区）周边村庄的环境整治美化和美丽乡村建设。落实生态涵养区实施意见，确定平原区域和生态涵养区16项结对协作重点实施并大力推进。高质量发展农村产业。大力发展平谷京瓦农业科技创新中心与国家农村产业融合发展示范园（房山窦店村）。建成农业标准化基地1208家，全国"一村一品"示范村镇共计80个。加大市级财政转移支付和生态补偿力度，给予全市最高支持比例的投资和财政补贴政策；平原区通过横向转移支付、公共服务支持等方式与生态涵养区开展多领域多元化结对协作；加大对低收入农户的帮扶力度。强化功能引领，重点培育壮大文化旅游、现代农业、科技创新等绿色产业，因地制宜，推动特色化、品牌化、差异化绿色发展，门头沟重点打造精品民宿，密云积极推出"蜂盛蜜匀"品牌，房山大力发展高品质葡萄酒产业。继续改善农民居住环境。累计完成农村住宅抗震节能改造73万余户，基本实现应改尽改。连续实施四轮山区农民搬迁工程，累计搬迁4.8万户、11.3万人，建成了一批美丽乡村。全力推进"四好农村路"建设，高标准完成"村村通公交"目标，乡村公路总里程超过13000公里。

深入推动农村产权制度改革，北京率先试点集体土地免征入市建共有产权房，在集体土地利用方面实现了制度性突破。北京市规划和自然资源委员会挂牌三宗位于大兴区瀛海镇的集体建设用地，用于建设共有产权房，与国有建设用地同责同权，在北京甚至全国均属首次。实践中，主要采取多方参与、多主体建设，包括由乡镇、村集体经济组织自行投资建设，由集体经济组织以土地使用权作价入股、联营方式与国有企业合作建设，以及由集体经济组织以项目经营权出租的方式与社会资本合作开发等方式在集体土地建设共有产权租赁房。2019年，北京市已新开工建设集体土地租赁房约三万套。

2019年12月，北京市出台《关于促进乡村民宿发展的指导意见》和《京郊精品酒店建设试点工作推进方案》，重点解决了乡村民宿经营合法性问题和审批监管问题等难题，同时首次明确了京郊精品酒店项目开发模式，为乡村旅游提质增效，更好地服务于消费升级奠定了基础。截至2019年年底，北京13个涉农区共有特色旅游业态710家、精品民宿500余家、星级民俗旅游户5595户、星级民俗旅游村263个、农业观光园1216个、特色旅游村镇100个。但是在实际经营中，乡村民宿的身份十分尴尬。由于乡村民宿多为租用民宅经营，经营者并不拥有房屋产权证，也就难以办理旅馆经营必需的公共场所卫生许可证、旅馆业特种行业许可证，这导致在发展多年后，乡村民宿的经营仍处于"灰色地带"，连给客人开具住宿发票都难以实现。针对这一瓶颈，《关于促进乡村民宿发展的指导意见》将乡村民宿界定为新型业态，给予其一个全新身份"住宿业"，这有别于旅馆业，相对应的，乡村民宿也不必如旅馆一样需要"三证一照"，而是升级为"一照、两证、一系统"，即营业执照、公共场所卫生许可证、食品经营许可证（如经营餐饮），要求安装公安机关的信息采集系统，落实游客住宿登记等安全管理制度，有效解决了绝大多数乡村民宿面临的住宿经营合法性问题。同时，乡村民宿指导意见还对乡村民宿的经营主体、经营用房、生态环境、公共安全、从业人员、规范经营等有关事项做了明确规定。同时出台的京郊精品酒店试点方案，首次明确了郊区精品酒店的开发模式共有四种：酒店提升模式、老旧设施改造模式、土地入股联营模式、土地试点入市模式。其中，老旧设施改造模式意味着京郊废弃工业厂房和仓储用房将被鼓励盘活再利用，使其成为特色旅游住宿业态；而土地入股联营模式和土地试点入市模式也将为各区利用集体经营性建设用地进行项目开发建设蹚出一条新路子。试点方案也提出在门头沟、房山、昌平、平谷、怀柔、密云、延庆等旅游重点区分别建设完成1—2个精品酒店试点项目，这些精品酒店也将优先服务2022年北京冬奥会、冬残奥会。乡村民宿指导意见和京郊精品酒店试点方案均特别强调要坚持集约用地原则，严禁以乡村民宿和精品酒店名义进行公寓及住宅项目开发，杜绝小产权房、以租代售和分割销售等问题的发生。

（四）城乡生态环境不断改善

2019年，细颗粒物浓度平均为42微克/立方米，大气环境进一步改善。开展"一微克"行动，淘汰国三标准柴油货车4.27万辆，推广使用纯电动汽车7.5万辆，动态清理整治"散乱污"企业393家，"一厂一策"治理重点行业企业挥发性有机物，完成4.1万户农村居民煤改清洁能源。扬尘实施精细化管控，全年处理施工扬尘、渣土运输及泄漏遗撒等违法行为3.2万起，降尘量均值下降到每月6吨/平方公里。圆满完成第二个污水治理三年行动计划，中心城区和城市副中心建成区污水处理设施全覆盖、污水全收集全处理，密云水库最高蓄水量突破26亿立方米，创近21年新高，平原区地下水埋深同比回升0.32米，实现连续4年回升。继续开展土壤详查和监测，强化土壤污染管控修复。推动完成生活垃圾管理条例修订，制定生活垃圾分类工作行动方案，引导居民积极参与，生活垃圾分类示范片区达到60%。建成4处垃圾处理设施，新增垃圾处理能力4500吨/天。

以整治停车秩序为抓手强化交通综合治理。支路以上路侧停车实现电子收费，规范管理道路停车位6.1万个。以商务中心区为示范加强交通拥堵地点治理，建成商务中心区西北区慢行系统示范区，开展学校、医院周边交通治理，共完成322处堵点治理。升级改造核心区376处信号系统，优化撤除城市道路隔离护栏1370公里。综合整治火车站及周边地区环境，提升周边接驳运力，查处"黑车"等非法运营行为。建立共享自行车监管与服务平台，依据停放秩序实施总量控制，总量降至90万辆、下降53%。开通3条轨道交通新线，轨道交通运营总里程近700公里，10条线路缩短发车间隔、运力最大提升35.7%，全网实现"扫码"乘车、移动支付。市郊铁路运营里程新增59.7公里、达到241.3公里。长安街西延等主干路建成通车，完成25条次支路建设，清理代征代建道路用地移交项目52个。优化调整141条公交线路。推出国内首个交通绿色出行一体化服务平台。中心城区交通指数下降1.1%，绿色出行比例提高到74.1%。

农村人居环境显著改善。加快推进村庄清洁行动，开展"厕所革命"，清理生活垃圾190余万吨,拆除私搭乱建1000余万平方米,治理污水溢流点2.8万余处,完成300个村污水治理、839座农村公厕改造任务,户厕无害化率达到97.6%。继续完善"村收、镇运、区处理"的垃圾运转处理体系,农村生活垃圾无害化处理率超过99%,启动500个垃圾分类示范村的创建。完成3254个村环境整治评估验收,实现了干净、整洁、有序的目标。增加乡土树种的使用,提高城市森林体系的整体性和连通性,完成新一轮百万亩造林绿化25.8万亩,森林覆盖率超过44%。延庆区创建成为国家森林城市。继续推进绿隔地区城市化建设,基本完成第一批6个试点乡任务。完成316个单位、小区自备井置换和397个老旧小区内部供水管网改造,受益人口超过100万。综合利用建筑垃圾,严厉打击建筑垃圾违规消纳。

(五)城乡公共服务水平持续提升,民生福祉大幅改善

持续稳就业和提高社会保障水平。上调失业保险费返还、用人单位岗位补贴标准,返还失业保险费16.2亿元,发放用人单位岗位补贴和社会保险补贴16.4亿元,惠及职工超过300万人。对重点群体实施精准就业帮扶,实现农村劳动力转移就业3.5万人,北京生源高校毕业生就业率达97.5%。完善退役军人服务保障,建成6999个四级退役军人服务中心、服务站。积分落户申报实现全网通办,6007人取得落户资格。社会保障体系进一步完善,城乡居民基本养老保险基本实现市级统筹、应保尽保,建立社保相关待遇标准联动调整机制。保供应稳物价,提前增加猪肉储备,向困难群体发放价格临时补贴8000万元,全市居民消费价格指数上升2.3%,比全国低0.6个百分点。出台促进无障碍环境建设三年行动方案,面向32万困难和重度残疾人发放补贴11.6亿元。常态执法治理农民工欠薪行为。建设筹集政策性租赁住房5.02万套,新开工政策性产权住房6.68万套,棚户区改造1.63万户,改善了市民居住条件。加快建设租赁型宿舍,用于缓解快递、外卖等务工人员的住宿困难。

精准提升公共服务短板。落实第三期学前教育行动计划,增加幼儿园学位超过3万个,提高基础教育均衡度,推进中小学集团化办学,小学初中就近入学比例超过99%。加强师德师风建设,创建"平安校园",实现中小学、幼儿园食堂"阳光餐饮"全覆盖,义务教育阶段学生课后服务全覆盖。乡村医疗卫生服务实现全覆盖。完善药品追溯系统,在全国率先实现疫苗全程追溯。开展中医药健康养老"身边"工程、中医治未病健康促进工程等。创建57个全民健身示范街道和体育特色乡镇，新建健走步道150余公里。发布加快推进养老服务发展实施方案，取消养老机构设立许可，实施养老服务补贴津贴管理办法，惠及75万余名老年人，新建街道乡镇养老照料中心20家、社区养老服务驿站160家，养老机构医疗服务覆盖率达到95%以上。

农民获得感和幸福感持续提高。农民收入稳步增加。2019年，实现农村劳动力转移就业3.5万人，"绿岗"就业、稳定就业，完成了农民收入与经济增长同步的既定目标。2016年开始实施新一轮低收入农户帮扶，出台了"六个一批"精准帮扶政策，截至2019年6月底，未过线农户2021户4783人，力争在2020年底全部过线。2019年1—3季度，低收入农户人均可支配收入11104元，同比增长18.1%，与上年同期增速相比，提高了0.7个百分点，说明低收入农户收入加速增长。低收入农户人均转移净收入为6096元，同比增长23.7%，相关社会保障政策力度加大是转移净收入增长的重要动力。2019年1月，提高了城乡居民养老保险基础养老金和老年保障福利养老金待遇标准，拉动前3季度低收入农户人均可支配收入增长4.3个百分点；低保发放标准从家庭月人均1000元调整到1100元，拉动前3季度低收入农户人均可支配收入增长1.3个百分点。另外推动低收入农户享受养老保险，也是转移净收入快速增长的重要因素。低收入农户人均工资性收入为4225元，同比增长12.1%，就业帮扶政策多方发力，促进低收入农户劳动力就业率稳步增长。2019年7月起，最低工资标准由每月不低于2120元调整到每月不低于2200元。低收入农户就业工种相对简单，领取最低工资人员较多，工资标准的提高带动了低收入农户人均工资性收入的增长；用人单位招用低收入农户可申请享受岗位补贴和社会保险补贴，此项政策能够提高用人单位招用低收入农户的积极性，促进低收入农户实现稳定就业。低收入农户人均财产净收入620元，同比增长16.5%，其中转让承包土地经营权租金净收入占人均财产净收入的比重为41.9%。产业帮扶项目的持续推进提高了农村土地开发力度，增加了土地流转收入，推动低收入农户财产净收入持续增长。北京农村地区超过77%的行政村有卫生机构，没有卫生机构的村通过邻村卫生机构覆盖、巡回诊疗等方式提供医疗卫生服务，实现了农村基层医疗卫生服务全覆盖。建设乡镇养老照料中心129个、农村幸福晚年驿站258家。2019年城乡居民基础养老金和福利养老金分别比2012年提高了124%和158%。农民的生活更加丰富多彩。全市行政村标准化图书室全覆盖,95%以上有体育健身场所,60%有电子商务配送站点,现代家用电器普遍使用。改革开放以来,北京农村居民恩格尔系数从63.2%降至23.8%,而交通和通信、教育文化娱乐的支出比重分别由1.1%、3.2%提高至15.2%、7.1%,农民消费形态从单一物质生活需求向多样化服务需求转变。

二 北京城乡融合发展的机遇与问题

(一)深入落实乡村振兴战略,有利于首都"三农"发展

实施乡村振兴战略,带动了首都"三农"工作更快更好地发展。为了落实中共中央、国务院出台的《乡村振兴战略规划(2018—2022年)》,北京市先后出台了《关于实施乡村振兴战略的措施》《实施乡村振兴战略扎实推进美丽乡村建设专项行动计划(2018—2020年)》《北京市村庄规划导则(试行)》《美丽乡村建设导则(试行)》《户厕革命指导意见》以及《农村污水收集处理和再生水利用工程项目实施暂行办法》等一系列政策措施,初步完成了乡村振兴的制度框架。国家统计局北京调查总队在全市涉农区范围内开展了"实施乡村振兴战略 建设美丽乡村"专项调查,采用多阶段抽样、随机拦访方式,对118个村及1180个村民进行了问卷调查。从调查村情况看,57.6%的村村内有企业,企业以非农为主;45.8%的村村内有农民专业合作社;45.8%的村村内有现代休闲农业和新兴产业。其中,发展特色农产品、绿色农业生产的村分别占46.3%和20.8%,经营采摘、垂钓等休闲农业、民俗、观光、娱乐等乡村旅游的村分别占51.9%和31.5%,发展农产品网络销售、特色民宿、传统文化传承体验等新兴产业的村分别占27.8%、25.9%和22.2%。按照乡村的区位条件、功能定位、发展方向等因素,将乡村空间划分为城镇建设区、生态保护红线区、乡村风貌区三类地区,引导乡村空间和功能合理布局。顺应村庄发展规律和演变趋势,分类施策,将全市村庄划分为整治完善类、城镇集镇类、特色提升类和整体搬迁类,支持不同的村庄发展模式。2019年开始,每个区重点培育10—15个乡村振兴示范村,全市创建100个左右示范村。在农村人居环境整治任务全面达标的基础上,围绕"产业振兴、人才振兴、文化振兴、生态振兴、组织振兴"开展示范创建,在乡村规

划、建设、运行、管理和治理机制上改革创新，预计到2020年，初步形成示范功能。通过持续培育，到2022年，示范功能进一步增强，引领推动乡村振兴战略稳步实施。

（二）落实城乡总体规划为乡村发展提供了空间

在促进京津冀协同发展以及实施新的城市规划的大背景下，广大的北京农村地区面临很大的发展机遇。强化"四个中心"功能建设、提高"四个服务"水平、抓好"三件大事"、打好"三大攻坚战"，对提升城乡规划建设和管理水平、加快乡村高质量发展提出了新要求，也为乡村振兴提供了巨大的发展空间；承接中心城区部分功能疏解转移，加快新市镇和特色小镇建设，能够为乡村振兴注入新的动力，比如，京郊地区可以视发展基础与资源禀赋承接部分国际会议和交往功能、科研教育培训功能和文体休闲功能等，成为服务保障首都的重要战略地区；城乡居民消费结构加快升级，对特色农产品、乡村旅游等多元化、个性化消费需求快速增长，为农村绿色产业、精品农业与休闲观光业的发展创造了更多的市场空间，有利于特色小城镇的发展，促使其加速成长为承接疏解功能与带动乡村发展的重要载体；城市副中心建设与深入推进京津冀协同发展可以拉动农村地区城市化以及基础设施、公共服务与产业的升级；深化改革，建立健全城乡融合发展体制机制和政策体系，促进城乡资金、人才、土地等要素的双向流动，为实现乡村振兴提供了制度与政策新支撑。

（三）农村产业发展质量仍需提升

目前，北京农业绿色发展的理念尚没有完全被农户和农业企业所接受，还有赖于政府和政策支持配套。农业的文化内涵挖掘不足，品牌打造不足。北京各区都通过"一区一色、一村一品"打造区域品牌，如怀柔不夜谷、平谷休闲绿谷、大兴绿海甜园等。但是各区现有都市农业产品多以小规模的观光、采摘、休闲为主，存在缺少深入挖掘农业文化内涵、产品类型不够丰富、涉农文创产品较少、农业品牌不突出等问题。小农户为主的经营主体给农业质量管控带来很大挑战。例如，大兴区西瓜经营主体中，个体农户家庭仍然占到70%，合作社为20%，公司、园区等形式仅仅占到10%，而且部分合作社并没有起到应有的作用，对社员几乎没有质量管控能力。昌平区草莓产业中个体农户占生产规模的80%左右，规模化园区、公司相对较少，只有"天翼""万德园"等少数质量管控能力较好的草莓企业。而无论是绿色食品还是有机农产品生产制度，都要求具有一定的生产规模和良好的质量管控能力。农业生产技术应用和研发能力仍然不足，农村科技人才支撑有待加强。

北京农村休闲旅游业需要进一步提升档次和发展质量。美丽乡村建设不是单纯搞好乡村环境，而是要在乡村经济发展基础上建设和谐宜居美丽乡村，努力实现美丽乡村建设与经济高质量发展相得益彰。从全市来看，产业持续发展动能不足，休闲农业和乡村旅游规划发展水平总体不高，经营主体仍以传统农家乐为主，人均消费水平偏低，2017—2018年全市休闲农业和乡村旅游经营收入、接待人次已连续两年呈下降态势。大多数农村集体经济组织缺乏主导产业和创新项目，产业结构和收入来源比较单一。2018年年底，农村集体经济收入小于50万元的村有742个，农村集体经营性收入小于10万元的村有900个。

（四）农民持续增收动能不足，城乡居民收入差距不断扩大

2019年，北京市居民人均可支配收入为67756元，同比增长5395元，增速为8.7%，其中城镇居民人均可支配收入为73849元，同比增长8.6%，农村居民人均可支配收入为28928元，同比增长9.2%。尽管农村居民人均可支配收入增速高于城镇居民，但是城乡居民人均可支配收入差额不断扩大，由2015年的32290元扩大到2019年的44921元。农村地区的疏解整治不断深化，违法违规用地问题清查整治力度加大，农业"调转节"稳步推进，低端业态不断退出，转型升级、规范经营的过程中，农业和农村非农产业尽管质量有所提升，但总量减少，就业岗位数量下降，农村转移劳动力就业困难加大；经营性和财产性收入走低。部分农村用地粗放使用和产业发展用地短缺并存；农村一、二、三产业融合发展还有较大空间，农民持续增收动能需要进一步提升。

（五）农村人居环境与公共服务有待进一步优化

北京市农村地区人居环境改善幅度较大，但部分地区环境有待提升，尤其是城乡接合部地区人口资源环境矛盾突出、社会秩序混乱等问题仍然存在。农村基础设施、公共服务质量与城区相比仍然存在差距，优质公共服务资源设施尤为短缺。

美丽乡村建设的长效管护机制还需进一步健全。农村人居环境整治是一项系统工程，前期关键在整治、中期关键在建设、最后关键在管护。在日常检查中，发现有些村重整治、轻管理，长此以往必然会出现反弹现象，最大的问题就是建设运行管护机制不健全、不到位。目前各区普遍建立了农村人居环境管护长效机制，但从"建起来"到"用起来""管起来"还有一定差距。农村人居环境整治不仅需要政府财政"真金白银"的投入，也需要通过村级投入和村民自筹。治理农村人居环境具有很强的公益性，绝大多数治理项目缺乏经济效益，多元化投入机制有待进一步确立。全市所有村庄公共区域环境面貌明显改善，得到了广大农民群众的普遍拥护和欢迎。但还存在着部分地区宣传发动工作不够充分细致，群众对人居环境整治和美丽乡村建设缺乏足够了解，存在"政府干、群众看"的现象；有的村在美丽乡村建设规划编制和落地过程中，没有充分征求、听取、采纳村民的意见建议，没有照顾合理诉求，规划还不够"接地气"；有的地区群众思想观念一时难以转变，文明良好的生活习惯有待进一步养成，"自己的事情自己办"的行动自觉性有待进一步形成，"村庄是我家，文明靠大家"的浓厚氛围需要进一步营造。

三 北京城乡融合发展展望

（一）落实城市总体规划，深入推动京津冀协同发展

高标准推动城市总体规划的编制实施。坚持首都规划权属党中央的体制机制，增强规划的严肃性和权威性。落实首都功能核心区控制性详细规划。修订历史文化名城保护条例，调整和完善历史文化街区范围，出台历史建筑管理办法。对老城实施整体保护，保护、修复历史文脉和胡同肌理。中轴线申遗保护，修缮正阳门箭楼，整体提升中轴线南段步行条件。继续建设三条文化带，重点建设箭扣长城三期修缮工程、路县故城考古遗址公园等。落实国际交往中心功能建设专项规划，持续推动雁栖湖国际会都扩容、第四使馆区、新国展二、三期等重点项目建设，服务保障各项重大活动。

继续完成疏解整治促提升专项行动阶段性任务。建立健全整治类专项任务"计划管理+动态清零"机制，动态整治管理"散乱污"企业、"开墙打洞"、违法群租房等。继续向外疏解一般制造业企业、区域性专业市场和物流中心，合理布局核心区公交场站、旅游集散中心等设施，做好老

校区、老院区功能疏解和优化提升。计划拆除违法建设腾退土地4000公顷以上。出台背街小巷环境精细化治理三年行动计划，治理范围由核心区向中心城区、城市副中心和其他区的建成区延伸，打造200条示范背街小巷。"留白增绿"，腾退土地完成增绿1600公顷，新增城市森林13处、口袋公园及小微绿地50处。支持特色小店发展，建设提升1000个便民商业网点。完成"回天地区"三年行动计划任务，加快积水潭医院回龙观院区扩建、清华长庚医院二期等项目建设，实现林萃路全线贯通。

强化城市副中心高质量发展。深入落实副中心控制性详细规划，推动出台支持副中心高质量发展的指导意见。加快推进行政办公区二期、副中心站综合交通枢纽建设，广渠路东延实现通车，推动北运河通州段全线游船通航，全面完成城市绿心绿化任务。优先推动试点政策、重大项目、优质企业、科技应用场景在副中心落地，继续推动张家湾设计小镇、台湖演艺小镇、宋庄艺术创意小镇的发展，完成环球影城主题公园一期建设。实施副中心老城双修与更新三年行动计划，推进北京第一实验学校、安贞医院通州院区、卫生职业学院新院区等项目建设。加强与廊坊北三县协同发展，共同做好交界地区环境治理和生态管控。

深入落实京津冀协同发展重点领域任务。开工建设轨道交通大兴机场线北延工程，加快丽泽城市航站楼建设，完善机场外围交通市政设施。主动支持雄安新区建设，加快推进"三校一院"交钥匙项目，高质量建设雄安新区中关村科技园。加快京唐城际、轨道交通平谷线建设，完成京沈客专建设。综合整治永定河、北运河水质环境。推动共建园区发展，开展京津冀大数据综合试验区应用试点，引导创新资源共享和成果转移转化。

（二）实施乡村振兴战略，城乡区域均衡发展

深入实施乡村振兴战略。以美丽乡村建设为切入点，统筹推进农村人居环境改善、农民增收等工作，提升农村生产生活条件。（1）以乡村规划引领乡村振兴，2020年将基本实现村庄规划"应编尽编"，通过多乡村联动编制区域协同性规划。（2）2020年预计完成美丽乡村建设三年行动计划的各项任务，改善农村基础设施和公共服务，实施"百村示范、千村整治"工程，农村人居环境将普遍达到"干净整洁有序"，基本实现所有行政村的生活垃圾可以得到有效治理，农村污水处理设施村庄覆盖率将超过50%。（3）规范特色小镇建设，在重要廊道和主要交通沿线试点规划建设新市镇，承接更多首都功能，带动周边农村发展。（4）着力推动农业供给侧结构性改革，研究制定促进都市现代农业高质量发展的政策措施，基本完成北京农产品绿色优质安全示范区建设。提高农业科技含量，将北京科技优势转化为农业发展增量。重点发展观光采摘、林下经济等绿色产业，促进农村发展与生态保护的双赢。巩固提升低收入帮扶的成果，完成全部低收入农户的"脱低"任务，切实实现全面小康"一户都不能落下"。（5）深化农村土地制度改革，完善土地流转管理，审慎开展镇域承包地统一流转试点。加强"大棚房"长效监管，严防反弹。（6）建立健全自治、法治、德治相结合的乡村治理体系，让农村既充满活力又和谐有序。

落实生态涵养区生态保护和绿色发展意见，调整优化生态涵养区考评指标体系，深化结对协作，出台市级生态保护补偿政策资金统筹实施方案，不让保护生态环境的吃亏。加快建设门头沟国道109新线高速，支持平谷京瓦农业科技创新中心建设，加快无人机小镇建设，办好2020年世界休闲大会，加强密云水库库滨带建设，实施延庆区绿色发展行动计划，试点启动生态涵养区城区绿化隔离体系建设，提升绿色发展水平。

健全城乡融合发展体制机制。完成美丽乡村建设三年行动计划，开展第三批村庄规划编制，农村无害化卫生厕所覆盖率达到98%以上，污水处理设施村庄覆盖率达到50%以上，农村人居环境普遍达到"干净整洁有序"，152个乡村振兴示范村建设取得较大进展。提升农村公路、电网、供水等基础设施水平，健全基础设施长效管护机制。调查明确宅基地、集体建设用地权籍，依法依规引导集体经营性建设用地入市，研究制定宅基地管理办法，规范利用闲置农村宅基地，发展精品民宿等绿色休闲产业，从而提高京郊游的品质。完善农村集体资产经营管理，针对70个集体经济薄弱村开展试点工作，努力促进集体经济持续均衡发展。大力推动新型集体林场建设试点，完善退耕还林政策，积极推广林下经济。制定实施促进都市现代农业高质量发展的政策措施，基本完成北京农产品绿色优质安全示范区建设任务，提高农业生产率。引导科技、产业、市场相融合的农业生产组织形式，鼓励各类人才到农村创新创业，培养新型农民企业家。完成低收入农户"脱低"任务，探索解决相对贫困的长效机制，提高低收入村、低收入农户自我发展能力。

持续推动区域协调发展。深入实施新一轮城市南部地区发展行动计划，推动丰台火车站、丽泽金融商务区、房山琉璃河大遗址公园等项目建设，促进首都医科大学新校区规划建设，提高大兴、房山等南部新城综合承载力。优化新型城镇体系，在重点廊道和主要交通沿线试点规划建设新市镇。借鉴王四营乡试点经验开展"一绿"地区城市化建设，探索"二绿"地区规划建设新思路。加快京西产业转型升级示范区建设，实施新首钢地区三年行动计划，推进轨道交通冬奥支线等十大攻坚工程建设。调整优化生态涵养区考评指标体系，深化平原区与生态涵养区结对协作，加快国道109高速新线等交通设施建设。

（三）民生保障水平持续提高，全面建成小康社会

稳定就业总量、优化就业结构、提高就业质量。2020年，通过返还失业保险费、发放社会保险补贴等稳就业的政策，预计城镇新增就业28万人。加强就业技能培训服务，用好54亿元职业技能提升行动资金，计划在2020年培训高精尖产业急需紧缺人才、城市运行保障和生活性服务业技能人才等60万人次左右。更加关注就业重点群体，推进大学生创业服务平台、大学生创业板与创业孵化机构合作，提升创业服务市场化和专业化程度。统筹社会公共管理服务岗位资源，支持生态涵养区农村劳动力到城市就业。研究制定退役军人就业岗位目录，加大"直通车"安置力度，引导社会力量帮助退役军人创业发展。

提高社会保障水平。大力建设覆盖全民、城乡统筹、权责清晰、保障适度、可持续的多层次社会保障体系。（1）完善职工基本养老保险缴费和待遇计发政策，以新业态从业人员为重点，进一步扩大社保覆盖范围，真正实现"应保尽保"。（2）继续坚持"房住不炒"的原则，完善房地产长效调控机制，完善住房供地结构和政策，实行租购并举的住房制度，增加公租房供给，完善共有产权住房政策，在重点产业园区周边、轨道交通沿线，试点建设集体土地租赁住房，努力满足就业创业人才、城市运行保障等人员的居住需求，预计建设筹集各类政策性住房4.5万套、竣工9万套。（3）完善价格调控机制，实施"菜篮子"市长负责制，保供应、稳物价，从而保障困难群体基本生活需求。（4）提高弱势群体的福利水平，对重度残疾人给予特惠保障，确保有需求残疾人的康复和辅具服务覆盖面达90%以上，残疾儿童康复服务覆盖率达100%。实施促进无障碍环境建设三年行动方案，基本完成重点区域盲道、人行道等整治任务。积极实施"家家幸福安康工程"，传承良好家风家教。强化妇女儿童合法权益保护。

提高优质公共服务覆盖面。以均等化、便利化为原则，全面提高公共服务供给质量。(1) 全力推动教育现代化。完成第三期学前教育行动计划，新增学位3万个，力争适龄儿童入园率超过85%。市级统筹建设一批优质学校，推进海淀区新馨苑居住区九年一贯制学校、北大附中石景山学校等项目建设。精心提高中小学生配餐质量，落实本市中小学校外供餐管理办法，采用保温容器运送学生餐食，加强出餐配送时间和车辆情况监管，确保学生吃到安全、保温、营养、可口的饭菜。加强"平安校园"建设，基本实现全市中小学、幼儿园达标验收全覆盖。进一步完善义务教育学校绩效工资分配制度，持续打造高素质专业化教师队伍，坚持德智体美劳"五育"并举，全面发展素质教育。(2) 开展健康北京行动。支持医院安全秩序保障立法，完善医患沟通机制，保护广大医务工作者人身安全，维护健康医疗秩序。推行电子病历互联互通共享等措施，优化布局30个急救工作站，公共场所母婴设施配置率达90%，鼓励社会力量提供婴幼儿照料服务。制定促进中医药传承创新发展实施方案，实施健康北京中医行动计划。新建50个社会心理服务站点，将社会心理服务纳入基本公共服务目录。制定全民健身行动计划，充分利用大尺度绿色空间和疏解腾退空间，加快绿道建设，持续开展全民健身示范街道和体育特色乡镇创建工作，集中补充一批群众家门口的体育健身场所，让周末健身不再是难事。(3) 制定加快推进养老服务发展的实施方案，构建居家为基础、社区为依托、机构为补充、医养相结合的养老服务格局。建设运营100个社区养老服务驿站和100个农村邻里互助养老服务点。深化医疗卫生机构和养老机构合作，试点建立养老机构与医疗卫生机构联合体，出台养老服务人才培养培训实施办法。总结石景山试点经验，尽快形成可复制、可推广的长期护理保险制度。出台利用闲置社会资源发展养老服务设施工作指引，推动老年宜居社区建设，鼓励社会资本参与社区适老化改造和提供居家养老服务。

（四）生态环境持续改善

继续加强污染防治。突出精准治污、科学治污、依法治污，推动生态环境质量不断提高。(1) 落实蓝天保卫战三年行动计划，实施机动车和非道路移动机械排放污染防治条例，执行国六（B）排放标准，扩大非道路移动机械低排放区，加强施工、道路、裸地扬尘管控。科学稳妥地推进剩余农村居民煤改清洁能源工作。开展挥发性有机物治理专项行动，加强对印刷、汽修行业及重点餐饮企业专项检查。组建生态环保综合执法机构，继续实施"点穴式"执法。（2）发挥河长制统筹监管作用，实施城乡水环境治理三年行动方案，完成200千米污水管线建设，建成丰台河西二期等再生水厂，完成朝阳东坝等污水处理厂站升级改造，持续提升污水处理能力。深入开展清河、清管行动，巩固黑臭水体和入河排污口治理成效。（3）打好净土保卫战，完成重点行业企业用地土壤详查，建立全市建设用地土壤污染风险管控和修复名录。（4）落实新修订的生活垃圾管理条例，做好垃圾分类工作，加强社会宣传，在中小学校开展垃圾分类教育，形成全民行动声势。发挥党政机关示范引领作用，推动学校、医院、宾馆、饭店等单位实施强制分类，完善垃圾分类投放、收集、运输体系，采用"桶换桶""桶车对接"等分类收集模式，确保收运全过程密闭，研究制定各品类垃圾收集运输车辆技术规范及运行管理规定，严格查处、坚决杜绝垃圾混装混运，在全市90%的街道乡镇开展生活垃圾分类示范片区创建。落实生活垃圾源头总量控制计划，积极倡导绿色生产生活方式，推进快递包装绿色化、减量化。提升垃圾处理能力，促进垃圾分类体系和再生资源回收体系两网融合，建成投运房山循环经济产业园焚烧厂，开工建设安定循环经济园、顺义生活垃圾处理中心焚烧三期工程。加强危险废物和医疗废物处置，建成投运润泰环保二期医疗废物处置设施。制定实施建筑垃圾管理办法，政府投资工程建筑垃圾再生产品使用率不低于30%。

建设高品质生态空间。完善山水林田湖草系统治理，提升生态服务功能，不断满足群众近水亲绿需求。（1）推进新一轮百万亩造林绿化工程，着力打造连片成规模、连通成体系的完整绿色空间，新增造林绿化17万亩。中心城新增城市绿地600公顷，建设30处休闲公园、13处城市森林和50处口袋公园及小微绿地。推进朝阳区广渠路生态公园等项目建设，实现"一道绿隔"地区城市公园百园闭合，为城市戴上"绿色项链"。支持通州、怀柔、密云创建国家森林城市。（2）加强湿地保护与恢复，加快丰台南苑森林湿地公园先行启动区、房山长沟泉水国家湿地公园等项目建设，建成温榆河公园朝阳示范区并开园迎客，新建和恢复湿地2200公顷。（3）打造优美河湖，完成潮白河、密云水库、永定河等生态空间管控规划，开工建设永定河山峡段、平原南段综合整治工程，连通城市滨水游憩通道，进一步提高河道的亲水性。

发展战略篇

京津冀协同发展形势下北京城镇化进程研究

季 虹 赵术帆 栗 挺 王 任[*]

摘要： 本文通过对北京市城镇化发展的回观历史、探析当下、研判趋势，提出了产业转型升级、高质量推进人口城镇化、提升城市宜居程度和加快城乡共享、城乡融合等阶段性政策建议。

关键词： 城镇化；历程；乡村振兴；新形势

一 北京市城镇化发展历程

中华人民共和国成立之后至改革开放前是北京市城镇化的曲折发展时期。受经济发展波动、自然灾害和政治因素等影响，这一时期北京市城镇化发展经历了"起—落—起"的波动过程，城乡关系主要表现在以城乡二元经济结构为主的城乡对立关系。

改革开放以来北京市城镇化历程可分为两个阶段，1978年12月—2012年11月党的十八大之前是传统城镇化阶段，表现为城市人口增加和城市规模扩张、"以物为本"的粗放扩张型城镇化；2012年12月至今是新型城镇化阶段，表现为城镇化质量提升、"以人为本"的集约提质型城镇化。

（一）传统城镇化发展阶段（1978—2012年）

在经济快速发展和相关政策的推动下，该阶段北京市的城镇化进展显

---

[*] 季虹，北京市农村经济研究中心城乡发展处处长、副研究员；赵术帆，北京市农村经济研究中心城乡发展处一级主任科员；栗挺，中国农业大学经济管理学院，博士研究生；王任，中国农业大学经济管理学院，博士研究生。

著，城乡关系日趋合理，但也存在一些问题。

1. 城镇化发展的三个时期

北京市城镇化由城乡并行转向总体规划下的高速发展，再转向以城乡统筹为目标的城乡协调一致发展。

（1）城乡二元体制结构下城镇化平稳发展时期（1978—1991年）

十一届三中全会以后，党的工作重点向经济建设转移，一系列放宽人口流动的政策为北京市城镇化发展增添了新活力。1983年，《北京城市建设总体规划方案》对经济事业、旧城保护、基础设施建设和生态环保提出了明确要求，并由城乡接合部开始进行典型的被动城镇化。1990年，北京市城镇化率达73.48%，走出了持续三十年的低谷。

（2）城乡总体规划政策背景下城镇化高速发展时期（1992—2002年）

进入20世纪90年代，改革开放的步伐不断加快。1992年，北京市以"郊区"代替农村建制。1993年，《北京城市总体规划（1991年—2010年）》提出把城市建设重点从市区向郊区转移，卫星城和小城镇成为发展重点。20世纪90年代中期以后，北京市结合绿化促进产业结构调整，加快旧村改造和新村建设，郊区城镇化得到快速发展。

（3）统筹城乡发展背景下的城乡一体化发展时期（2003—2012年）

2005年，《北京城市总体规划（2004年—2020年）》在构建"两轴—两带—多中心"城市空间结构的基础上，形成"中心城—新城—镇"的市域城镇空间结构。2008年，《关于率先形成城乡经济社会发展一体化新格局的意见》明确"进一步落实北京城市总体规划和区县功能定位，构建现代城镇体系"，有力推动北京市向新城、重点镇梯次延伸和郊区城镇化发展。

2. 城镇化发展的动力：产业结构调整和国家政策引导双重作用

该阶段北京市城镇化发展不仅受到工业化发展及产业结构变动的影响，也与放宽人口流动、发展小城镇、城乡统筹、城市群建设等城镇化政策乃至经济社会发展总体战略的调整和变化紧密相连。

（1）产业结构调整

随着社会主义市场经济体制的确立，北京市的产业结构也在不断调整。1978—2011年，北京市三大产业结构比由5.2∶71.1∶23.7转变为0.8∶23.1∶76.1，农业和工业占比下降，服务业比重大幅提升。

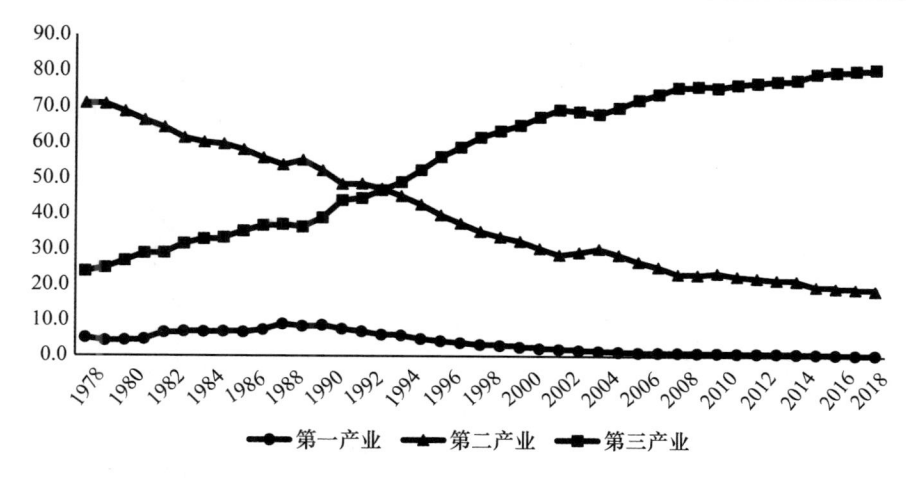

图 1　1978—2018 年北京市三次产业结构变化

（数据来源：历年《北京统计年鉴》）

城乡产业结构调整对北京市城镇化发展的影响主要有三：一是就业结构的改变促进农村剩余劳动力流向城镇；二是产业的集聚使相应的基础设施投资和建设不断提升城镇经济水平和功能完善；三是产业转移促进城市资源向郊区、乡村流动，为城镇化深度发展与质量提升提供承载空间。

（2）国家政策的引导

该阶段推动北京市城镇化发展的另一重要因素是政府强有力的政策调控。一是人口流动和城市经济建设政策促进大批人口涌向城镇；二是分税制改革使地方政府有动力推进城市建设。1994 年 12 月《北京市人民政府关于实行分税制财政管理体制的决定》发布后，城镇固定资产投资和房地产投资都大幅提升（见图 2）。三是由北京市承办的重大赛事项目使城市基础设施、生态环境和生活便捷程度大幅提升，也极大地促进了北京市城镇化的发展。

3. 城镇化发展中的城乡关系：从城乡二元走向城乡统筹

随着农村产业结构调整、劳动力转移和城乡统筹发展制度的建立，北京市长期形成的二元城乡关系逐渐被农村工业化和城市工业化并重的格局替代。2002 年"统筹城乡经济社会发展"战略提出后，北京市城乡一体化发展进入了具有实质意义的新时期，领导体制和工作机制不断完善，郊区基础设施以及公共服务的建设力度持续加大。

从城乡二元关系被打破，到"城乡统筹发展"乃至将"城乡经济社会

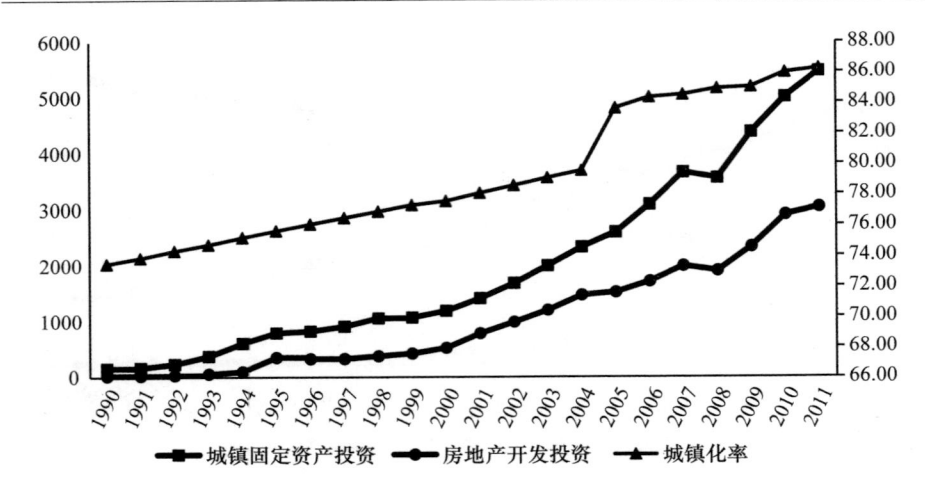

图 2　1990—2011 年北京市城镇固定资产投资和房地产开发投资（亿元）

（数据来源：历年《北京统计年鉴》）

"一体化"作为发展目标，北京市基本实现了城乡一体化发展的新格局。一是基本实现了城乡一体化的制度设计，二是城乡之间在基础设施、公共服务方面的差距进一步缩小，三是城乡之间形成了体系健全、分工明确、联系密切、共同发展的城镇体系与经济联系，开始初步具备了城乡融合发展的雏形。

4. 城镇化发展中的主要问题

（1）"土地城镇化"快于"人口城镇化"

北京市城镇化发展中城市建设、产业集中、人口集聚迅速，但"人口城镇化"进展依然缓慢。在城市务工的流动人口长期面临着户籍、子女上学、就医、住房、社会保障、公共参与不平等问题，"化地不化人""半城镇化"现象突出，而与人口"半城镇化"问题并存的是流动人口的管理压力。

（2）人口资源环境矛盾日益尖锐导致大城市病

北京市传统城镇化虽然短时间内效果显著，但却造成了严重的资源环境问题，"人口城镇化"水平明显高于资源环境所能承载的水平，人口密集、房价较高、交通拥堵、资源环境破坏等城市病初步显现，建立在土地、水等资源过量消耗和环境日益恶化基础上的城镇化模式已难以为继。

（3）城乡居民收入水平差距仍在拉大

基于历史、体制、观念等因素，北京市的城乡二元结构在一定程度上依然存在，且城乡差距呈拉大态势。1978 年北京市城乡居民收入比为

1.63，收入水平较为接近，但从 1993 年起城市居民收入快速增长，城乡居民收入差距不断扩大，2012 年北京市城乡居民收入比扩大到 2.21，城乡居民收入差距从 1978 年的 140.6 元扩大到 2012 年的 19993 元。

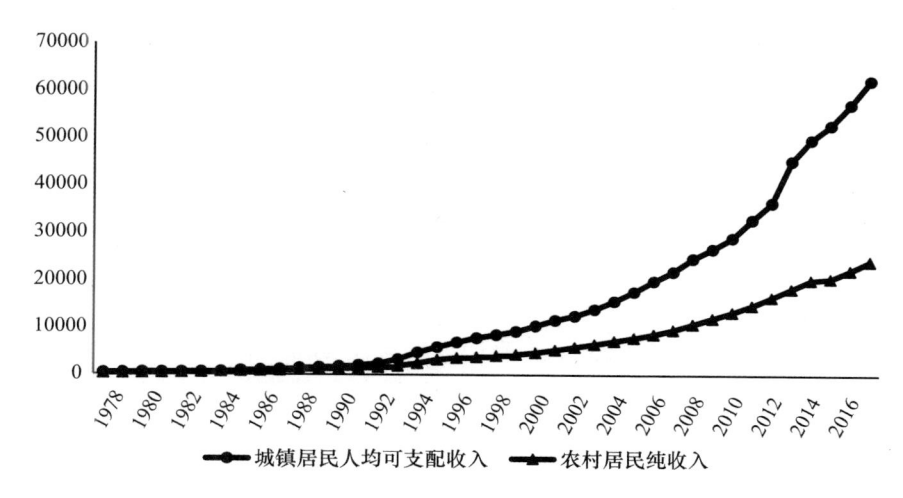

图 3　1978—2016 年北京市城乡居民收入差距

（数据来源：历年《北京统计年鉴》）

（二）党的十八大以来北京市城镇化发展

党的十八大以来，北京市着眼于首都发展的新要求、新期待，全市城镇化开始进入高质量发展新阶段。

1. 2012—2018 年北京市城镇化发展概况

2012 年，北京市城镇化水平为 86.20%，三大产业结构比为 0.8：22.7：76.5，人均地区生产总值 8.98 万元。2014 年 2 月、2017 年 2 月习近平总书记两次视察北京，明确北京市"四个中心"的战略定位。2017 年 9 月，北京市出台《北京城市总体规划（2016 年—2035 年）》（以下简称"新版《总规》"），着力疏解非首都功能、优化城市空间结构布局、提升城乡基础设施建设、城镇治理水平。2018 年，北京市城镇化率达到 86.5%，全市城镇化在强化首都功能、引领京津冀协同方面成效显著。

2. 北京市城镇化发展的特征

（1）城市功能："四个中心"地位突出、非首都功能有序疏解

北京市着重"疏解非首都功能"，严控增量和疏解存量相结合、内部

功能重组和向外疏解转移双向发力。一方面在统筹规划、建设、管理三大环节不断优化提升首都核心功能；另一方面充分发挥北京市作为京津冀区域中心城市在产业、政策、人才等方面的辐射带动作用，激发周边地区潜力，提升京津冀区域城市群的规模效应、集聚效应和协同效应。

（2）空间布局："点、线、面"功能明晰、协调统一

北京市对城市空间结构做出"一核一主一副、两轴多点一区"的明确界定，改变过去单中心集聚模式，统筹纵横两轴的贯通连接和"一副多点"的功能重组，发挥"一核、一主、两轴"为代表的中心城区的辐射作用，"一副""多点"的发展带动作用和"一区"的生态涵养作用，形成了以人为本、产城融合、生态宜居、协调发展的完整城镇空间体系。

（3）城乡生活：以"人的城镇化"为核心推动共享发展

北京市以"人的城镇化"为核心，以城乡基础设施建设提速增效、城乡公共服务一体化拓面提质、城乡人居环境治污增绿为三大路径，统一考虑、统一布局、统一推进，实现城乡共建、城乡联网、城乡共享，使全市城乡居民高质均等地享受城市文明，宜居宜业的首善之区建设成效显著。

（4）社会治理：首都特点明确、符合超大城市治理要求

北京市面对空间压缩、资源和人口集聚的状况，通过推动社会治理体系和治理能力两个维度的现代化建设，已基本形成党委领导、政府负责、社会协同、公众参与、法治保障且兼具首都特点的超大城市治理体系，城乡社会治理能力的社会化、法治化、专业化、智能化水平也在不断提升，社会服务更加完善、社会管理更加科学、社会关系更加和谐。

二 北京市城镇化发展面临的新形势

京津冀协同发展、乡村振兴、新版《总规》等战略为北京市城镇化发展创造了良好条件并赋予了新的使命，需要继续适应新趋势，应对新挑战，迈向新目标。

（一）京津冀协同发展为北京市城镇化的高质量可持续发展拓展了空间

以2014年习近平总书记"2·26"重要讲话精神为指导，以《京津冀协同发展规划纲要》为标准，京津冀开启协同发展的新征程，也为北京市实现高质量可持续发展拓展了内外部空间。

1. 京津冀协同发展为北京市更好地发挥首都功能拓展了内部空间

在京津冀协同发展战略中，北京市作为引领京津冀三地产业互促、要素互通、功能互补的主引擎，在优化提升首都功能、增强发展内生动力方面得到了更为优化的政治中心、文化中心、国际交往中心和科技创新中心等内部空间。

2. 京津冀协同发展为北京市引领区域协调发展拓展了外部空间

京津冀协同发展有助于北京市深化区域分工、完善城镇网络、激活新的区域增长极，为北京市城镇化实现区域首位城市核心带动作用、实现区域资源一体化配置、优化区域生态空间安全、实现溢出辐射效应拓展了更为广阔的外部空间。

（二）乡村振兴战略为北京市城镇化发展弥补城乡不均衡、不协调短板创造了条件

乡村振兴战略是习近平总书记在党的十九大报告中提出的七大发展战略之一，2018年北京市出台《关于实施乡村振兴战略的措施》。实施乡村振兴战略，既是解决"三农"问题的一项长期根本性举措，也是统筹城乡发展、破解二元结构，解决城乡发展不均衡、不充分、不协调问题的重要抓手。

1. 乡村振兴战略为北京市城镇化发展激活乡村产业发展创造了条件

乡村振兴战略加快提升农业的工业化、产业化、规模化程度，有力地推动农村对现代生产要素乃至先进生产关系的需求和承接，为北京市城镇化在"大城市小农业"的现实条件下，促进城乡要素流动、培育新产业新业态、激活乡村产业发展新动能，实现以工补农、共同发展创造了条件。

2. 乡村振兴战略为北京市城镇化发展破解乡村凋敝空心创造了条件

乡村振兴战略有助于北京市"新市镇—特色小镇—小城镇"体系的构建，形成分工明确、分布合理的城郊连接节点与廊带，在"大京郊小城区"的现实下促进了现有城镇空间体系有效延伸、中心城区产业和人口疏解、农村基础设施提档升级、农民就地就近城镇化。

3. 乡村振兴战略为北京市城镇化发展实现全域全面统筹创造了条件

乡村振兴战略一方面以"绿水青山就是金山银山"为理念，打造宜居城区、特色城镇、美丽乡村；另一方面以"提升城乡发展一体化水平"为目标统筹城乡基本公共服务与社会治理，在"大统筹小差异"的现实下扩

大城市绿色生态空间、改善农村人居环境、缩小基本公共服务与基层社会治理差距。

（三）北京市新版《总规》为北京市城镇化发展提高站位、丰富内涵、守住底线指明了方向

新版《总规》立足目标导向系统谋划，为北京市城镇化发展增强落实城市战略定位自觉指明方向。

1. 新版《总规》为北京市城镇化在升级城市形态方面指明了方向

新版《总规》提出"一核一主一副、两轴多点一区"的城市空间结构和"中心城区—副中心—新城—镇—新型农村社区"的现代城乡体系，符合北京市特殊的自然地理环境和超大城市群首位城市地位，为其城镇化发展中协调处理"都"和"城"的关系、提升城市硬实力和软实力指明了方向。

2. 新版《总规》为北京市城镇化在丰富城市内涵方面指明了方向

新版《总规》科学统筹北京市经济社会发展中的物质建设与人文关怀，为其发挥首善之区的政治服务功能、文化古城的示范作用、科技创新策源地的驱动作用、全球治理体系中的主场作用指明了方向。

3. 新版《总规》为北京市城镇化发展在规范城市运行方面指明了方向

新版《总规》提出人口总量上限、生态控制线和城市开发边界三条红线，为北京市城镇化发展坚持产业生产空间的集约高效、提高民生保障和服务水平、提高生态规模与质量、在资源环境紧约束下缓解"大城市病"指明了方向。

（四）乡村振兴战略与新型城镇化发展的关系

1. 乡村振兴与新型城镇化的侧重点不同

乡村振兴战略侧重解决"三农"内部集体的活力问题，包括农村基础设施建设、农村人居环境改善、美丽宜居乡村建设、城乡基本公共服务均等化水平提高等方面；新型城镇化则侧重解决"三农"外部环境的保障问题，如空间城市化并未相应产生人口城市化的问题、农民工的被城镇化和伪城镇化问题。

2. 乡村振兴与新型城镇化都强调以人为本

从十八大到十九大,乡村振兴与新型城镇化这两个战略侧重点虽略有不同,但却是辩证统一的,需要互相支持配合。以人为核心是联结新型城镇化与乡村振兴的根本桥梁。新型城镇化的核心价值是以人为本,追求人自由全面发展的城市化;乡村振兴战略重视农民的主体地位,把维护农民群众根本利益、促进农民共同富裕作为出发点和落脚点。

三 北京市城镇化的发展趋势

总结符合中国国情和首都实际的超大城市城镇化发展的实践经验,能为大城市群的区域协同发展贡献北京方案和北京智慧。

(一)城镇体系布局越来越清晰

北京市确立了一体两面、内在统一的城乡体系建设布局,解决了新型城乡体系包括哪些具体"空间单元及各单元分布"和"层级及各层级定位与相互关系"问题,增强了北京市城镇化发展的科学性、规范性。

1. 城镇体系的内容

新版《总规》对北京市城镇化体系布局提出了两个层面的要求。一是在北京市域范围内形成"一核一主一副、两轴多点一区"的城市空间结构;二是完善"中心城区—北京城市副中心—新城—镇—新型农村社区"的现代城乡体系,推进城乡要素平等交换、合理配置和基本公共服务均等化,形成以城带乡、城乡一体、协调发展的新型城乡关系。

2. 城镇体系构建的具体实践

(1)以高新技术产业建设为抓手推进中心城区建设

北京市着力推动城市中心高新技术产业发展,强化首都科技创新中心的功能定位。2018年,全市国家高新技术企业有2.5万家、同比增长25%,中关村示范区总收入超过5.8万亿元。城市中心区已初步形成打造自主创新重要源头和原始创新主要策源地的良好发展态势。

(2)以疏解和承接为双重定位,推动城市副中心建设

北京市全力推动行政副中心建设,构建蓝绿交织、水城共融、集约紧凑发展的生态城市布局,打造国际一流和谐宜居之都示范区、新型城镇化示范区、京津冀区域协同发展示范区。在城市副中心与中心区、新城之间

构建"七横""三纵"的轨道交通线网络,"五横""两纵"的高速公路、快速路网络。

(3) 以更好地"保护、传承、使用"为目标,完善中心城区"两轴"建设和发展

2013年,北京市启动第二阶段城南行动计划,落实公共服务、基础设施、生态环境、产业发展等4类共232项重大项目。在东西轴线建设中,将长安街及东、西延长线作为整体统筹,以发挥国家行政、军事管理、文化、国际交往功能为目标,提升沿线纵深街巷的品质,展示大国首都形象。

(4) 以统筹和协调为要求,加快推进"多点"和"一区"范围内的城乡一体化进程

北京市通过实施美丽乡村建设三年行动计划、开展农村人居环境整治、加强"六网"等农村基础设施建设,农村人居环境显著改善;通过做精做优特色农业、强化"旅游富农"和"科技兴农",现代农业发展水平持续提升;通过深化农村"三块地"改革、深化集体产权制度改革、加大农业金融支持,城乡要素流动更加顺畅;通过多渠道促进农民就业增收、实施"六个一批"精准帮扶、促进城乡基本公共服务均等化,农村居民获得感进一步增强。

(二) 城镇的功能作用越来越强化

北京市坚持首都"四个中心"功能定位,将各类新型城镇打造成为疏解非首都中心区功能的新空间与引领乡村振兴的新引擎,提升了城区、镇域等发展极以城带乡的辐射能力和乡村发展的内生动力。

1. 新版《总规》中对新型城镇的发展定位的提出

新版《总规》提出,新市镇要辐射带动周边乡镇发展、承接中心城区功能疏解;特色小镇要塑造特色风貌、提升环境品质、具有鲜明地域特色;小城镇是本地区就业、居住、综合服务和社会管理中心。不同形态的新型城镇功能不一,但共同特点是绿色智慧、特色鲜明、宜居宜业,且都在北京市城乡发展一体化中起到承上启下的重要作用。

2. 明确新型城镇功能的具体实践

(1) 以新市镇建设承接功能疏解、辐射带动周边

目前,北京市新市镇建设呈"7+1"模式,包括承接型、辐射型、承

接辐射型三种。承接型新市镇主要承接中心城、新城的专项功能疏解；辐射型新市镇主要依托完备的公共服务设施和基础设施，辐射带动周边小城镇；承接辐射型新市镇同时兼具上述两种功能。

（2）以乡镇分区分类带动城乡一体化

北京市对乡镇的功能进行了明确定位。位于中心城区、新城内的乡镇，要重点推进土地征转、完善社会保障；中心城区、新城外平原地区的乡镇，要强化专业分工特色，适度承接中心城区生产性服务业及医疗、教育等功能，提高吸纳本地就业能力；山区乡镇要充分发挥生态屏障、水源涵养、休闲度假、健康养老等功能，带动本地农民增收。

3. 典型案例：宋庄镇

宋庄镇是北京市城市副中心外围第一圈层特色小镇，是服务保障城市副中心的重要区域。依据自身优势，成为围绕城市副中心"众星拱月"城乡格局的重要组成部分。

一是规划定位与产业布局明确：具有国际影响力的艺术创意小城镇。按照蔡奇书记"打造具有国际影响的艺术创意小城镇"的重要指示，宋庄镇定位为"活力文化城与田园艺术村交相辉映的艺术创意小镇"。在产业发展布局方面，宋庄镇围绕城市副中心，以创新发展轴（六环路）为轴线，构建"两区、两带"的空间结构。

二是产业结构优化升级：疏解与承接非首都功能相结合。宋庄镇以文化和旅游新窗口为抓手，建设文化创意产业集聚区、培育当代原创艺术，推动聚集"色彩与造型"创作相关的创意、科技、配套服务企业，构建以"空间艺术"为表现形式的多层次、多业态复合发展的国际化大视觉产业生态体系，充分发挥文化功能区的示范引领作用。

（三）城镇化发展的体制机制越来越完善

以"人的城镇化"、城乡要素互补、财产权利均等为核心，北京市突破体制机制僵化和利益分配格局固化的局限，提升了城乡生活质量等值化程度、生产力与生产关系匹配度。

1. 深化城镇化发展体制机制改革的提出

新版《总规》提出，全面深化改革要在集体产权制度改革、缩小城乡公共服务差距等方面着力推进。深化体制机制改革是北京市城镇化持续发展、纵深迈进的新起点与新动力。当前，北京市城乡关系已转向农村内部利益关系的调整、生产力乃至生产关系的调整。

2. 深化城镇化发展体制机制的具体实践

（1）促进城乡生活均等化

一是以"人的城镇化"为核心推动城乡生活质量融合，缓解疏通城市交通拥堵，深化教育、医药卫生体制改革；二是形成具有首都特点、符合超大城市治理要求的现代化城镇治理体系与治理能力，持续加强城乡社区建设，推进"一刻钟社区服务圈"建设，实施"网格化+"十大行动计划，提升社会治理精细化程度。

（2）深化集体建设用地经营方式改革，促进城乡生产要素融合

深化农村集体建设用地经营方式改革是打通城乡要素自由流动的重要途径。以海淀北部四镇为代表的农村地区，统筹利用集体产业用地，以土地为载体实现城乡产业资本要素全面对接，将"一镇一园"作为高新科技园区和保留村庄之间的桥梁，促进城乡资源互补，活化地区生态资源，突破土地破碎化程度高、缺乏纵向轴带联系的困顿局面，集体产业优化升级持续加快。

（3）深化集体产权制度改革，促进城乡生产关系融合

深化集体产权制度改革是北京市城镇化发展体制机制改革的重要内容。目前全市累计完成产权制度改革3906个村，占99%，海淀区农村集体产权制度改革国家试点全面完成，包括完成村级组织账务分离，建立股份经济合作社制度，加强党对集体经济的领导，推进党务、村务、财务三公开，创新推进镇级产权制度改革。

四 北京市城镇化发展的对策建议

目前超大城市城镇化发展的"北京范本"已初步形成，但城镇化发展是一项长期的系统工程，要进一步加强政策引导、深化制度创新、强化兜底保障，将北京市建设成为高水平的国际一流和谐宜居之都。

（一）以产业转型持续推动区域城镇化协调一体发展

以非首都功能疏解为重点，推动城乡间产业梯度转移与转型升级，构建京津冀现代化产业体系，提升综合竞争力，为世界级城市群建设提供产业支撑。

1. 以"三城一区"为先导，依托高端新兴产业提升首都城市圈产业素质

持续加快科学城与创新示范区建设，推动节能环保、新能源、新材料等高精尖产业发展，提升城市源头创新能力和科技竞争力。同时顺应超大城市现代服务业集成化、多元化、个性化的发展趋势，推动平台经济、体验经济、融合经济等新业态发展，实现生产服务业向专业化和价值链高端延伸、生活服务业向精细化和高品质转变。

2. 以"腾笼换鸟"为抓手，疏解退出一般性产业，辐射带动区域产业梯度转移和转型升级

强化北京市在产业梯度转移和转型升级上的辐射带动作用，将副中心、新型城镇作为产业梯度转移、要素流通聚集的主导方向。同时积极引导雄安、石家庄、廊坊等节点城市和重点功能区协同发展，提升京津冀区域内工业化进程整体水平。

（二）高质量推进人口城镇化进程

以推动转移人口融入城市的制度保障为重点，确保转移人口"留得下、过得好、能融入"，推进普惠、均等的"人的城镇化"进程。

1. 抓好重点人群落户

继续完善积分落户政策，根据不同区域分类制定。调整差异化落户政策，精简积分项目，以社保缴纳年限和居住年限分数占积分主要比例。确保有意愿、有能力、有条件的转移人口在新城等城镇化发展重点区域应落尽落、便捷落户。

2. 推动城市包容性发展

统筹政府、社会、市民三大主体，逐步实现外来常住人口经济、政治、文化和社会权利的属地化、跨区转移便捷化和待遇调整动态化。鼓励企业、社会组织和市民通过多种形式参与城市的建设与管理，通过政府"有形之手"、市场"无形之手"和市民"勤劳之手"，真正实现城市共管共治、共建共享。

（三）提升现代城市宜居程度

以明确城市核心功能下的减量发展为重点，围绕"智慧化""生态化"提升城市综合承载能力和服务能力，建设现代魅力宜居城市。

1. 明确城市功能，推动城市减量发展

围绕北京市"四个中心"定位，全面提升中央政务、国际交往环境及配套服务水平，提高城市布局合理性、运行通透性和微循环能力。树立"紧凑城市"理念，严守生态控制线和城市开发边界等刚性管控边界，掌控城市人口总量上限，管控战略留白，为未来高质量城镇化发展预留空间。

2. 建设智慧城市，提升城市运行效率

统筹城市发展的物质资源、信息资源和智力资源，建设北京市新型"智慧城市"。依托"三城一区"主平台，推动物联网、云计算、大数据、5G等高新信息技术在超大城市管理中的创新应用，逐步构建城市大数据全景图，形成城市运行决策指挥大厅和城市运行整体控制系统。强化信息资源社会化开发利用，促进跨部门、跨行业、跨地区的政务信息共享和业务协同。

3. 建设生态城市，健全市域绿色空间

加快绿色城市建设，推进城市"留白增绿"。以绿色隔离带和景观农业为主要业态推进环境治理，疏解腾退建绿、拆违还绿。加强城乡联防联控，深化治理城乡接合部"小散乱污"企业。推进重点流域生态修复和生态清洁小流域建设，提高污泥处理能力，重点解决支流沟渠"脏乱臭"等问题。统筹山水林田湖生态养护，实施湿地保护与恢复工程。探索京津冀生态环境补偿机制，着力扩展生态环境容量。

（四）加快城乡共享、融合发展

以降低流动门槛、促进城乡融合为重点，推动生产要素自由流动、激发乡村发展活力，保障城乡居民共享发展成果。

1. 完善城乡统一的要素市场

总结推广大兴农村土地制度改革三项试点的成功经验，探索集体资产股份权能改革，建立农村集体资产评估交易体系，推动城市规划范围内集体建设用地与国有土地同价同权同等入市。加强农村金融服务，运用融资担保、财政贴息等政策工具引导金融机构和社会资本投向农业农村。

2. 以乡镇集体经济带动乡村经济多元化发展

打造农村集体经济发展平台，形成乡镇统筹、运行规范、利益共享、风险共担的全新集体经济发展机制。明确集体经济组织的市场主体地位，完善法人治理结构和内部管理制度,推进集体经济资本化运作和市场化经营,建立按劳分配与按资分红相结合的分配制度,推动镇域间的生产合作、供销合作和信用合作。

3. 多渠道促进农民增收

加强城乡就业创业服务体系建设,积极为农民提供政策咨询、就业信息和指导等服务,引导绿色生态建设项目和社会公共管理服务项目安置低收入农户就业。结合平原造林工程、生态林维护、农村水务等工作支持经济薄弱地区集体经济组织承担社会公益事业,带动农民就业增收。

(注:本文所用数据、资料,均系作者调研所得)

关于加快推进城乡融合发展的研究

尚祖国[*]

摘要：按照城市副中心发展定位，通州将打造成为国际一流的新型城镇化示范区，这对城乡融合发展工作提出了非常高的要求。本文结合对城乡融合概念的理解以及中央对通州发展的部署和区情实际，就通州如何加快推进城乡融合发展做一些研究探索。

关键词：通州区；城市副中心；城乡融合

一 城乡融合发展内涵和重要意义

（一）什么是城乡融合发展

社会学和人类学界从城乡关系的角度出发，认为城乡融合是指相对发达的城市和相对落后的农村，打破相互分割的壁垒，逐步实现生产要素的合理流动和优化组合，促使生产力在城市和乡村之间合理分布，城乡经济和社会生活紧密结合与协调发展，逐步缩小直至消灭城乡之间的基本差别，从而使城市和乡村融为一体。

城乡融合是一个包含经济融合、社会融合、人口融合、空间融合和生态环境融合等方面的复杂系统，它由微观的和宏观的、静态的和动态的、内部的和外部的、时间的和空间的多种因素组成。这些因素相互关联、相互作用，构成了城乡融合的整体性。因此，为了科学评价城乡融合发展水平，必须建立一套完整的指标体系。现在国内外较为普遍的评价体系是通过城乡融合指数来衡量。（见表1）

---

[*] 尚祖国：北京市通州区人大常委会副主任。

表1　　　　　　　　城乡融合发展评价指标体系①

目标层	子系统	具体指标	指标性质	权重
城乡融合发展评价指标体系	经济融合	城乡人均GDP	正	0.076
		农业支出占总支出的比重	逆	0.059
		第三产业占GDP的比重	正	0.083
		城乡消费水平对比系数	逆	0.090
		非农业增加值占总产值比重	正	0.081
	人口融合	城市人口密度	正	0.078
		农业人口与非农业人口比	逆	0.089
	社会融合	教育支出占总支出的比重	正	0.051
		人均床位数	正	0.043
		人均保费收入	正	0.041
	空间融合	建成区面积比例	正	0.076
		公路路网密度	正	0.065
		建制市镇密度	正	0.073
	生态环境融合	自来水受益村占总村数比	正	0.056
		环保支出占总支出比重	正	0.039

将所有指标的数据信息通过加权综合成一个指数，即城乡融合指数。城乡融合指数的高低，综合反映了城乡关系的发展程度。城乡融合指数用线性加权和表示为：

$$C = W_1 U_1 + W_2 U_2 + \cdots\cdots + W_i U_i = \sum W_i U_i$$

其中，U_i 表示第 i 个评价指标的数值，W_i 表示第 i 个评价指标的权重，$\sum W_i = 1$。

可以通过城乡融合指数以及城乡融合五个方面的具体得分，分析各地区之间城乡统筹的差距，从而有针对性地提出切实可行的对策建议，更好地推动城乡融合发展。

（二）城乡融合发展重要意义

回顾改革开放特别是党的十八大以来，我国在统筹城乡发展、推进新型城镇化方面确实取得了显著进展，但城乡要素流动不顺畅、公共资源配

---

① 周新秀、刘岩：《城乡融合发展评价指标体系的构建与应用——以山东省为例》，《山东财经学院学报（双月刊）》2010年第1期。

置不合理等问题仍不同程度存在，一些农村地区还出现了村庄空心化、农户空巢化、农民老龄化等问题。正是意识到当前我国最大的发展不平衡，是城乡发展不平衡；最大的发展不充分，是农村发展不充分，党的十九大立足新时代，明确提出要"实施乡村振兴战略，坚持农业农村优先发展，按照产业兴旺、生态宜居、乡风文明、治理有效、生活富裕的总要求，建立健全城乡融合发展体制机制和政策体系，加快推进农业农村现代化"。特别是2019年以来，城乡融合发展工作更是得到中央的着力推动。2019年4月，习近平总书记在重庆考察时指出，要加快推动城乡融合发展，建立健全城乡一体融合发展的体制机制和政策体系，推动区域协调发展。5月，习近平总书记在江西考察时强调，要构建新型城乡关系，建立健全城乡融合发展体制机制和政策体系，促进城乡协调发展、融合发展。前不久，中共中央、国务院印发《关于建立健全城乡融合发展体制机制和政策体系的意见》，从顶层设计着手，明确提出要走城乡融合发展之路，重塑新型城乡关系，促进乡村振兴和农业农村现代化。可以说，推动城乡融合发展意义重大，不仅是实现乡村振兴的重要途径，还是拓展高质量发展空间的有力抓手，同时也是破解新时代我国社会主要矛盾的必然选择。

（三）国内外城乡融合发展案例及启示

在美国，无论是乡村还是城市，基础设施较为完善，水、电、网、路等几乎没有差距，不少大学和公司喜欢"占镇为王"。美国6000多所大学，大多数分布在乡村小镇以及由此形成的大学城，大量的公司总部也是如此。这样做的好处是大大降低了员工与后勤人员的生活成本、居住成本以及通勤和时间成本。美国小镇一般都有一个MALL，它是一个集购物、生活、休闲、娱乐于一身的综合体，规模大小随人口多少而定，其中的商铺多为全国连锁，让附近的居民可以享受同样的品质、价格和服务。除了衣食住行，大学一般有医学院及其附属医院，于是当地居民的医疗问题就解决了；大学一般还有教育学院，于是所在地中小学的师资力量就有了保障。此外，大学毕业生可以留在大学附近创业，有些成长快速的大学镇就慢慢发展成了大学城，还有可能成为创业中心与新技术中心。[①]

[①] 郑风田：《大学镇、公司镇和城乡等值战略——美国、德国城乡融合发展的模式与经验》，《北京日报》2018年7月9日。

德国的"城乡等值"战略也很有参考意义。第二次世界大战后德国的城市发展很快，吸引大量的乡村年轻人进城打工，乡村陷入衰败之中。后来德国实施城乡等值战略，即城市有的硬件设施农村都应该有。经过多年的建设，德国的乡村生活变得非常便捷，虽然年轻人还是继续往城里跑，但乡村吸引了大量城市退休的老人来养老，让乡村从此有了人气，实现了城乡互通。20世纪80年代末，山东省政府和德国巴伐利亚州以及德国汉斯·赛德尔基金会共同把南张楼村确定为"中德土地整理与农村发展合作试验区"，借鉴德国成功的乡村发展模式，消除南张楼村的生产、生活质量与城市之间的差异，包括劳动强度、工作条件、就业机会、收入水平、居住环境等，取得了很好的成效。下一步，南张楼将联合周边的十七个村落，开启"城乡等值化"试验第二阶段——"区域联合发展"。①

国内来看，近年来，浙江、江苏等一些经济发达地区的城乡发展一体化创新实践也取得显著成效。比如长三角地区的苏州市，2008年城市化率达到66%，地区生产总值达到6701亿元，人均GDP达到162107元。雄厚的经济基础和较高的城镇化水平，为推进城乡发展一体化创造了有利条件，先后被省、国家确定为城乡发展一体化改革试点城市。近年来的发展历程可划为三个阶段：其一，2008—2011年为起步阶段，利用改革试点有利条件，持续推动制度创新、政策创新、实践创新；其二，2012—2014年为深化阶段，改革重心向村镇一级下移，着力补齐农业农村发展短板；其三，2014—2019年为提升阶段，全面推进城乡一体示范区建设，赋予有条件的县城镇、中心镇、农业示范区更多的行政和经济管理权限。回顾这一历程，有诸多举措非常具有借鉴意义。比如，通过"三置换"，农民将集体资产所有权、土地承包经营权、宅基地及住房置换成股份合作社股权、城镇保障和住房，累计有57.21万户、160多万农民实现居住地转移和身份转变，城镇化率接近80%，农村劳动力非农化转移率达到90%以上；比如，培育壮大新型农业经营主体，大力发展"三大合作"为代表的农村合作经济组织，基本完成股权固化改革试点任务，实现土地承包经营权确权颁证率超过97%，农村产权交易分中心实现县级市、区全覆盖；再比

---

① 徐楠：《南张楼没有答案——一个"城乡等值化"试验的中国现实，《农村经济与科技》2006年第4期。

如，大力推进水环境治理、美丽村镇建设、农村垃圾分类和资源化处置，率先建立生态补偿机制，累计补偿资金60.78亿元。①

二 通州区在城乡融合发展方面的突出问题

近年来，随着通州发展定位不断提升，聚焦发展态势日益显著，通过狠抓平原造林、创建全国文明城区等举措，使城乡面貌持续改善。特别是，随着城市副中心建设的深入推进，市政基础设施和道路建设标准和水平不断提升，众多市级优质教育医疗资源持续向通州转移，极大地提升了公共服务保障能力。但同时，也要看到，城乡要素双向流动通道还未完全打通，优质资源主要聚集中心城区，乡镇经济增长乏力，城乡发展还不够平衡，一些突出问题亟待解决。

一是农村内生动力不足，城乡经济差距缩小缓慢。近年来，随着低端产业疏解、工业大院腾退工作强力推进，农村集体经济收入显著降低，农村劳动力就近就地就业岗位大幅减少，就业难度显著加大；狠抓违法建设拆除和人口疏解，在改善人居环境的同时，也一定程度上减少了农民经济收入；新兴战略产业发展还处于起步阶段，商务服务和文化旅游等主导功能还不明显，农民持续增收空间收窄，城乡居民收入差距有放缓甚至拉大的可能（2017—2019年，通州区农业观光园数量从62家持续下降到44家，观光农业和设施农业总收入从16.3亿持续下降到7.7亿；近三年通州区全区人民平均可支配收入稳定增长在9%左右，城镇居民可支配收入始终高出平均指标0.1%，农村居民则低于平均指标0.2%左右②）。

二是财政投入历史欠账较多，城乡公共资源供给差距较大。城镇化不仅表现为人口向城镇的集聚，更体现在土地、劳动力等自然资源与教育、医疗等公共资源的城镇化过程。现阶段，城乡差距大最直观的是基础设施和公共服务差距。通州区公共服务供给多年来主要集中于城区，农村群众在上学、看病、养老、出行等方面还有许多不满意的地方。城乡基础设施建设仍不均衡，特别是部分偏远或纯农业地区的农村，路、桥、电、燃

---

① 江苏省政府研究室调研组：《从城乡发展一体化迈向城乡融合发展》，《中国经济时报》2018年第4期。
② 北京市通州区统计局：《通州区国民经济和社会发展统计公报》（2017—2019）。

气、公交及污水垃圾处理等公共基础设施建设仍显薄弱。

三是乡镇财税收入下降明显，推动工作力不从心。近几年，乡镇一级严格落实清退低端产业名录，并按照新增产业禁止和限制目录严格控制新项目落地，导致税源严重缩水，并且即便还能运转的企业，因为大气治理、环境整治等工作需要，开工时限也受到影响，企业收入和纳税额也明显减少。而农村人居环境整治、美丽乡村建设等重要工作正在全面铺开关键阶段，资金需求巨大，导致一些乡镇在工作开展上只能有选择、做取舍，一定程度上也影响了行动计划的落实效率和效果。

四是制度机制创新的系统性、整体性、协同性不够，导致发展动能不足。全区城乡二元经济问题呈逐年持续改善趋势，但受制于政策层面的顶层设计，改善程度十分有限，二元结构尚未被根本打破。要素市场改革的硬招实招不多，人才、资金、产业、信息等要素在城乡之间的流动受到诸多限制。全区城乡居民在医疗保障、义务教育以及基本养老保险方面均实现了制度全覆盖。但是，城乡基本公共服务标准差距依然较大，其中教育发展不均衡和卫生发展不均衡是主要短板。从中心城区引入的医疗和教育优质资源还主要集中分布于中心城区155平方公里内（通州区全境906平方公里）。

三 通州区实现城乡融合的对策建议

未来一段时间，是通州聚力城市副中心建设、建设高水平社会主义现代化城区的关键时期，也是通州推动城乡融合发展、打造新型城镇化示范区的重要阶段。经过多年的积累探索，依托千载难逢的发展机遇，应该说，通州加快推进城乡融合发展，条件具备、时机成熟、正当其时，建议在实践中重点做好以下几方面工作。

（一）做好顶层设计促进城乡空间融合

坚持城乡一体设计、多规合一、功能互补，统筹城乡产业、基础设施、公共服务、资源能源、生态环境等布局，形成田园乡村与现代城镇交相辉映的城乡发展形态。一是强化管控，保障规划有序有效实施。严格落实城市副中心控制性详细规划、通州区总体规划和通州区与廊坊市北三县协同发展规划，做好顶层设计，处理好城市副中心和拓展区的关系，构建新型城镇化空间体系。二是规划建设特色各异的小城镇。强化规划引导，因镇制宜，推进特色小城镇建设，形成各具特色的产业发展格局，并加强以乡镇政府驻地为中心的农民生活圈建设，以镇带村、以村促镇，实现镇村协同发展、联动发展。当前要充分依托北京先进文化之都和城市副中心的平台优势，汇聚优质资源，打造好宋庄艺术小镇、台湖演艺小镇、张家湾设计小镇三个重点项目，同时，结合规划定位统筹推动其他特色小镇同步建设、错位发展，形成梯队效应。三是科学编制美丽乡村规划。按照不同的区位条件、资源禀赋和发展基础，因地制宜科学编制村庄规划，分类引导美丽乡村建设。有序推进集体产业用地和宅基地减量提质，引导一般村庄适度集并或就地改造。突出自然风貌和历史人文特色保护，防止乡村景观城市化、西洋化，让群众望得见山、看得见水、记得住乡愁。

（二）拓展农业多种功能促进城乡产业融合

根据城乡产业发展规律和各自比较优势，增强城乡三次产业、同次产业之间的内在联系，培育多种业态，实现多重价值，激发乡村经济发展新动能。一方面，要夯实农业根基。要顺应城乡居民消费结构升级和农业由增产转向提质带来的市场需求变化，深化农业供给侧结构性改革，以科技创新引领农业高质量发展，实现投入品减量化、生产清洁化、废弃物资源化、产业模式生态化。同时，发展多种形式适度的规模经营，促进小农户和现代农业发展有机衔接，推动家庭经营、集体经营、合作经营、企业经营共同发展。另一方面，要培育新产业新业态。乡村在生态涵养、文化传承、休闲康养等方面拥有城市不具备的自然禀赋，要科学利用乡村独特优势，拓展乡村经济发展空间，充分发挥城市副中心和亦庄新城的带动作用，在对接城市高质量发展中实现更高层次的产业协同。要坚持乡村观光休闲旅游与美丽乡村建设、都市型现代农业融合发展思路，支持发展乡村旅游、休闲农业、农耕文化体验、健康养老等新业态，满足城市居民特别是由市行政办公区带来的新增人口的多元化、高品位消费需求。同时，完善利益联结机制，通过带动就业、保底分红、股份合作等多种形式，让农民合理分享增值收益。

（三）加大公共服务设施投入促进城乡社会融合

多年来，农村公共服务和基础设施欠账多、标准低，必须下大力气予以改善。要着眼于补齐农村公共服务短板，推进城镇基础设施建设和公共服务向农村延伸，促进城乡基础设施和公共服务均等化、标准化、优质化。一是加快农村基础设施建设提档升级。强化片区规划理念，结合新的区划调整，建设集社区公共服务、居家养老服务、文化服务、社会组织服务于一体的多功能综合服务体，促进公共资源共建、共享、共用。二是促进城乡教育均衡发展。教育关乎乡村振兴的根本，要针对当前农村教育质量不高的突出问题，加大城乡教育资源的均衡配置力度，通过财政拨款、设备添置和教师配置等向农村学校倾斜，建立以城带乡、整体推进、城乡一体、均衡发展的义务教育发展机制。同时，更加关爱留守儿童，加强农村寄宿制学校建设。三是健全乡村医疗卫生服务体系。统筹加强乡村医疗卫生人才和医疗卫生服务设施建设，提高基层医务人员岗位吸引力，并通过鼓励县医院和乡村卫生所建立医疗共同体，鼓励城区大医院开展对口帮扶和远程医疗。四是建立完善政策和制度。从财政、金融、社会保障等方面制定激励政策和城乡人才合作交流机制，探索通过岗编适度分离等方式，推进城市教科文卫体等工作人员定期服务乡村，推动职称评定、工资待遇等向乡村教师、医生倾斜，优化乡村教师、医生中高级岗位结构比例。

（四）突破体制机制壁垒促进城乡要素融合

体制机制创新是城乡融合发展的动力所在。2019 年 5 月 5 日，中共中央、国务院发布了《关于建立健全城乡融合发展体制机制和政策体系的意见》，并于年底制定了《国家城乡融合发展试验区改革方案》。要重点关注中东部试验区在农村集体经营性建设用地入市制度、宅基地"三权分置"制度等方面的最新成果，深化重点领域和关键环节改革，着力消除阻碍城乡要素自由流动和平等交换的体制机制弊端，推动人才、土地、资金等要素双向流动和均衡合理配置，引导各类要素在乡村汇聚，激活乡村振兴内生动力。一方面，要促进更多要素流向乡村。加大体制机制创新和政策支持力度，使农村地区较之城区更具吸引力，以此促进人才、土地、资金等关键要素回流乡村。扎实稳妥推进农村土地制度改革，建立公开、公正、规范运行的城乡土地交易平台和公共信息平台，促进城乡土地要素合理有序流动、公平公正交易，让广大农民的土地权益得到合理价值体现。加大财政支农资金力度，创新农村金融模式，建立健全多元投融资机制，吸引更多社会资本投向农村，填补农业农村投资洼地。加快培育新型职业农民，鼓励和引导社会各界人才投身乡村建设，培养造就一支懂农业、爱农村、爱农民的"三农"工作队伍。另一方面，要优化乡村发展环境。农村市场机制不健全，经济主体活跃度不高，难以有效承接要素回流和项目支持，必须全面改善农村发展环境，更好发挥市场在资源配置中的决定性作用。深化"放管服"改革，推动行政管理资源下沉基层，严格执行涉农法律法规和政策措施，打造法治化、便利化基层营商环境。整合政府、企业、社会等多方面资源，建设众创、众包、众扶、众筹支撑平台，推动政策、技术、资金等各类要素向乡村创新创业集聚。推进农村集体产权制度改革，发挥农村集体经济组织作用，进一步调动农民积极性，建立符合市场经济要求的集体经济运行机制，促进集体资产保值增值，发展壮大新型农村集体经济。

北京城乡公共交通一体化现状研究[*]

窦晨晨 谌 丽 解扬洋[**]

摘要：城乡一体化是北京城市化进程中的一个新阶段，对于促进城乡之间、城乡居民之间的经济、文化交流具有重大作用。城乡公共交通一体化作为城乡一体化的一部分，在城乡之间发挥了重要的联结作用。因此，本文以城乡一体化为背景，对北京城乡公共交通线网的布设及一体化的现状进行了深入研究，分析其面临的问题，在此基础上提出适合北京城乡公共交通一体化发展的策略与建议，可以为北京城乡公共交通的规划布局提供参考价值。

关键词：城乡一体化；公共交通；北京

引 言

城乡一体化是城市化进程中的重要阶段，对于打破我国的城乡二元结构具有重大意义。而交通是城市发展的命脉，实现城乡一体化，交通应先行。城乡公共交通一体化的发展有利于促进城乡之间的交流，实现城乡统筹发展。目前，关于城乡公共交通一体化，1992年美国学者彼得·卡尔索尔普提出了TOD（Transit Oriented Development）发展模式，即公交导向的城市发展模式，该模式强调社区建设以公共交通车站为中心逐渐向外围发展，居民的出行方式主要依赖于公共交通运输系统，其中公共交通主要是

---

[*] 基金项目：北京市属高校高水平教师队伍建设支持计划项目（CIT&TCD201904075）

[**] 窦晨晨，北京联合大学应用文理学院硕士研究生，研究方向为城市地理；谌丽，北京联合大学应用文理学院副教授，研究方向为居住环境；解扬洋，北京联合大学应用文理学院硕士研究生，研究方向为文化遗产区域保护规划。

地铁、轻轨、公交等，然后以公共交通车站为中心，以400—800米（5—10分钟步行路程）为半径进行城市建设与规划①。英国则提出要关切不同社会群体的需求、公平、分配和社会排斥问题，优先发展区域交通投资和管理，着重提高公共交通的可达性，形成城乡、区域客运交通一体化②。日本通过研究证实交通基础设施的发展与城乡GDP水平同步提升，因此，为了提高城乡道路的机动性和可达性将城乡道路建设作为重大工程项目③。韩国政府出台关于公交服务多样化和科学管理的政策，努力推广公共交通的使用，并对公交体系进行改编，形成了地方公共汽车、豪华公共汽车和往返公共汽车3种交通方式④⑤⑥。国外关于城乡公共交通一体化的研究多立足于自身特点，寻找适合发展的途径。在国内，石小伟等人根据宁波市城乡公交客运存在的经营模式落后、部分路段交通秩序混乱、与群众期望存在差距等问题，在线网布局、运营管理、公交补贴等方面提出了针对性措施⑦。李旭宏等人强调城乡公交一体化发展的最终目标是建立统一的公共短途客运系统，为此，要建立集中统一的管理体系，确立公交市场化运营模式，并在铜陵市与溧阳市进行了较好的规划应用⑧。黄正东等人认为公交线路、换乘节点、运营计划、信息服务等方面的协调整合是城乡公交一体化的关键，不同城市应采用差别化的整合模式，同时，城乡空间规划编制要作为保障⑨。国内学者从宏观层面对城乡公共交通一体化做出了具体要求，同时也在大中小城市做了规划应用。综上所述，国内外学者都强调了城乡公共交通一体化要因地制宜，从自身出发，寻找最适宜的道路。在城乡一体化背景下，针对北京乡村进城务工人员增加、交通拥堵、汽车

---

① 王成芳：《TOD策略在中国城市的引介历程》，《华中建筑》2012年第5期。

② Commission for Integrated Transport, *Study of European best Practice in the Delivery of Integrated Transport*（2001）.

③ 赵言涛：《城乡一体化公共交通规划研究——以济南市历城区为例》，硕士学位论文，山东大学，2013年。

④ 种曼婷：《韩国城市交通的发展及启示》，《宏观经济管理》2007年第3期。

⑤ 赵云毅、赵坚：《首尔公交改革对北京优化地面交通的启示》，《北京交通大学学报（社会科学版）》2019年第3期。

⑥ 王春华：《韩国首尔公交改革的经验》，《交通与运输》2015年第6期。

⑦ 石小伟、冯广京、邵黎霞、王淇韬、毛磊、苏培添：《宁波市城乡公共交通一体化管理与协调导则》，《上海国土资源》2019年第4期。

⑧ 黄莉、李旭宏、何杰：《城乡公交一体化若干问题探讨》，《规划师》2006年第22期。

⑨ 黄正东、黄嘉诚、刘学军：《城乡公交一体化的衔接模式与规划策略》，《规划师》2019年第15期。

尾气污染严重等现实情况，有必要对北京城乡公共交通一体化现状进行研究，以优化北京交通状况，促进城乡经济文化交流，实现城乡一体化。

一 城乡公共交通一体化相关概念

（一）城乡一体化概念

城乡一体化是指在工业化、城镇化发展到一定阶段，城市与乡村、城镇居民与农村村民逐步融为一体，统筹发展，使得农村居民与城镇居民享受同样的文明和待遇，最终实现城乡社会、经济、文化、生态协调发展的一种状态，实质是消除城乡二元结构，使城市、农村共享现代物质文明与精神文明[①]。城乡一体化主要包括城乡经济发展一体化、城乡社会发展一体化、城乡交通发展一体化和城乡环境发展一体化等。

（二）城乡公共交通一体化概念

城乡公共交通一体化就是把城市和乡镇区域的公共交通作为一个整体来考虑，将基础设施建设、交通线路、站点和市场管理等科学、合理地结合成一体，以此实现城乡公共交通的协调发展、城乡居民便捷出行、促进城乡经济协调发展的目的。城乡交通一体化特征主要表现为整体性、衔接性、公平性和共享性[②]，即在规划和布局上将城乡交通作为一个整体来铺设线路，城乡居民在不同线路之间能够方便换乘，城乡之间公平共享交通信息、线路、服务和保障等。

二 研究方法与数据来源

（一）研究区域

北京作为我国首都，是全国政治中心、文化中心、国际交流中心、科技创新中心。北京位于东经115.7°—117.4°，北纬39.4°—41.6°，总面积16410.54平方公里。位于华北平原北部，背靠燕山，毗邻天津市和河北

[①] 李燕、庞平：《北京市城乡一体化发展的问题及规划建议》，《小城镇建设》2019年第2期。
[②] 刘万军：《黑龙江垦区城乡公共交通一体化探讨》，《现代商业》2013年第36期。

省。北京市下辖 16 个市辖区，包括东西城区、朝阳区、丰台区、石景山区、海淀区、门头沟区、房山区、通州区、顺义区、昌平区、大兴区、怀柔区、平谷区、密云区、延庆区，其中东西城区为核心区，通州区为北京城市副中心。北京交通方式呈现多样化包括公共交通、轨道交通、共享交通等。

（二）研究方法

本文主要采用以下研究方法：

1. 文献研究法

通过查阅与城乡一体化以及城乡公共交通一体化相关研究的国内外文献，进行整理和分析，梳理其研究脉络，了解其中运用的理论、方法，并查阅北京公共交通的相关资料，从而全面、正确地认识到目前北京城乡公共交通一体化的现状及存在问题。

2. 定量分析法

通过搜集统计数据，对北京城乡人口状况和北京交通客运量的变化情况进行定量分析。

（三）数据来源

所涉及的数据主要来源于《北京统计年鉴2019》《北京市 2018 年国民经济和社会发展统计公报》《北京市 2019 年国民经济和社会发展统计公报》，以及北京地铁和北京公交官网所公开的统计信息。

三 北京城乡公共交通一体化现状及存在问题

（一）北京城乡社会经济背景

根据《北京城市总体规划（2016 年—2035 年）》，北京市域范围内将以"一核一主一副、两轴多点一区"的城市空间结构发展，如图 1 和图 2 所示。一核为首都功能核心区，即东西城区；一主为中心城区，即城六区，包括东城区、西城区、朝阳区、海淀区、丰台区、石景山区；一副即北京城市副中心通州区，两轴即中轴线及其延长线、长安街及其延长线；多点包括顺义、大兴、亦庄、昌平、房山新城，是承接中心城区适宜功能和人口疏解的重点地区；一区是包括门头沟区、平谷区、怀柔区、密云区、延庆区，以及昌平区和房山区的山区的生态涵养区，是保障首都可持续发展的关键区域。

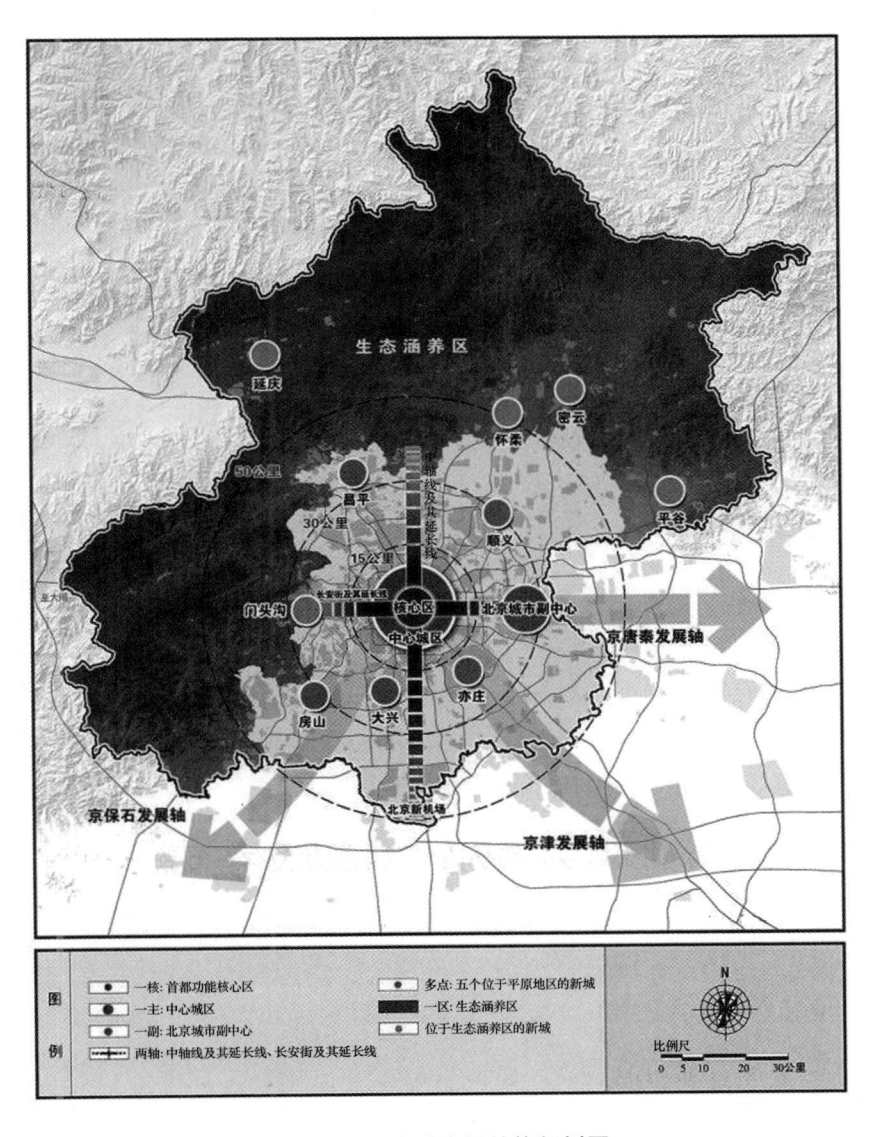

图 1　北京市域空间结构规划图

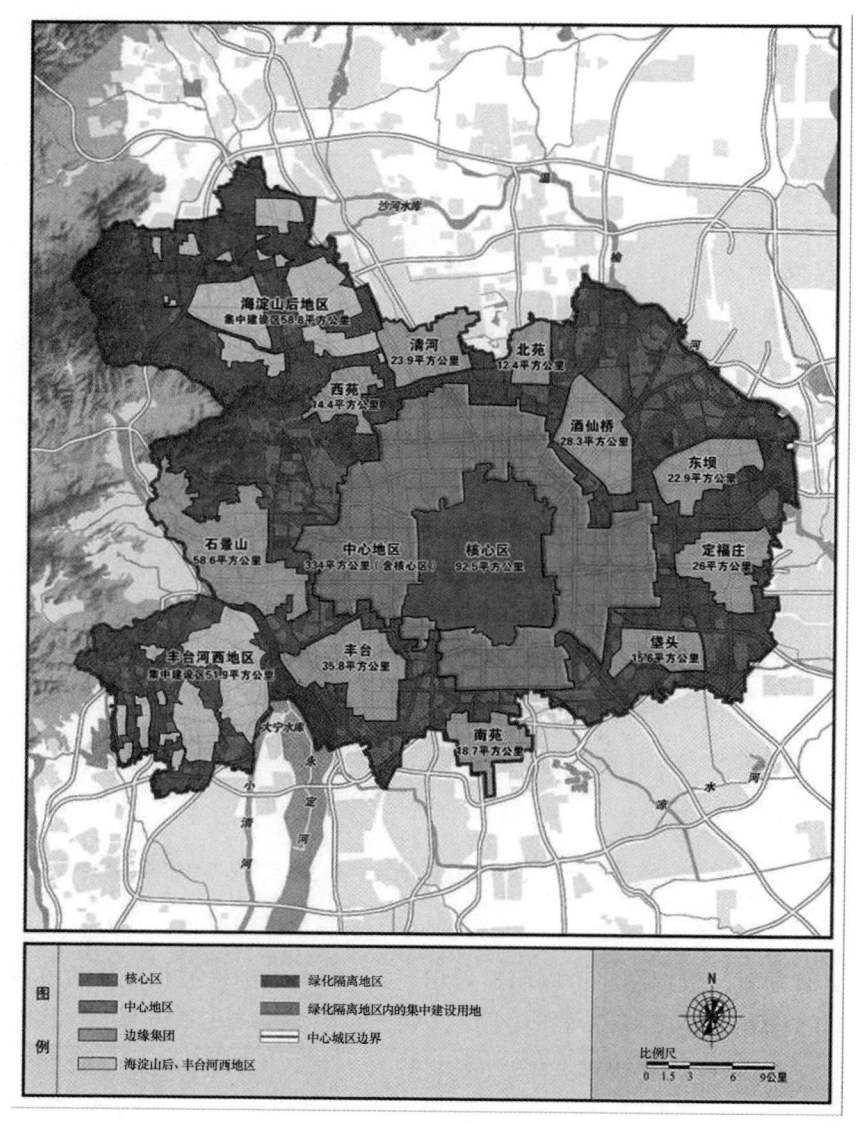

图 2　北京中心城区空间结构规划图

（资料来源：《北京城市总体规划（2016 年—2035 年）》）

根据《北京统计年鉴2019》，截至2018年年底，北京全市共有152个街道办事处，143个建制镇，38个建制乡，3209个社区居委会和3915个村民委员会，村镇数量较多。2018年，北京全市常住人口总数为2154.2

万人，其中常住乡村人口数量为 290.8 万人。根据表 1 可以看出，房山区、通州区、顺义区、昌平区和大兴区是常住乡村人口的主要分布地。

表 1　　　　　　　　2018 年北京常住人口

	常住人口（万人）	常住城镇人口（万人）	常住乡村人口（万人）
全市	2154.2	1863.4	290.8
东城区	82.2	82.2	0.0
西城区	117.9	117.9	0.0
朝阳区	360.5	360.1	0.4
丰台区	210.5	210.1	0.4
石景山区	59.0	59.0	0.0
海淀区	335.8	331.8	4.0
门头沟区	33.1	29.5	3.6
房山区	118.8	88.6	30.2
通州区	157.8	106.7	51.1
顺义区	116.9	66.0	50.9
昌平区	210.8	175.1	35.7
大兴区	179.6	131.3	48.3
怀柔区	41.4	29.0	12.4
平谷区	45.6	26.4	19.2
密云区	49.5	29.4	20.1
延庆区	34.8	20.3	14.5

交通方面，根据图 3 可以明显看出，在 2014—2018 年北京公共电汽车客运量逐年下降，轨道交通客运量呈上升趋势，2016 年后轨道交通的客运量超过公共电汽车的客运量并逐年拉大差距。这说明越来越多的居民出行选择轨道交通方式，轨道交通比公共电汽车更受居民的青睐，公共电汽车的发展受轨道交通影响明显。

（二）北京城乡公共交通一体化现状

根据《北京市 2018 年国民经济和社会发展统计公报》，截至 2018 年年底，北京市公共交通运营车辆共 29732 辆，其中公共电汽车 24076 辆、轨道交通 5656 辆。公共电汽车运营线路条数达 888 条、运营线路长度为

客运量（万人次）

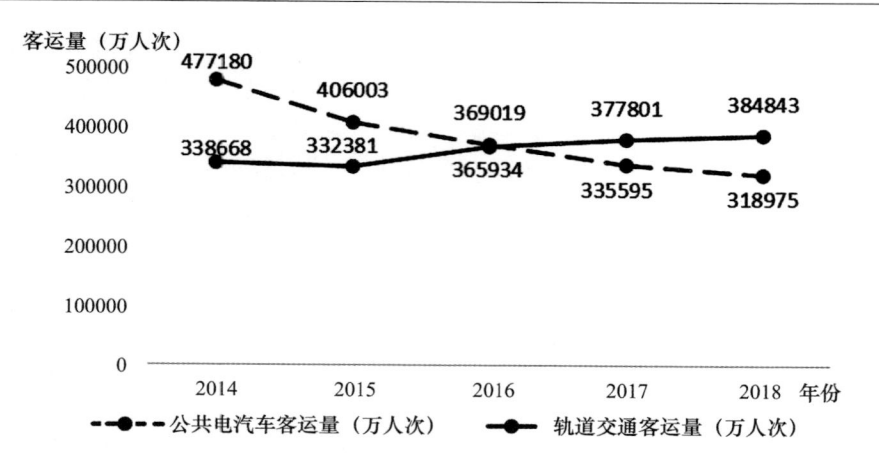

年份	公共电汽车客运量	轨道交通客运量
2014	477180	338668
2015	406003	332381
2016	369019	365934
2017	377801	335595
2018	384843	318975

图 3　2014—2018 年北京客运量变化图

（数据来源：《北京统计年鉴 2019》）

19245 公里[①]；轨道交通运营线路共有 20 条、运营线路长度为 637 公里[②]。公共交通总运营线路长度达到 19882 公里。北京城乡公共交通一体化主要体现在以下方面：

1. 运营管理方面

2019 年，为顺应城乡公共交通一体化发展趋势，北京祥龙公交划归北京公交集团管理序列，北京公交全面由北京公交集团统一运营管理。北京地铁则由北京市地铁运营有限公司、北京京港地铁有限公司、北京京城地铁有限公司、北京轨道运营公司共同建设运营管理。

2. 线网布局方面

截至 2019 年底，北京共有公共电汽车运营线路 1158 条，比上年末增加 270 条[③]。为满足市郊以及郊区乡村的出行需求，方便城乡联系，建立了快速公交、快速直达专线、有轨电车、微循环线、夜间线路等多种路线。有轨电车西郊线起于香山站，可通过地铁 10 号线与城区相连；微循环线为"专"字头线路，该线路加强了电子城产业园、星光影视园等产业园区以及新建道路的公交覆盖，打通了沿线居民出行的"最后一公里"。H、M、Y、S 等英文开头的线路则为怀柔、门头沟、延庆、顺义等各区运营的公交，十六区各

[①] 北京市统计局：《北京市 2018 年国民经济和社会发展统计公报》2019 年 03 月。
[②] 北京地铁官网。
[③] 北京市统计局：《北京市 2019 年国民经济和社会发展统计公报》2020 年 03 月。

区间均有公交连接，方便了各城区与中心城区的联系，怀柔大黄木厂村、房山富合村等偏远村庄因地制宜设立公交线路实现公交通车，努力实现"村村通"。在可达性方面，中心城区居住区附近均有公交站点分布，居民可以在舒适便利的范围内步行到达①；而在乡村地区，虽然各乡镇均有公交线路到达，但公交站点主要设在乡镇道路上，仍有少数偏远村庄距离公交站点较远，步行到达不方便，如房山区三流水村，该村风景优美，外来观光人员较多，但在其周围一公里范围内并没有公交站，需要骑行约 27 分钟到最近的霞云岭乡公交站乘车，严重影响当地村民特别是老年人出行。

而地铁线路共有 21 条（包括有轨电车西郊线），相较于 2018 年年底增加了大兴机场线②。如图 4 所示，燕房线、大兴线、15 号线、昌平线等

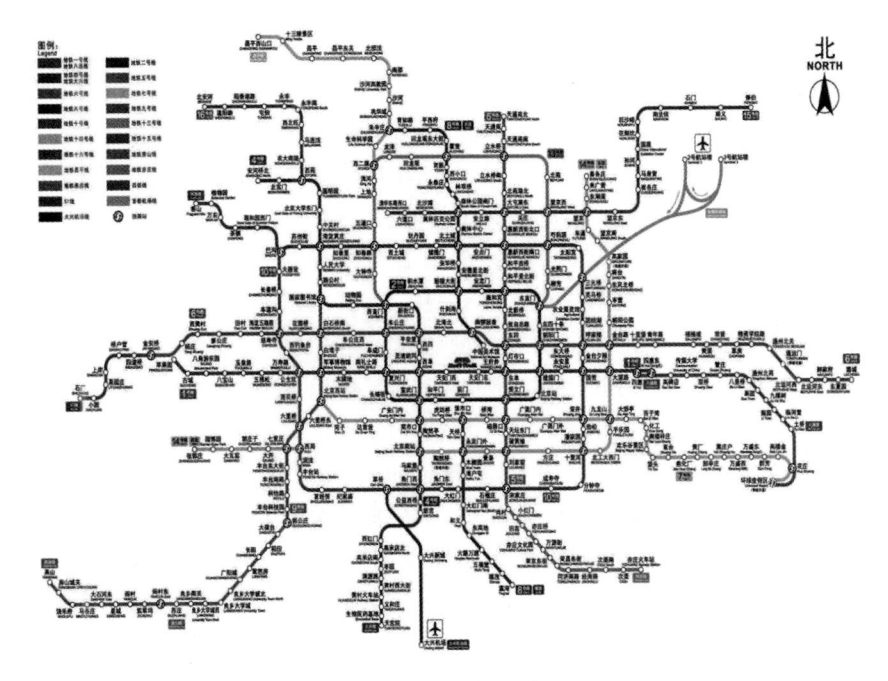

图 4　北京地铁线路图
（资料来源：北京地铁官网）

---

① 魏攀一、黄建玲、陈艳艳、陈宁、吴克寒、孙继洋、王振报：《城市轨道交通可达性计算方法》，《重庆交通大学学报（自然科学版）》2019 年第 10 期。
② 北京地铁官网。

通过与公交对接有效打通了房山区、大兴区、顺义区、昌平区等远郊区，缩短了乡村居民进城时间。

（三）北京城乡公共交通一体化存在问题

根据北京城乡社会经济背景以及对北京城乡公共交通一体化的现状研究，依据《北京市"十三五"时期城乡一体化发展规划》以人为本、统筹推进、协调发展、因地制宜的基本原则，北京城乡公共交通一体化仍然存在着一些问题：

1. 配套基础设施不完善

城区和乡村有很多站点仍在使用老旧公交站牌，其中有许多已经看不清公交线路和途经站点。在客流量较大的公交站点，乘客会挤在马路上或者非机动车道上等车，不仅危险性高而且也会破坏公交站旁的绿化带。比如，惠新东桥西公交站因附近有大学分布，每到下课时会有大量学生在此等车，而且该站有超过八条公交线路途经于此，加上附近居民就会导致许多乘客在非机动车道上等待，有时多辆公交车若同时到达就会产生拥堵现象，严重影响道路交通安全和畅通情况。地铁站会有上下楼梯情况，大多数都会有直梯和电梯，但仍有较少站点电梯不充足甚至缺少，这对于偏远地区经常带行李箱进城的居民极为不便，特别是在上下班高峰期。

2. 部分地区交通拥堵，公交行驶缓慢

城区主路每到上下班高峰期或节假日都会出现交通堵塞，乘坐公交平常20分钟的车程可能会花费两倍甚至更长时间。在周五会有许多老家在农村的城市居民返乡，城乡道路会更加拥堵，导致车辆行驶缓慢。此外，周末时段还会有大量城区居民前往郊区休闲旅游，导致车辆出现早晚潮汐流动行驶缓慢，尤其是热门景区周边拥堵极为严重。

3. 部分郊区偏远村庄未完全实现村村通工程

虽然怀柔、房山、昌平等区已完成了村村通工程，但仍有部分偏远村庄未完全实现公交通车。在郊区乡镇，因道路情况、客流量等多方面原因公交站主要设在乡、镇的主要道路上，而乡内的偏远村庄，特别是山区内，没有公交到达且距离公交站较远，不适合步行到达，尤其对于老年人来说出行极为不便。

4. 公共交通收费方式不够便利

目前，北京公交、地铁收费均实行分段计价，居民支付方式有交通一卡通、北京公交 APP、亿通行 APP 等多种方式，对于老年人、学生乘车也有老年卡、学生卡支付优惠，收费方式呈现多元化。然而公交、地铁支付方式不尽相同，未能"一票到底"，使得居民换乘时付费比较麻烦，特别是在赶时间上班的时候。而且一些农村居民不会使用扫码支付，还应携带现金找零等服务。此外，对于普通居民来说，一卡通和扫码支付不同的收费价格和优惠标准也可能会给居民带来困扰。

四 国内外城乡公共交通一体化的建设经验

国外，苏黎世通过成立"公交联盟"将乡村、郊区和城市公交服务与路线深入整合形成了区域性协同公交服务网络[①]。"公交联盟"采用规划管理和运营服务分离的模式，"公交联盟"负责规划管理，公交运营商负责运营服务。"公交联盟"借助运营商消除冗余服务来分担运营成本，并通过线网规模经济效应来增加潜在收益。法国和英国侧重于道路交通的建设、站点衔接的加强以及运输效率的优化，通过合理布局地铁网和公路网使不同运输方式无缝结合达到城乡交通一体化[②]。

国内，贵州省根据地形特点、乘客服务需求因地制宜地设计了草塘—高梁坪段全线公交候车亭，强调要根据沿线经济特征充分发挥公路候车亭服务窗口功能，如特色农产品、旅游产品、文化产品的宣传等，突出沿线村落的特色，促进经济发展[③]。巢湖市根据城镇体系结构，结合区域公交客流需求，规划未来形成"3+2+1"的城乡公共交通线网结构，即形成市域三层公交线网、打造城镇二级换乘枢纽和实现城乡最多一次公交换乘，以实现城乡一体化[④]。苏州市根据城市规划和各区人口分布特点强调轨道交通建设要与人口空间分布相协调，通过"TOD"和

[①] 陈守强、杨丹、阎凯：《苏黎世"公交联盟"发展模式及其启示》，《规划师》2019 年第 18 期。

[②] 马珑珈：《四川省构建覆盖城乡、互联互通的交通体系研究》，硕士学位论文，西南交通大学，2006 年。

[③] 罗树昭、袁晓艳、马倩、陈通箭、冯世杨：《城乡一体化目标下国省干线公交候车亭服务功能设计》，《公路交通科技（应用技术版）》2019 年第 2 期。

[④] 王清校：《基于城乡一体化的巢湖公交线网结构研究》，《安徽建筑》2019 年第 8 期。

"SOD"模式①加强中心城区与市郊乃至周边区域的联系，促进城乡一体化②。

五 北京城乡公共交通一体化发展对策与建议

针对以上城乡公共交通一体化出现的问题以及国内外城乡公共交通一体化建设的经验，为了促进城乡经济文化交流、使城市与乡村居民更加亲近，顺利实现"十三五"时期城乡一体化发展规划，对北京城乡公共交通一体化提出了以下对策与建议。

（一）加大乡村公交投入量

由于地铁的客运量明显高于公交，越来越多居民选择搭乘地铁，相关部门应该考虑将地铁延伸至人流量大的重点地区。顺义、大兴、昌平、房山既是人口疏解区又是常住乡村人口分布区，在其地铁线的末端应提高公交换乘率，增加进入乡镇的公交数量，加强最后一公里的接驳换乘设施建设。郊区要根据工厂、学校分布、公交满载率、发车频率等情况合理安排公交车数量，可在周末客流量高峰期增加公交车辆，偏远山村根据实际道路情况和客流量问题，设计最优线路，并使用小型公交车辆，逐步完全实现北京公交"村村通"，使北京公交覆盖每一个村落，使留守在村庄的老年人也能方便出行。

（二）设置公交专用道，提高公交运行速度

在客流量大、有条件设置公交专用道的线路应尽量开设公交专用道，特别是城郊公交线路路程长，开辟公交专用道可以大大缩减城乡居民出行时间。政府要保障公交路权，在路口设置公交专用信号灯使公交优先通行。要做好调查研究，注意避免盲目设置专用道，造成交通更加拥挤和资

---

① "TOD"（Transit-Oriented Development）交通导向式开发模式，即规划引导型，人随线走，利用公共交通引导城市用地的开发，多在城市郊区使用。"SOD"（Service-Oriented Development）社会服务设施建设导向式开发模式，即客流追随型，线随人走，交通根据人口分布建设以解决城市交通紧迫问题，多在城市中心城区范围内使用。"TOD"与"SOD"模式相结合，苏州中心城区采用线随人走的"SOD"模式，中心城区外围乃至城市远郊区，采用人随线走的"TOD"模式。

② 谭言炎：《城市轨道交通与人口分布协调发展策略研究》，硕士学位论文，苏州科技大学，2019年。

源浪费。同时使用互联网对城乡公交进行智能化动态监管，合理调度城乡公交车数量和班次，实现智慧城乡交通。

（三）公交、地铁及其他交通方式合理换乘

提供更加人性化的公共交通接驳换乘条件，加强站点的衔接。公交站和地铁站的距离要保持合理，不能过远，以方便乘客步行到达，公交站、地铁站同时设置可以互相换乘的指示牌。可以借鉴巢湖市"3+2+1"的城乡公共交通线网结构，实现线网最优化布局，减少换乘次数。在公交站和地铁站根据换乘旅客的数量合理安排共享单车，根据单车数量设置共享单车停靠点的规模，使共享单车有序停靠。

（四）加强站点基础设施建设

公交站点要加强现代化建设，更新换代老旧公交站牌。可以借鉴首尔公交站的做法，在公交站设置电子显示屏以显示停靠线路、途经站点以及即将到达车辆，候车棚设置实时感应空调系统和座椅加热器，以实现更人性化的服务。农村可以借鉴贵州省公交站点的做法，发挥候车亭对特色农产品、旅游产品的宣传作用以带动农村经济。根据客流量合理设计公交站的大小，充分利用公交站的空间，避免乘客在非机动车道上等车。地铁站要排查各上下楼梯间未设置电梯的地方，对于客流量大、乘坐电梯拥挤的站点要增加电梯数量，方便旅客出行，体现以人为本的服务原则。

（五）实现公共交通收费方式多元化、标准化

公共交通作为社会公益性事业[①]，政府应加大对公共交通的财政支持力度，实行财政补贴或减少燃油税等税收政策。公共交通收费要兼顾公益性与效益性，努力实现公交、地铁支付APP一致化，实现公交、地铁共扫一码、"一票到底"；实现现金、一卡通、APP扫码、老年卡、学生卡多元化的收费支付方式；实现普通居民一卡通刷卡支付与扫码支付享受同样的收费价格和优惠政策，实行统一收费和优惠标准。

---

① 王与纯：《探讨城市公共交通枢纽的设计规划与实际应用》，《城市建设理论研究（电子版）》2019年第6期。

北京市撤村建居调查与思考

张英洪[*]

摘要： 撤村建居是城市化进程中的必然要求，有序推进撤村建居工作，有利于维护和发展村民切身利益，有利于化解城市化的中风险与矛盾，有利于提高首都超大城市治理的综合能力和水平。本文基于北京市撤村建居基本情况的摸底调查，了解了北京市撤村建居中存在着撤村建居条件不完善、户籍改革等政策未落地、集体资产处置、社保费用足缴极不合理、民生福利事务缺乏衔接、建居公共管理服务滞后等问题，以此阐述了推进撤村建居的必要性和重要性，提出了制定撤村建居统一政策、及时优化调整撤村条件、全面停止实行征地农转非、强化集体经济组织建设、彻底改变"逢征必保"政策体系、强化政府公共职责等六方面的政策建议。

关键词： 城市化；撤村；建居；农转非；集体经济组织

撤村建居是城市化进程中的重大现实问题，涉及村民群众的切身利益，事关城乡基层治理的结构转型。改革开放以来，随着城市化的快速发展，北京市城市规划区内以及城乡接合部地区的大量村庄被城市化，一些村庄土地被征占，村民被转为城镇居民，传统村庄被拆迁，出现了一大批无农业、无农民、无农村的"三无村"。但由于全市尚缺乏撤村建居的统一政策制度安排，致使撤村建居工作明显滞后于城市化进程，各地撤村建居政策不一，做法各异，村集体和村民群众的正当利益得不到有效保障和

---

[*] 张英洪，北京市农村经济研究中心研究员，法学博士，主要从事农村问题研究。杨宝山、甘国再、唐晓明、王钊、杜婷、康岳魏参加了本次调研。

维护，出现了不少有名无实的空壳村、村居并存的混合村，给城乡社区治理带来了严重挑战。为切实有效开展撤村建居工作，与时俱进推进新型城市化，分类推进乡村振兴战略，实现城市化村庄的转型发展，提升首都超大城市基层治理现代化水平，北京市民政局、北京市农村经济研究中心组织联合调查组，对全市撤村建居基本情况进行了摸底调查，并深入到大兴、通州、顺义、朝阳等区与有关部门以及乡镇和村干部进行座谈交流，形成了调研报告。

一 北京市撤村建居基本情况

改革开放以来，特别是 20 世纪 90 年代以来，北京市的城市化进程明显加快，2018 年，北京市常住人口城镇率从 1990 年的 73.48% 提高到 86.5%，略低于上海；建成区面积从 1990 年的 339.4 平方公里扩大到 1485 平方公里，超过上海位居全国第一。城镇化的快速发展，使京郊乡镇及村委会数量急剧下降，相应的城市居委会个数迅速增加。1984—2019 年，全市乡镇从 365 个减少到 181 个，减少了 184 个，村委会从 4398 个减少到 3891 个，减少了 507 个，城市居委会从 2888 个增加到 3231 个，增加了 343 个。据北京市"三农普"数据，2016 年在全市 3925 个村中，无农业、无农村、无农民仅保留村委会牌子的村 103 个。另据北京市农研中心的 2018 年百村千户调查数据，全市无农业、无农村、无农民的"三无"村 56 个。[①]

我们通过调查发现，2017 年年底至 2019 年年底，全市 3891 个村（含平谷区熊儿寨乡东长峪村，该村原村民大部分已经多年失去联系，但还有部分林地等村集体资产）先后撤了 42 个村，其中，朝阳区 10 个、海淀区 21 个、丰台区 7 个，加上密云 2003 年撤的 4 个村（该区在 2019 年村委会换届选举前一直没有注销）。从本次全市摸底汇总数据看，全市共有 261 个村需要撤销村委会建制，其中，大兴区因新机场建设有 65 个、顺义区有 59 个、房山区有 43 个、通州区因城市副中心建设有 35 个、朝阳区有 5 个、海淀区有 6 个、丰台区有 14 个、门头沟区有 10 个、昌平区有 3 个、

---

① 北京市农村经济研究中心课题组：《首都乡村发展基本情况分析》，《北京人大》2018 年第 9 期。

平谷区有1个、怀柔区有11个、延庆区有9个。这些村是近期可以撤销村委会建制的城镇化村庄，但撤村面临许多复杂的情况，需要高度重视，慎重对待，有序推进。

二 撤村建居存在的主要问题

撤村建居是一项综合性、系统性、复杂性的重大改革工程，涉及面比较广，存在的问题比较多，从调查的情况来看，主要有以下几个方面。

（一）撤村建居条件有待完善

2012年3月29日，北京市民政局、北京市委农工委等6部门联合印发《关于推进城乡社区自治组织全覆盖的指导意见》（京民基发〔2012〕108号）规定撤销村委会建制的四个条件：一是村民全部转为居民；二是村集体土地被征占；三是集体资产处置完毕，或者已经完成集体经济产权制度改革，成立新的集体经济组织；四是转居村民全部纳入城镇社会保障体系。这一规定对当时完全符合条件的村实现撤村建居发挥了积极作用，但对于基本符合或者总体上符合却并未完全符合条件的村实行撤村建居造成了一些障碍，比如有的村大部分土地被征后，只剩下一些边角地没有被征用，有的村大部分村民已转为城镇居民而只有极少数村民未转为城镇居民，依此规定则不能撤村建居，从而抑制了撤村建居进程，由此造成许多应该撤销而没有撤销、只保留村委会牌子的"空壳村""三无村"。

（二）户籍改革等政策未落地

2014年7月国务院发布的《关于进一步推进户籍制度改革的意见》以及2016年9月北京市政府发布的《关于进一步推进户籍制度改革的实施意见》，都明确规定取消农业户口和非农业户口划分、统一登记为居民户口。依据新的户籍政策，不能再实行征地农转非的旧政策了，但各地至今仍然惯性地实行征地农转非政策。一些因城市化建设拆迁上楼的村，因为有极少数村民没有转变户籍身份而不能进行撤村建居工作。同时，有的村民还担心撤村建居后将失去原来享有的农村集体资产权益，因而不愿意撤村。有的村则实行村居并行体制，在一个村庄范围内，既有村委会，又建立有居委会。

（三）集体资产处置存在问题

有的村人口不多，集体资产数额也较小，没有条件发展股份合作制经济，在拆迁上楼后，征地补偿费等只能交给村或乡镇集体经济组织作为公共资金，不准分给村民。村干部和村民担心如果撤销村委会建制，他们更加享受不到征地补偿费等集体资产权益了。有的村存在欠债尚未还清；有的村尚未收回对外放债；有的村与乡镇之间存在债务纠纷；有的村集体资产登记在村委会账上，如撤村将资产转移过户到集体经济组织名下则涉及需缴纳契税、印花税等税费问题等，这些都造成一些村干部和村民对撤村建居心存顾虑。

（四）社保费用趸缴极不合理

2004 年 7 月 1 日起施行的《北京市建设征地补偿安置办法》（俗称 148 号令）规定实行"逢征必保"政策，规定将被征地的农民转为城镇居民，并将之纳入城镇社会保险体系，由村集体趸缴巨额的社会保险费用。村干部和村民对此普遍反映极不合理。例如，大兴区黄村镇北程庄村 2007 年征地时，农转非人数 265 人，其中转非劳动力 100 多人，超转人员 43 人，村集体从征地补偿款中支付了 2000 多万元的转非劳动力和超转人员的社会保险费用，其中超转人员平均每人缴纳生活补助费和医疗费用 65 万元[①]。丰台区卢沟桥乡三路居村在 2012 年的撤村建居中，认定的超转人员共有 528 人（其中 82 岁以上 19 人），据测算，需一次性趸缴超转费用 3.83 亿元，人均 72 万多元[②]。我们在这次调研座谈中了解到，顺义区仁和镇平各庄村为一名超转妇女缴纳了 775 万元的惊人超转费用，而该超转人员每月只领到 2000 多元的生活和医疗补助。

（五）历史遗留问题亟待解决

有的村长期以来存在各种各样、五花八门的历史遗留问题，成为撤村建居的难题。比如，有的村虽已拆迁上楼，绝大部分村民也已转居，但居

[①] 张英洪、刘雯：《征地拆迁、整建制转居与农民财产权——基于北京市大兴区北程庄村的调查与思考》，《北京农业职业学院学报》2019 年第 2 期。

[②] 张英洪、王丽红：《撤村建居、农民财产权与新型集体经济——基于北京市丰台区卢沟桥乡三路居村的调查与思考》，《北京农业职业学院学报》2019 年第 6 期。

住的回迁楼却没有拿到住房产权证；有的村经批准在集体建设用地上建的自住楼也没有产权证。这些村的干部和村民提出如不解决房屋产权问题，就不愿意撤村建居。

（六）民生福利事务缺乏衔接

郊区各村基本都建立有各种名目的村级福利，村民担心撤村建居后就会丧失已有的福利待遇。有的对超转人员看病实行社区首诊制意见较大，现行政策规定超转人员转诊必须先到社区卫生院开具证明，这给看急病、重病的超转人员带来了很大的麻烦。对超转人员的冬季供暖待遇也没有任何保障。有的村干部担心撤村建居后原有的工资福利待遇可能降低或丧失。还有一些涉及村务和村民生产生活的具体事务需要使用村委会公章才能办理，如撤村建居后，有些事务办理只认村委会公章而不认居委会公章，这会给村民群众带来极大的不便。撤村以前，农村集体经济组织有关事务归乡镇有关部门管理，但撤村建居后农村集体经济组织有关事务到底是归原来乡镇管理还是归新的街道管理，这个问题并不明确，等等。

（七）建居公共管理服务滞后

有的村撤销建立居委会后，其公共管理服务却没有纳入公共财政保障体系，仍然由原来的村集体经济组织承担居委会的公共管理和服务成本，这明显推卸了政府提供公共产品服务的供给职责，加重了村集体经济组织及其成员的负担，使撤村建居后的原村干部群众意见较大。撤村后如何保障村民就业，保障上楼后的村民的生活来源，以及撤村后安置楼房的建筑质量和消防安全等民生问题都需要引起高度重视。

三 推进撤村建居的必要性和重要性

撤村建居是城市化进程中的必然要求，有序推进撤村建居工作，有利于维护和发展村民切身利益，有利于化解城市化中的风险与矛盾，有利于提高首都超大城市治理的综合能力和水平。

（一）推进撤村建居是适应城市化高质量发展的迫切需要

改革开放以来，北京市快速的城市化进程将大量的农村地区和农村人口卷入到城市化的浪潮中来，特别是在城市规划区和城乡接合部地区，出现了一大批农村土地被征占、农业产业消失、农民职业和身份转变、村庄结构形态完全改变，但却仍然保留村委会建制的有名无实的村，这种不城不乡、亦城亦乡的非正常状况，大大降低了城市化发展的质量，也阻碍了乡村社会向城市社会的转型发展。在新时代要实现城市化高质量发展，必须与时俱进地推进撤村建居工作，使已经城市化了的村庄名正言顺地成为城市社区的有机组成部分。

（二）推进撤村建居是分类实施乡村振兴的必然要求

由于城市化带来的巨大冲击，传统定型的乡村发生了明显的分化。实施乡村振兴战略，必须针对不同村庄的类型，实施不同的公共政策。[①] 对于城市规划区和城乡接合部地区已经拆迁上楼的"三无村"或者城市化村庄，不应采取普通村庄的乡村振兴政策模式，而必须提高实施乡村振兴战略的精准性，实事求是地推进撤村建居进程，实现其完全的城市化转型。但由于撤村建居工作的严重滞后，致使有关部门仍然按照普通村庄的定位进行新农村建设的投入和美丽乡村整治行动，造成了公共产品投入的扭曲和财政资金的巨大浪费。

（三）推进撤村建居是促进城乡基层善治的重大举措

农村社区与城市社区具有不同的要素禀赋、产业结构、空间形态和现实需求，针对城乡社区的不同问题，只有把准脉、开对处方，才能对症下药。由于一些已符合撤村建居条件的村没有相应地撤销村委会建制，致使这些虽已经城市化的"空壳村"仍然在执行农村的相关政策。比如，有的村已经实行了整建制转居，村民身份已经转变为城镇居民身份，但却按《村民委员会组织法》的规定开展村委会换届选举；有的"空壳村"则长期没有开展村委会的选举。有的"空壳村"反映，根据农村有关管理要求，他们每年收到上级拨付的用于保障村委会正常运转的数十万元经费，但由于村委会事实上已经基本停止运行，因而没法做到专款专用，为完成任务只好每年重复装修已废弃不用的原村委会办公楼。诸如此类问题，完全是城乡基层治理扭曲变形的重要表现，也是官僚主义引发形式主义、形

[①] 张英洪：《从北京村庄分化实际谋划振兴》，《农民日报》2018 年 6 月 9 日。

式主义助长官僚主义的重要表现。名不正则言不顺，言不顺则事不成。只有实事求是、与时俱进地推进撤村建居工作，为符合撤村条件的"空壳村""摘帽"、为具备建居条件的城市社区"戴帽"，才能提高北京市城乡基层治理现代化水平，真正实现首都城乡基层善治的目标。

四 思考和建议

撤村建居是一项综合性、全局性、系统性的重大改革工程，也是一项惠及广大村民群众的民生工程，牵一发而动全身，涉及方方面面，既需要加强统一领导，统筹协调，集中发力，也需要全面深化改革，转变思想观念，加强制度建设。具体来说，我们提出以下几个方面的政策建议。

（一）加强市级层面顶层设计，制定撤村建居统一政策

自从城市化启动以来，就存在撤村建居的客观需要。但长期以来，对于城市化发展导致撤村建居这一重大改革议程和实践工作，一直缺乏市级层面的顶层设计，既无全市撤村建居工作的指导意见，也无撤村建居方面的地方性法规。这就造成各地在撤村建居工作上缺乏统一规范，也不利于撤村建居工作的常态化开展，由此积累了不少矛盾，产生了各种应当撤村却没有撤村的"空壳村"、应当理顺而没有理顺的村居混杂村等现象。

一是建议尽快制定全市撤村建居指导意见或全市撤村指导意见，明确撤村的指导思想、基本原则、撤村条件和程序、工作要求等，还可制定全市撤村建居地方性法规，将撤村建居工作全面纳入规范化、制度化轨道。

二是由于撤村建居工作跨越城乡两方面，贯穿市、区、乡镇（街道）、村居四级，涉及组织、民政、农业农村、公安、财政、规划和自然资源、人力社保、税务等诸多职能部门，事关村民群众的切身利益与社会的和谐稳定，必须加强统一领导，强化统筹协调，形成工作合力。

（二）适应改革发展新形势，及时优化调整撤村条件

随着改革发展的不断推进，2012年市民政局、市农工委等6部门联合印发的《关于推进城乡社区自治组织全覆盖的指导意见》（京民基发〔2012〕108号）确定撤销村委会建制的四个条件有的已发生了重大变化，需要与时俱进地进行调整与完善。

一是关于村民全部转为居民问题。一方面，这是规定行政村整建制农转居（农转非）的情况才能撤村，但在现实中还有不少村存在绝大部分村民已经转非，却有极少数村民因种种原因没有转非，按此条件则不能撤村。另一方面，在城乡二元户籍制度尚未改革的情况下将之作为撤村的必备条件是合适的，但在已经改革城乡二元户籍制度后就不符合政策了。2014年7月国务院发布《关于进一步推进户籍制度改革的意见》以及2016年9月北京市政府发布《关于进一步推进户籍制度改革的实施意见》明确规定取消农业户口和非农业户口的划分，统一登记为居民户口。就是说城乡居民已经没有农业户口和非农业户口的区分，都是居民户口，不再存在"农转非"的问题了（当然也不存在"非转农"的问题）。

二是关于村集体土地被征占的问题。一方面，由于各种原因，有的村土地并没有全部征占，而留下一些边边角角的零星土地没有被征占；有的村因政府推行平原造林政策，土地被租用种树，但并没有改变土地集体所有制。这些情况都导致这些村不符合撤村条件。另一方面，已于2020年1月1日施行的新修改的《土地管理法》对征地制度进行了重大改革，该法改变了过去农村土地必须经过征收为国有才能进入市场的规定，允许农村集体经营性建设用地在符合规划等条件下可以通过出让、出租等方式进入市场，也就是说已城市化的村并不需要土地被全部或部分征收后才能撤村。

三是关于集体资产处置完毕以及成立新的集体经济组织的问题。有的村因复杂的历史原因，存在少量集体资产没法处置，有的债权债务一时难以清理；有的村人口稀少，集体资产数额不多，没有条件或没有必要成立新的集体经济组织。

四是关于转居村民全部纳入城镇社会保障体系问题。这个条件是与土地被全部征占、村民整建制转非条件相统一的，但正如上文所指出的那样，因种种原因总有一些村的土地没有全部被征占，还有一些村的村民没有全部转非，这就导致相关的村民难以全部纳入城镇社会保障体系。

根据这次调查的情况，我们认为可以将撤村条件区分为前置条件和后置条件，撤村的前置条件是指撤村前就已具备或满足撤村的前提条件。撤村的前置条件应该是：在城镇规划范围内，农村土地大部分已经被征收或征用，村民大部分已经拆迁上楼居住，村内产业已经非农化。就是说，在城市化进程中，城市周边和城乡接合部地区的村庄形态已经城镇化、村民生产方式和生活方式已经城镇化，这就具备了撤村的前置条件。至于其他因行政区划调整而撤并村庄的问题可以另行讨论。

撤村的后置条件是指拟启动撤村工作后应当遵守和承诺保障的必要条件。撤村的后置条件：一是完成集体经济产权制度改革，集体资产得到妥善处置，建立新的集体经济组织；二是根据村民拆迁上楼等居住地的变化情况，有关部门应当及时更改户口登记的相关内容；三是实行城乡社会保障制度并轨，补齐原农村居民与城镇居民在社会保障待遇上的差距；四是按照《村民委员会组织法》的规定，履行撤村的民主和法律程序；五是妥善处理撤村建居中干部群众普遍关心的民生问题，使撤制村民有更多的获得感。

（三）确保户改政策落地，全面停止实行征地农转非

一是148号令的有关规定已经严重滞后，应当废止。2004年7月1日施行的《北京市建设征地补偿安置办法》（市政府令第148号）（俗称148号令）确立了"逢征必转"的原则，该办法第19条规定："征用农民集体所有土地的，相应的农村村民应当同时转为非农业户口。应当转为非农业户口的农村村民数量，按照被征用的土地数量除以征地前被征地农村集体经济组织或者该村人均土地数量计算。应当转为非农业户口的农村村民人口年龄结构应当与该农村集体经济组织的人口年龄结构一致。"这个征地农转非（农转居）的规定在城乡二元户籍制度没有改变的情况下有其合理性和必要性。但是10年后的2014年7月24日，国务院印发《关于进一步推进户籍制度改革的意见》（国发〔2014〕25号）第9条规定："建立城乡统一的户口登记制度。取消农业户口与非农业户口性质区分和由此衍生的蓝印户口等户口类型，统一登记为居民户口，体现户籍制度的人口登记管理功能。建立与统一城乡户口登记制度相适应的教育、卫生计生、就业、社保、住房、土地及人口统计制度。"2016年9月8日北京市人民政府印发的《关于进一步推进户籍制度改革的实施意见》（京政发〔2016〕43号）第7条规定："建立城乡统一的户口登记制度。取消农业户口与非农业户口性质区分，统一登记为居民户口，体现户籍制度的人口登记管理功能。建立与统一城乡户口登记制度相适应的教育、卫生计生、就业、社保、住房、土地及人口统计制度。"148号令中的"逢征必转"与上述户籍制度改革政策已完全不相适应。

二是建议停止实行征地农转非政策。新的户口制度实行后,就不应该再实行农转非政策了。但时至今日,各地仍然依据148号令执行征地农转非政策,这说明新的户口改革政策还没有落地,有关部门没有及时修改旧的政策制度,造成了政策矛盾、政策打架、政策滞后等问题。有关部门必须加快修改与国务院和市政府有关户口改革政策不一致的旧规定,确保户籍制度改革政策落地,让广大农民享受到户籍制度改革的成果。建议全面停止实行已完全不合时宜、不合政策、不受欢迎的征地农转非政策。在撤村条件中取消农转非的规定。

(四) 深化集体产权制度改革,强化集体经济组织建设

因城市化快速发展提出的挑战,北京市自20世纪90年代初就开展了农村集体经济产权制度改革,至今已完成约98%的村级集体产权制度改革任务,总体上走在全国前列。[①] 但仍然有部分村没有开展集体经济产权制度改革,绝大多数乡镇没有启动集体经济产权制度改革,已经开展集体经济产权制度改革的村也存在需要继续深化改革的问题。比如,有的已开展集体经济产权制度改革的村,只是完成了清产核资、确定了成员身份、明确了资产份额,但并没有实行股份合作制。在集体资产处置上也存在一些问题,有的村集体资产处置不合理,有的村债权债务纠纷难以解决;有的村完成集体经济组织产权制度改革后没有建立健全完善的集体经济组织,有的集体经济组织没有建立健全法人治理结构,有的没有开展正常化、规范化、程序化的经营管理,等等。

1999年12月27日北京市政府办公厅颁布《北京市撤制村队集体资产处置办法》(京政办发〔1999〕92号),对撤制村队集体资产的处置分两种情况进行:一是对集体资产数额较大的撤制村队,要进行股份合作制改造,发展股份合作经济。二是对集体资产数额较小,或者没有发展股份合作制经济的村队,其集体资产处置原则是将固定资产折价款、历年公积金、占地补偿费交村或镇集体经济组织管理,待村或镇集体经济组织撤制时再处理;将青苗补偿费、地上附着物补偿费、公益金、福利基金和低值易耗品、库存物资、畜禽的折款以及国库券等,兑现给集体经济组织

[①] 陈水乡、黄中廷:《北京市农村集体经济产权制度改革历程(1992—2013)》,中国农业出版社2015年版。

成员。

我们认为，对于撤制村，一是在总体上要坚持"撤村不撤社"的原则，加强集体经济组织建设，健全法人治理结构，拓展和完善集体经济组织服务功能，维护和发展村民的集体收益分配权。二是对于个别情况特殊而不具备发展股份合作制经济条件的村，可以在撤村的同时，撤销村集体经济组织，按照有关民主程序，将全部集体资产兑现给集体经济组织成员。

（五）尽快修订148号令，彻底改变"逢征必保"政策体系

《北京市建设征地补偿安置办法》建立了"逢征必保"的政策。依此规定，有关部门制定了《北京市整建制农转居人员参加社会保险试行办法》《关于征地超转人员生活和医疗补助若干规定》等政策文件。这个"逢征必保"政策的本意是将撤村建居的村民纳入城镇社会保障体系，但在实际运作中，转居村民加入城镇社会体系需一次性趸缴巨额的社会保障等费用，这个政策完全按照城镇社会保障制度的设计，要求农村村民一次性缴纳社会保险费用，而忽视农村社会保障的特殊性和农民的贡献性。这个因转居参保而必须趸缴巨额社会保障等费用的政策做法已遭到村干部和村民群众的普遍质疑。事实上，农民作为公民，不管其土地是否被征收或征用，都应平等享有宪法赋予的平等的社会保障权利。近些年来，国家和北京市都建立了城乡统一的社会保障制度。

为此，我们建议：一是尽快全面修订或废止《北京市建设征地补偿安置办法》。该办法是在传统的城乡二元体制尚未破除的情况下制定的，其中的一些规定带有明显的城乡二元思维和特征。随着新的《土地管理法》实施，北京市也应当重新制定《土地管理法》的实施条例或办法，新制定的条例或办法应当作为地方性法规由市人大常委会制定。

二是废止《北京市建设征地补偿安置办法》以及《北京市整建制农转居人员参加社会保险试行办法》《关于征地超转人员生活和医疗补助若干规定》等围绕"逢征必保"建立的系列社会保障政策。一方面，这种征地社保政策没有正视几十年来农民对国家的重大贡献，没有体现以城带乡、以工哺农的政策导向，反而将本应由政府承担为农民建立社会保障的历史欠债的责任全部推卸给村集体和农民承担。我们建议应当明确国家、集体、农民在社会保障上的各自职责和承担比例，并且应当向有利于农民的

方向上倾斜。另一方面，近些年来，北京市已经建立了城乡居民统一的社会保障制度，通过征地为农民建立社会保障的政策已经过时。比如，2009年1月1日起施行的《北京市城乡居民养老保险办法》（京政发发〔2008〕49号）对城乡居民的基本养老保险进行了整合与统一。自2018年1月1日实施的《北京市城乡居民基本医疗保险办法》（京政办〔2017〕29号），对城乡居民的基本医疗保险进行了统一，实现了城乡居民基本医疗保险制度的城乡一体化。该办法实施后，《北京市人民政府关于印发北京市城镇居民基本医疗保险办法的通知》（京政发〔2010〕38号）和《北京市人民政府办公厅转发市政府体改办等部门关于建立新型农村合作医疗制度实施意见的通知》（京政办发〔2003〕31号）已同时废止。

三是政府应当承担补齐农村居民社保与城镇居民社保在缴费和待遇上的差距责任。目前北京市农村居民基本参加了城乡居民基本医疗保险和城乡居民基本养老保险，撤村建居不必再根据148号令执行"征地必保"政策。一方面，撤村建居的村民可以选择参加既有的城乡居民基本医疗保险和基本养老保险，有关部门不必做强制性规定。另一方面，撤村建居后如果村民参保缴费标准低于城镇居民缴费标准，应当由政府、村集体、村民按一定比例缴纳相关差额费用，改变由村集体缴纳巨额社保费用的政策，强化政府的社保责任。建议市区两级政府从土地出让收入、村集体从土地补偿费中支付需补齐的社保费用，同时逐步提高撤村居民的社会保险待遇水平。

（六）强化政府公共职责，协同推进撤村与建居工作

撤村与建居是城市化进程中基层社区实现结构转型的前后相扣的两个重要环节，应当统筹推进撤村与建居工作。

一是有的撤制村因人口较多、就地上楼，可以单独建立居委会；有的村因人口较少，实行了异地上楼居住，与其他数个撤迁村共同组建新的居委会。新建的居委会要加强统筹规划，进行合理布局。特别要重视提高拆迁上楼村的房屋建筑质量，改善新建社区的宜居环境。

二是在建立新的居委会中，要进一步凸显政府的公共管理和公共服务职责，将新建居委会的公共管理和公共服务费用纳入财政预算，全面改变一些地方仍由村集体经济组织承担新建立的居委会公共管理和服务成本的现象。

三是对于一些因撤村但没有撤社的农村集体经济组织，事实上也转身为城镇集体经济组织，其所属街道应建立指导集体经济组织相关工作的机构，确保撤村后的集体经济组织能够规范健康发展。要高度重视撤村后的新居民的就业问题，应当将撤村后的新居民纳入城镇就业保障体系。

关于统筹做好老城保护与民生改善的研究

夏林茂[*]

摘要： 本文分析了东城区老城保护和民生改善尚存在一系列亟待解决的问题，两者既相互促进，又存在不少矛盾。东城区要以问题为导向，以街区更新为抓手，以改善群众居住环境为出发点和落脚点，以疏解人口和功能为前提，以加强常态化管理为保障，因地制宜、实事求是、量力而行，大力推进政策、体制、机制创新，突出共建共治共享，在不断改善民生的基础上实现老城的保护和复兴。

关键词： 历史文化保护；街区更新；民生改善；城市复兴

东城区老城区（二环内）面积为31.04平方公里，约占东城区总面积的74.2%，集中体现了北京3000多年建城史和860多年建都史的文化精华，这一区域既是首都历史风貌保护任务最艰巨的地区，也是民生问题最突出、城市管理最复杂的地区。统筹做好老城保护和民生改善工作，是东城区落实首都城市战略定位，推进高质量发展，建设国际一流的和谐宜居之都、首善之区的重中之重。

一 国内外老城保护和民生改善的经验

（一）巴黎经验

一是深化遗产价值认识，加强历史建筑分类保护。1964年成立马莱保

---

[*] 夏林茂，东城区委书记，工学博士，高级工程师。

护区以后，即开始进行马莱区《保护与价值重现规划》（以下简称《规划》）的编制，这个规划经过了三次修订。规划对既有建筑分三类进行保护、价值重现和修复：第一类是以文物建筑名义受到法律保护的建筑；第二类是因为建筑价值、景观价值或建筑特征而需要保护的建筑；第三类是没有特殊价值的建筑，它们可以被改善或被替换，更注重保护城市的肌理。《规划》对新建筑也做了规定，虽然马莱保护区大部分的建筑需要保护和修复，但在某些地方还是可以进行一些新的建设，不过要保证新建筑和保护建筑之间的协调。

二是通过历史建筑修缮鼓励性政策，调动产权人的积极性和主动性。列级建筑必须在政府有关部门同意下才可以进行维修，并可得到50%的工程费用的补助；登录建筑维修可得到工程费用的40%的国家补助。其他类型的建筑，如果国家要求对其进行必要的保护和整治，产权人可以得到工程费用20%的补助和60%的贷款。如果产权人拒绝实施这些工程，国家可以征收他们的财产。

（二）意大利经验

一是历史建筑保护不是"不改变原状"的保护，而是强化分级管理的差异性保护。意大利将文化遗产分为四级：第一级是具有重大历史价值的建筑艺术精品，其保护方法是一切按原样保存加固，原物不得改变；第二级是具有特色的建筑，对此的保护措施是室内外的可见部分不可改动，但结构可以更新；第三级是具有地方价值的建筑，保护方法是保存外观，室内可改动，增加现代化设施；第四级是指上述文物建筑周围环境中的一般建筑，可在保存其外形的前提下进行重建。

二是注重多元参与，拓展资金渠道。首先，注重财政支持，每年用大约20亿欧元的财政预算保证文物保护的经费开支。其次，鼓励企业和私人投资。比如，除实施刺激文化遗产保护产业的新法律外，还取消文化遗产继承税，免除文物修复材料增值税，对文化遗产工程赞助者给予税收优惠等。最后，发挥民间文化遗产团体的积极性。意大利民间文化遗产保护社团众多，也十分活跃，经常组织宣传文化遗产知识，召开文化景观保护研讨会，参与保护文化遗产的实践活动等。

（三）上海老城厢改造

老城厢是上海历史的发祥地。截至 2019 年年初，老城厢仍有各类旧住房居民 2.4 万余户，其中 1.7 万余户无卫生设施，一家几代甚至旁系亲属挤在十几平方米陋室的情况比比皆是。老城厢改造以来，积累了许多有益经验。

一是从"拆改留"到"留改拆"的思维模式转变。以城市有机更新代替大拆大建，尤其在风貌保护区，加强历史建筑甄别工作，确定"留什么、改什么、拆什么"，明确保留保护建筑的具体"留改拆"方案。

二是通过"抽户"等方式来改善居民的生活条件。明确旧里抽户原则，即在居民中优先考虑那些处于原始公共部位的、设计方案需要的、居住密度特别高的和面积特别小的。通过实施"抽户"改造，释放一定的公共空间，让居住部位不调整、局部调整和全部调整的三类住户获益均衡。

三是探索建设公用型配套设施。政府利用腾退空间规划建设公共厨房间供居民使用，公共厨房间给每户人家的使用空间是一样的。另外，围绕违建拆除后的民生需求，黄浦区探索"邻家屋里厢"和"厢邻院"等公共服务空间，提供公共餐厅、家庭式卫生间、公共洗衣房等多种集成功能。

（四）成都老旧院落改造

成都老旧院落改造按照"政府指导、群众参与"的原则，充分发挥群众主体作用，在改造标准范围内，坚持"改什么群众说了算"，改造项目荣获"中国人居环境范例奖"。

一是部门联动，推进老旧院落改造。市、区两级通过成立老旧院落改造推进小组，建立健全部门联席会、重大问题共商处置会、专项督查通报会等工作机制，形成了自上而下、对口负责的层级组织体系。

二是首创老旧院落"硬件提升＋长效管理"机制。硬件提升方面，通过对老旧院落基础设施和建筑外立面的更新改造，提升居民的生活质量。长效管理方面，通过成立专门的居民自治组织，建立专门的日常管理维护资金，采用外包等方式建立物业管理长效机制，实现居民对老旧院落的管理和维护，提升了居民的主人翁意识。

三是先自治后整治。"先自治、后整治"是老旧院落改造的一大特点。通过推动建立基层自治组织，不仅增强了老旧院落的"软实力"，保障院落长效管理，也为社区发展注入活力，营造出"活而新"的社区发展环境。

二　老城保护和民生改善面临的问题挑战

2019年，东城区老城平房区总占地面积约12.82平方公里，约占辖区面积的30%。平房区共有户数13.7941万户，36.8183万人（按户籍统计）。用于居住的直管公房总面积为140.72万平方米，占居住用平房总面积的47%；用于居住的单位自管产共74.85万平方米，占25%；私产共67.02万平方米，占22%；其他类型占5%。平房区房屋以砖木结构的传统平房四合院及相当数量的简易楼为主，房屋破旧，安全隐患大、居住空间小、院落环境差等各类问题凸显，民生问题亟待改善，但现实中存在诸多制约因素，影响了老城民生改善的推进，主要表现在以下几个方面。

（一）人口密度下降难

一是政策调整变化快，居民普遍预期较高。从之前的房改带危改、市政带危改、"微循环"、征收拆迁等，到南锣鼓巷地区的申请式腾退，再到当前的直管公房申请式退租，政策前后经历了较大的调整变化，客观上既造成了大量的拆迁滞留项目，也导致居民疏解意愿摇摆不定。目前的申请式退租采取"保障对保障"的补偿政策，居民对共有产权房接受程度不一，犹豫观望情绪比较重。同时，受全市房价高以及市场大环境影响，考虑中心城区区域价值，居民对搬迁补偿安置的预期明显偏高。

二是部分群体对于中心城区优质公共服务资源依赖性强，疏解意愿弱。东城区优质教育和医疗资源丰富，地铁、公交等公共交通设施便利，部分群体如一老一小对于优质公共服务和城市配套的依赖性较强。加之外迁安置房源通常位置偏远，周边环境和配套设施欠缺，缺少就业岗位，对搬迁居民缺乏吸引力，致使这类人群疏解意愿偏弱。

三是单位自管公房申请式退租政策需完善。《关于做好核心区历史文化街区平房直管公房申请式退租、恢复性修建和经营管理有关工作的通知》（京建发〔2019〕18号）主要针对直管公房，明确了单位自管公房、私房可以参照执行。东城区尚有大量的单位自管产，但单位自管公房退租在资金来源、产权关系转换等方面政策还不完善。

（二）生活违建治理难

一是生活性违建与民生改善息息相关。违法建筑历史成因复杂，包括城乡规划秩序和法规建立前的无序搭建、知青返城为解决住房搭建、唐山大地震后搭建的地震棚以及城市发展过程中改善生活居住条件搭建等。随着拆违向纵深推进，势必要直面大量用于厨房、卫浴等生活性用途的违建。这类违建的拆除与居民改善生活居住条件的刚性需求存在较大冲突，触及了群众的现实利益，容易引起社会矛盾，需要统筹考虑、稳步推进。

二是现行政策下违建拆除的具体实施推进难。近年来的拆违工作主要是对于沿街可视范围内的违建优先拆除，由政府统筹推进。然而，2019年3月新修订的《北京市城乡规划条例》要求由当事人自行拆除违法建设，当事人拒不拆除的，执法机关依法强制拆除并由违法建设当事人承担相关费用。院落生活性违建由谁拆、如何拆面临现实困难，具体政策执行难度很大。

（三）基础设施承载弱

一是市政基础设施严重老化。平房区市政基础设施欠账多，部分道路供水、供热、天然气等市政管网老化严重，地下供暖设施很不完善。胡同内以雨污合流管道为主，标准低，地下管道断流及堵塞现象相当普遍，低洼积水问题在汛期更加严重。受地下空间的建设开发并未对社会完全开放、驻区国家机关单位的停车资源难以挖掘和共享利用、部委老旧院落车位配比不均衡等因素影响，停车位严重不足，胡同乱停车问题迟迟不能解决，严重影响胡同通行。

二是地下管网设施统筹监管难度大。地下管线产权复杂，管线相关数据分别由不同产权部门掌握，基础数据不清。由于部门之间的分割，不同产权单位对相关数据保密，信息不公开，管线运行年代、管线材质和路径等均不明确。同时城市综合管理的科学决策机制不完善，归口管理和综合协调机制仍不健全，从而导致市政基础设施改造提升工作推进困难。

（四）产权利益协调难

一是上位协调比较难。用于居住的央产、军产房在居住用单位自管产中约占59%，风貌保护、文物腾退、民生改善等多种问题相互交织。国家、市、区之间尚未建立常态稳定的沟通协调机制，未能形成上下联动和整体推进，各产权主体利益沟通协调存在较大困难，仅仅依靠一区之力难以解决问题。

二是单位自管产失管弃管问题突出。部分产权单位责任意识不强，不愿意履行房屋修缮管理责任，存在"弃管不弃产"现象。部分产权单位尽管愿意承担主体责任，但由于管理成本较高，受单位财力所限，管理和维护资金无法保障，未能很好地尽到修缮义务，甚至放弃管理。还有一些单位由于改制或合并等因素，已经不复存在。产权单位主体责任和属地管理责任之间的权责划分与路径构建亟待研究探索。

三是公私混合院管理修缮难。部分平房院落同时混合了直管公房、单位自管产和私产等两种及以上的产权主体，多种产权性质的建筑往往存在勾搭连建现象，产权边界复杂，制约房屋修缮管理和环境维护。另外，公私混合院院落空间管理涉及住户、产权单位、政府甚至私房主等，相关职责界定难，相关利益主体协调难度大。

（五）资金供给压力大

一是资金渠道单一，过度依赖政府。老城保护和民生改善是一项战略性、长期性、系统性工程，资金投入巨大，特别是老城人口疏解、房屋腾退修缮及房源安置对接等需要大量资金，仅靠一区之财力难以支撑。尽管东城区每年都投入大量的财政资金，也有市级财政支持，但与老城保护和民生改善的需求相比，也只是杯水车薪，资金缺口巨大。例如，以用于居住的直管公房退租面积达到30%为目标测算，退租面积达到42.22万平方米（140.72×30%），以每平方米12.5万元计算，共需资金527.75亿元，即使每年安排50亿，也需要11年。这还不算修缮等其他费用，可见缺口之大。

二是融资渠道不畅，社会资本参与不足。目前，制约社会资本参与老城保护更新的瓶颈主要集中在两个方面。一方面是投资收益不对称。受老城风貌保护、建筑限高、人口疏解等政策影响，老城保护更新项目往往投入大、风险高、周期长、利润低，缺乏相应支持政策，导致社会资本参与积极性低。另一方面是直管公房相关政策制约。比如，《关于加强直管公房管理的意见》明确禁止直管公房使用权交易，导致社会资本无法获得使用权，难以实现投资可行性评估决策；虽然允许经营权授权经营，但实际操作层面，由于经营权无法形成企业固定资产，银行对此不予认可，经营权质押贷款无法很好地落地实施。即使取得贷款，回收期也较长，企业、银行积极性不高。

（六）保护规划硬约束

一是对老城保护内涵的认识有待深化。随着首都城市发展，老城整体保护理念不断强化，但在实际工作中，老城保护更多强调建筑的原样保护，缺乏对建筑历史文化价值的评价和保护还原内容的明确，对于保护建筑的甄别以及评估的标准还不够清晰、透明，导致保护与发展的协调性不够，与现代社会发展需求的不适应逐步显现。如何在尊重历史的前提下，用动态发展的视角客观地认识老城保护的现实内涵，是值得深入思考的重大问题。

二是老城空间规划和土地利用约束比较强。《北京城市总体规划（2016年—2035年）》提出要加大老城保护力度，严守整体保护要求，分区域严格控制建筑高度，对于历史文化街区和文物按原貌保护区严格控制。在减量发展、建筑规模严控的背景下，平房区高密度人口对现代生活需求空间的增长和现实改造空间有限的矛盾日益凸显。另外，东城区作为老城区，腾退了部分空间，但大多存在产权复杂、腾退空间零散和面积较小等现象，不利于开展整体再利用，只能根据位置、面积等实际情况灵活运用。而在现行城乡规划和土地利用政策下，对于现登记为"住宅"的平房变更为经营性质的行为，要求应有偿供应土地，这不利于激发产权单位自主修缮改造的积极性和修缮的可持续性。

（七）政策机制短板多

一是公房管理政策滞后。这是公房院落破败的根源。租金低，不能维持简单再生产，给公房管理部门的管理运营带来很大的困难；无退出机制，管理刚性不够，很多居民在其他地方拥有住房仍然继续享受公房福利。

二是新老政策衔接过渡不及时，导致安置房空置。比如，对接安置政策尚需有效衔接。基于核心区人口疏解，东城区已建和在建保障房约5万套，随着"保障对保障"政策的实施，外迁安置住房调整为共有产权房，目前很多房屋处于空置状态，每天还要还利息，给地方财政带来沉重负担。

三是平房保护修缮政策不够完善。一方面，关于房屋保护性修缮和恢复性修建的具体政策实施的内容和要求不明确。另一方面，目前平房修缮按照建设项目立项程序，流程烦琐，审批环节多，难以适应平房院落应急修缮、消除安全隐患的需要。

四是文物征收实践案例少，协议腾退力度不够。目前，文物征收立项困难的问题比较突出。根据《国有土地上房屋征收与补偿条例》的规定，文物保护可以列为征收，但实践中如何操作尚缺乏成功的模式。受此影响，现有文物腾退主要通过协议搬迁的方式进行，因缺少强制程序，后期只要遇上不配合腾退的居民，工作推进的难度就会非常大。

三 推进老城保护和民生改善的思路

落实习近平总书记视察前门讲话精神和蔡奇书记对核心区的要求，既保留老城文化底蕴，又让胡同居民过上现代生活，坚持高标准、精细化，以街区更新为抓手，以保护好老城历史整体风貌为前提，聚焦老城民生改善诉求，按照"建筑价值保护、院落因地施策、需求保障适应、街区渐进更新"的原则，加强政策统筹引导，推动机制路径创新，不断提升老城宜居水平，实现老城可持续发展。力争到2022年，申请式退租取得积极成效，打造形成一批新生活示范院落，形成一批街区更新样板，总结探索出一套可推广、可复制的经验；到2035年，城市品质得到显著提升，老城居民生活明显改善，示范改造院落实现街道全覆盖，基本实现能改尽改，精品街区陆续亮相，形成一批具有重要影响力的知名街区，实现老城复兴。

坚持以保为主，保改结合。把保护风貌与改善民生有机统一起来，加强规划引领，注重顶层设计，既要本着修旧如旧的原则，强化整体风貌保护，又要客观评价建筑文化价值，探索基于价值导向的历史文化保护模式，实现历史建筑应保尽保，部分建筑在保护条件下局部调整和改造，实现与社会发展、民生需求的匹配适应。

坚持刚性管控，预留弹性。进一步完善老城规划体系，创新规划实施机制，结合老城居民需求和区域特点，探索空间功能导入的规划弹性，在可控的范围内为传统居住街区预留再设计的可能性，根据民生需要合理规划利用空间，织补功能。

坚持因地制宜，分类施策。老城民生改善所涉及的院落差异大，各户家庭情况复杂，各类产权交织，因此在工作推进中要因地制宜、分类引导、灵活处置，切忌"一刀切"式地整体推进。结合不同院落情况，在腾退疏解基础上，按照"一院一方案、一户一设计"，补齐功能，改善居民生活环境。

坚持实事求是，量力而行。要尊重历史，站在新时代背景下客观审视平房院落修缮整治和老城民生改善问题，在区域承受能力的前提下把握好改善的"度"，既要敢于"啃硬骨头"，又要符合实际、量力而为，注意控制成本，节约使用财力，做好资金平衡，稳妥有序地开展工作，实现老城生活环境和生活条件的渐进提升。

坚持自下而上，多元参与。做好群众工作，加强政策引导，强化居民自治管理，提高老城居民的参与性，按照居民意愿有序推进，避免一厢情愿地为群众改善生活。同时注重党建引领、政府引导、社会协同，发挥责任规划师团队等专业力量作用，探索企业、社会单位参与老城街区更新的模式路径，建立多元参与的长效推进机制。

四 推进老城保护和民生改善的重点举措

（一）腾退空间，夯实民生功能织补的硬支撑

1. 积极开展直管公房申请式退租试点工作

一是加大申请式退租政策宣讲力度，将申请式退租作为一项长期政策，建立申请式退租工作服务站，为居民提供相关政策咨询服务，让居民广泛了解政策。二是采取"片区试点"和"抽户退租"相结合的方式推进，利用片区试点总结经验，在此基础上，扩大退租范围，根据居民自愿申请，采取"抽户退租"。三是根据财政资金情况，建立申请户排队序列，实行申请式退租户年度总量动态控制，加强居民预期引导，有效降低其预期。四是坚持"申请式退租"和"申请式改善"协调推进，制定申请式改善"菜单"，对于不参与申请式退租的住户，根据其自身需求，由居民自愿向实施主体提出改善申请，根据实施主体提供的改善菜单进行自主选择，以自费的方式完成房屋的改善，最终提高居住品质。五是对居住于外区，其所租住直管公房转租转借的，加大执法回收力度；同时，对长期空

置的直管公房，积极进行回购，从而腾出更多空间改善留住居民的居住条件。

2. 协调解决好外迁居民的对接安置房源问题

一是争取市级支持，加强市区协调，明确"两站一街"等区域已建成的对接安置商品房处置意见，衔接"申请式退租"共有产权房对接安置政策需求，加大发行中、长期政策性贷款，通过住房长期租金收益与物业增值实现资金平衡。二是加大跨区协调力度，充分考虑外迁居民在医疗、教育公共服务设施方面的需求，积极谋划对接安置区域配套功能布局，推进东城区医疗、教育等优质资源疏解与对接安置区域完善配套服务的定向输出，完善提升外迁对接安置区域的配套服务功能，增强对接安置区域对有腾退意愿的老城居民的吸引力。

3. 建立直管公房腾退利用的多元资金保障机制

一是积极争取市级支持，市区联合设立申请式退租专项资金，明确市区资金比例，根据老城居民年度申请状况，实行资金结余累计，滚动支持。二是落实好京建发〔2019〕18号文，推动经营权质押贷款政策落地，协调相关金融机构支持实施主体以区政府批准的经营权授权证明文件获取贷款，并给予企业资金补助和贷款贴息等方面的扶持。明确腾退院落的利用方向和支持政策，探索开展特许经营，在符合核心区产业政策前提下，允许土地使用权人根据市场需求进行动态业态提升，增加土地使用性质的兼容性，吸引社会资本参与院落修缮和运营。三是研究设立公共维修资金，用于修缮居民院落内的半公共空间。

（二）因地施策，稳妥推进街区院落整治提升

1. 加强老城基础设施改造升级

一是采用专业环保化粪池、新式马桶、生物降解技术等，解决院内管线与市政管线高差小、距离远、卫生间污水难以排出等问题，让具备条件的平房住户实现"如厕不出院"。二是采用新技术、新标准，创新解决胡同内市政排水、管线敷设路由紧张等市政问题。三是积极推进"海绵城市"、综合管廊试点工作，对于新建和改建区域，按照海绵城市建设理念，研究雨水控制与利用措施，结合轨道交通、道路建设试点建设综合管廊，明确历史文化街区综合管廊建设路径。

2. 实施历史建筑和院落基于文化价值的分级管理

转变"一刀切式"的"不改变原状"的保护思路，兼顾历史风貌保护和民生需求改善，探索实施历史建筑和平房院落的分级保护和管理。一是对于具有重大文化价值的历史建筑，比如国家级文保单位，明确采取原样保护的方式，加固修缮，维持其"原真性"，积极推动对外开放。二是对于具有地方价值的历史建筑，比如市、区历史文化保护单位，保持历史建筑风貌，内部进行结构更新，实现保护性修缮。三是对于只具有普通文化价值的平房院落，在保存外观风貌的前提下，增加现代化功能设施，实现存表易里的修缮保护。四是对于具有重大安全隐患的一般平房，探索推进恢复性修建，可以考虑根据需要对建筑内外进行调整和更新。

3. 分类推进院落生活性违建处置工作

院内生活性违建与民生需求息息相关，违建处置要加强顶层统筹谋划，把握好工作尺度，按照尊重历史、实事求是的原则，分类处置，稳妥推进。一是全面摸底院内生活性违建情况，围绕建设主体、面积、用途、位置等方面，建立台账信息，为违建处置提供基础支撑。二是在保障居民现实生活需求的前提下，明确优先拆除和暂缓拆除类处置举措，对于存在重大安全隐患的、闲置、非自用等情况的违建优先拆除。对于暂缓拆除的违建，通过腾退空间改造和功能织补等措施，在满足居民生活服务需求的情况下逐步拆除。

4. 探索推进院落公共空间申请式整治改造

院落公共空间整治要充分尊重居民意见，加强政策引导，营造整洁有序的院落环境。一是采取"统规自建"的方式，在公共空间整治中参考南锣鼓巷地区的模式，由政府研究制定相关技术导则，引导各产权单位自主建设，加强与商会、居民自管会、物业管理机构的沟通协作，建立资金奖补机制，引导居民出资参与整治改造。二是在违建处置基础上，总结朝阳门街道院落整治改造的经验，自下而上，开展院落公共空间申请式整治，通过尊重民意、政府支持、规划团队参与的方式，围绕院落居民反映的公共空间难题，通过统一规划改造重点解决，改善公共环境，提升居住品质。三是对于生活性违建问题较多的院落，加强规划创新突破，在尊重民意的基础上，开展院落公共空间再造，拆除院内生活性违建，对院落空间进行统一规划设计，通过功能盒子等新技术、新工艺，按照标准统一配置厨卫设施，构建新时代院落风貌。四是研究设立院落公共空间整治改造扶持资金，明确申请式整治改造的流程规范，强化街道主体推进责任，通过制定小院公约、设立小院公共空间维护资金等方式探索完善整治后院落公共空间长效管理机制。

5. 因地制宜推进生活配套功能入院入户

合理布局院内生活配套功能是居民生活改善的关键，也是难点，不同的院落情况也不一样。比如，调研发现，并不是所有院落都要做到厕所入户，有的院落离公共厕所很近，主要需要改善的是厨浴问题；有的院落离公共厕所很远，生活极为不便，这种情况下就需要优先解决厕所入户问题。所以必须因地制宜，根据不同院落的不同情况，尊重居民意愿，做到分类施策。一是针对通过人口疏解，具有一定腾退空间，能够满足补充生活配套功能条件的院落，通过拆除违建，补充完善厨房、卫生间等生活配套设施，打造功能需求"自平衡院落"。二是针对自身腾退空间不能满足居民生活需求的院落，在尊重居民意愿的基础上，加大政策支持，通过平移安置、产权置换等方式，实现人口跨院流动安置，打造一批"新组合院落"，实现院落疏密有度、功能完善。三是对于大多数腾退、部分居民愿意腾退和平移的院落，通过生活配套功能织补和公共空间改造提升，打造一批"共生院落"。四是借鉴上海老城厢改造经验，在违建拆除的基础上，有效利用片区相对集中腾退空间，打造集共用厨房、公共厕所、便民洗浴间等多功能于一体的"共享式配套空间"。

（三）问需于民，不断提升老城民生服务能力

1. 合理规划利用腾退空间满足民生服务需求

一是深入研究当前存量空间资源，分析各类空间具体情况，对于产权清晰、结构合理的腾退空间，加强街道腾退空间再利用需求对接，缓解民生服务设施供需矛盾。二是鼓励发挥市场力量，引导社会资金参与到地下空间再利用管理和运营中，降低政府部门担负的地下空间运营维护成本。三是充分利用《东城区关于加强疏解腾退空间再利用管理的实施意见》，借助联席会议制度协商推动解决腾退地下空间再利用的难点问题，加快地下空间再利用项目落地。

2. 营造一流的便民服务环境

一是从硬环境着手，落实全区生活性服务业设施规划，精准对接居民需求，围绕"如何改、在哪建、卖什么"等问题，充分听取周边居民建

议，优化便民商业网点布局，合理规划建设社区商业便民服务综合体，促进生活性服务业规范化、连锁化、便利化、品牌化、特色化、智能化发展。二是提升软环境，以公众需求为导向，以群众满意为目标，加快基层政务服务机构标准化建设，全面深化"一门、一窗、一网、一次"服务改革，创新"马上办、上门办、就近办"等服务方式，推行全区通办，推进街道政务服务24小时自助试点工作，更好地服务群众。

（四）精治共治，探索完善老城管理长效机制

1. 完善平房区和老旧小区物业管理服务体系

一是持续改进平房区物业管理考核办法，完善物业公司淘汰退出机制，提升物业管理服务绩效，全面提高物业企业的业务水平和专业能力。二是采取"政府支持引导、产权单位配合、院落集体申请、居民费用共担"的方式，推动平房区物业进院，明确服务内容和标准要求，试点开展院落物业服务整体托管。制定区级层面开展平房区物业个性化服务指导意见，规范物业企业开展个性化服务，实现胡同居民个体需求与物业服务精准对接。三是推动物业管理与现有社会治理工作结合，加强规范引导，探索将党建引领物业管理纳入社区治理体系，建立物业协调议事机制，推动多元参与、居民自治，提高物业服务管理水平。四是因地制宜实施老旧小区差异化管理服务，推进居民自治、产权单位管理与专业化服务相结合，完善物业扶持奖励政策，充分调动小区服务管理组织、产权单位的积极性，积极引导培养居民公共责任意识和"花钱买服务"的意识。五是要建立公房租金动态调整机制，根据市场租房价格的变化适当提高直管公房的租金水平，使公房运营管理部门的租金收入与修缮管理支出相匹配，确保街区更新的可持续。

2. 加强平房区停车规范有序管理

一是落实街道主体责任，按照"人、车、房"统一原则，支持居民自治，成立停车自管会，开展停车资质认证，在符合条件的胡同内依法依规施划停车位，实现"单行单停""停车入位"。同时，深入挖潜地区停车资源，对规划不符合停车条件的胡同，分步推进胡同机动车禁停。二是根据停车供需矛盾和空间条件，合理规划地下停车布局，创新胡同地下停车设施建设的立项和规划审批机制，加强停车设施建设"PPP项目"的引导和支持，支持社会资本参与胡同地下停车设施建设和运营管理，逐步实现

部分街区地面少停车或者不停车。三是研究制定针对共享停车的鼓励政策，推动平房区停车位错时共享，推广王府井"不停车街区"模式，鼓励区域社会单位、公配建停车设施向胡同通过认证的居民提供共享停车位。四是争取市级支持，研究推行差异化收费，以"路外高于路内、地上高于地下"的原则，调整停车需求结构，利用价格杠杆进一步加强核心区停车治理工作。五是强化物防技防措施，提高非现场执法效力，加大街巷胡同停车执法力度，建立各部门常态化的联合执法机制，不定期开展街巷胡同集中整治，整合物业管理人员工作职责，配合交通支队开展违停执法工作，以强力执法提高胡同停车成本，倒逼用车数量减少。六是加强宣传，使居民树立付费停车以及文保区应该限制用车的理念，转变停车需求是刚需的观念，从源头上解决停车需求难以满足的问题。

3. 探索推动基层治理机制模式创新

一是强化党建引领，进一步落实"街道吹哨、部门报到"机制，健全"三级管理、五方联动"机制，推动各治理主体协同合作，实现政府治理和社会调节、居民自治良性互动。二是建立居民需求反馈落实机制，探索通过"社区议事厅""小院议事厅""开放空间讨论会"、微信平台等多种方式，搭建居民议事平台，推行社区协商"五民"群众工作法，畅通居民利益诉求表达渠道。加强协商成果的运用和转化，鼓励街道、社区将协商意见转化为社区民生"微实事"项目，通过统筹打包使用社区各类服务资金，更好地支持社区"微实事"项目的实施，推动社区治理精细化和民生服务精准化。三是引导和支持具有一定规模的专业社会组织助力社区治理创新，擦亮"小巷管家""守望岗""停车自管会""花友会"等群众自治品牌，形成内生力量和外引组织的深度叠合，激发老城社区治理的新效应。

（五）重点突破，提升政策的创新性和落地性

1. 完善老城保护更新管控体系

一是按照《东城区街区更新实施意见》的要求，探索研究各项管控导则及街区更新规划的法定地位，将街区更新规划导则纳入核心区控规实施体系，推动街区更新规划动态完善，统筹保护传统风貌、改善居住条件、公众参与等多个方面，形成系统性的街区更新工作方案。二是组建老城保护事务中心，具体负责老城保护和民生改善的技术性和事务性工作，有效

解决老城保护多头管理、职能分散交叉、力量薄弱、统筹不够的问题。三是构建区级"多规合一"协同平台，整合简化历史文化街区中土地、规划、征收、腾退、建设等方面的各项审批流程，实现相关部门的信息共享、审批联动和扁平化监管。

2. 建立老城规划刚性管控和弹性适应机制

一是立足空间有限的实际，在与整体风貌协调的基础上，适当提高院落容积率，增加建筑空间，补充生活设施，改善居民居住条件。二是探索功能空间规划用途"负面清单"管理，明确禁止类项目，根据街区居民实际需求，合理规划布局相应的民生服务设施。三是针对存量用地、平房建筑的更新改造、功能调整，研究并完善土地使用性质、产权信息的变更机制，为城市更新项目提供制度支撑。

3. 加强老城保护和民生改善的资金保障

一是争取市级支持，探索推进容积率转移，将老城街区更新项目与新城城市建设项目"捆绑推进"，调动社会资本参与的积极性。二是成立老城保护更新基金，从土地出让金中抽取一定的比例纳入老城保护基金，同时争取社会捐赠，对各类资金进行统筹使用。成立市场化的基金管理机构，对老城保护基金进行统一管理，对各类主体按规划导则实施的更新行为加大资金支持力度。三是探索设立针对老城保护的政策性融资产品，如金融机构认可企业以其获得的政府授权经营权抵押贷款。研究发行政府债券，选择部分优质资产项目实行资产证券化，以支持老城保护更新。

4. 积极探索平房保护修缮的政策创新

一是市区联动，进一步明确保护性修缮（包括翻建）和恢复性修建（改扩建）两类实施标准和流程规范，明确不同类型房屋的责任主体，为产权人提供系统的规范指导和技术支持。二是借鉴发达国家的历史建筑修缮激励政策，通过税收、补贴等政策，建立产权人自我更新的奖励、补贴机制，提高居民、产权单位等保护修缮的积极性，改变政府大包大揽的做法。三是借鉴上海、成都等城市经验，统筹区级各类历史建筑修缮资金，研究制定《历史建筑修缮资金使用管理办法》，对资金来源、使用对象、补贴标准、申请拨付程序等做出明确规定，规范修缮资金的筹集、使用和管理，提高财政资金效率。

五 希望市级支持的政策建议

（一）建议推动老城相关立法和法律条例修订工作

老城区要保护风貌、改善民生，面临的一个突出问题就是现行法律法规有些已不适应老城实际。建议尽快修订相关法律法规，对保护责任人不具有维护修缮能力的，探索建立使用权转移机制。探索实施核心区历史建筑分级保护管理机制，根据价值等级和现存建筑安全状况，采取原样保护、存表易里更新改造、恢复性重建等不同保护策略，处理好整体风貌的保护和根据时代需求改善民生的关系，让老城在基本保留历史风貌的同时也能体现新时代的特色，留下新时代的印记。

（二）建议建立市级与央产、军产等产权单位的协调对接机制

老城保护和民生改善之所以推进困难，房屋产权复杂是一个重大掣肘因素。建议由市级层面建立统一的议事协调平台，进一步明晰涉及央产、军产等项目的实施主体、腾退方式、资金来源等事项，重点解决文物腾退征收立项难的问题，畅通征收腾退路径。在市级层面建立不同产权之间的资产划转或合作机制，有效接管放弃房屋管理权的单位的自管产。

（三）建议进一步完善直管公房管理

目前直管公房管理存在的一大问题是缺乏对承租人的有力约束。有一些居民有其他房产仍然占用直管公房。福建泉州规定，只要居民拥有了产权房，就必须将直管公房腾退出来，否则房屋主管部门可以采取强制措施。建议研究明确全市统一的直管公房加强管理的实施细则，重点解决直管公房强制腾退、租金调整、部分腾退房屋经营性利用等问题。可考虑将直管公房尽快纳入公租房管理体系进行管理，从根本上解决管理刚性不足的问题。

（四）建议放宽社会资本参与的相关政策

在调动社会资本参与方面，虽然有经营权质押贷款的措施，但其可行性尚存疑问。如果能允许使用权转让，则质押贷款就会容易得多，从而充分调动起社会资本参与的积极性。同时，建议加强市级协调，研究跨区域

容积率转移的可行性，进一步鼓励社会资本积极参与老城保护与更新。

（五）鼓励各区大胆探索实践，为出台政策提供典型案例

总体来看，老城保护和民生改善牵扯到的政策非常复杂，不进行政策突破很多工作事实上无法推进。政策突破必然存在风险，因此，应鼓励相关区大胆进行探索，形成可复制、可推广的经验模式，以此为依据进行政策调整，确保政策精准、有效、管用，真正解决困扰老城保护和民生改善多年的根本性问题。

（注：本文数据、资料均系作者调研、汇总所得）

新形势下通州区新型城镇化发展的现状、问题与建议

季 虹 赵术帆 张 俊 王 萧[*]

摘要： 作为第一批国家新型城镇化综合试点，通州区担负着建成基础设施一体化、公共服务均等化和城镇化融合发展等任务。本文根据新形势对通州区新型城镇化的示范要求，明确了其在未来城镇化进程中需要处理好的四种关系，指明新形势下通州区新型城镇化发展的新定位与新方向，通过对其部分乡镇产业规划布局的案例分析，发现通州区在新型城镇化进程中仍存在的问题与不足，并提出进一步发展的建议。

关键词： 新形势；新型城镇化；现状

为深入贯彻落实习近平总书记在2019年2月视察北京时提出的"高起点、高标准、高水平建设北京城市副中心"重要指示精神，落实北京市《北京城市总体规划（2016年—2035年）》（以下简称新版《总规》）对通州区提出的"新型城镇化示范区"定位，通州区近年来聚焦于行政办公、商务服务、文化旅游和科技创新四大主导功能定位，高效利用城市空间资源，有序疏解中心城区非首都功能，以实现北京城市副中心向营商环境高地转型。在通州区努力提高城市治理水平，让城市更宜居的同时，为了提高人民群众的幸福感和获得感，积极加强加快城乡统筹，实现城乡发展一体化，以副中心引领通州区产业结构转型升级，获得了显著成效。

---

[*] 季虹，北京市农村经济研究中心城乡发展处处长，副研究员；赵术帆，北京市农村经济研究中心城乡发展处一级主任科员；张俊，北京和城咨询有限公司高级研究员；王萧，北京和城咨询有限公司研究员。

在新型城镇化发展的新形势下，围绕更好地推进"新型城镇示范区"建设，聚焦"通州新型城镇化示范什么""通州新型城镇化需处理好哪些关系"等重要领域，通州区积极开展了针对新型城镇化发展的相关研究，并探索出一系列新的城镇化路径。

一　新形势对通州区新型城镇化的示范要求

在新型城镇化发展不同层面的新形势下，通州区新型城镇化示范区建设的侧重点也有所不同。首先，在京津冀协同发展层面上，通州区要侧重于生态安全格局的示范、副中心建设带动城镇化的路径示范；其次，在北京减量发展层面上，要求通州区侧重于集体建设用地减量提质的效果示范；最后，在通州区域发展层面上，需要侧重于通州区农业转移人口与常住非户籍人口市民化示范、城镇化投资融资体制示范以及城乡管理体制创新等示范。

二　新形势下通州区新型城镇化发展需处理好四大关系

目前通州区的新型城镇化已迈入新的发展阶段，在各种新形势的要求与指导下，要持续推进新型城镇化，就需要突破传统城镇化模式的束缚，调整和处理好各种关系，切实提高通州区的城镇化质量。

（一）处理好新型城镇化发展与"四个服务"的关系

通州区作为北京城市副中心，要坚持服务中央、服务全市大局，统筹考虑"四个服务"与城市副中心发展建设之间的关系，将通州区自身发展融入服务大局之中，以发展提升服务，以服务引导发展，形成新型城镇化发展与服务质量提升的双轮驱动效应。

（二）处理好政府与市场的关系

通州区要正确认识和处理好政府与市场之间的关系，一方面围绕着更加尊重市场规律和增强市场活力来推进相关领域的改革，使市场在资源配置中起决定性作用；另一方面，围绕更好地发挥政府作用和提高政府效率，推动规范化服务型政府建设，加快转变政府职能，优化完善与国际接轨的营商环境，在城市规划建设、城市治理、投资融资等方面进一步激发市场活力。

（三）处理好整体与局部的关系

在京津冀协同发展的战略背景下，通州区要把握与处理好副中心范围内旧城与新城、副中心城区与外围乡镇、通州区与雄安新区、京津冀乃至环渤海区域之间的关系，协同规划、统一调控、优化空间结构，以实现内外联动快速发展、城乡均衡繁荣发展、区域互补协调发展，形成京津冀区域新的增长极。

（四）处理好央、市、区三层次的关系

通州区要严格认真贯彻落实中央关于副中心规划建设的决策部署，确保中央的指导精神与要求在具体落实中不走样、不变形。北京市委市政府是通州区城市副中心建设的责任主体，要发挥好市级政府、部门的统筹指导和协作支持作用。通州区委区政府作为北京城市副中心建设的实施主体，要发挥好区政府、部门的主动性、创新性，组织实施好各项具体工作。

三　新形势下通州区新型城镇化发展的新定位与新方向

《北京城市总体规划（2016年—2035年）》提出要构建和完善"中心城区—北京城市副中心—新城—镇—新型农村社区"新型现代城乡空间体系，并制定分区指导、分类推动、分级管控的城乡融合发展策略，形成以城带乡、城乡一体、协调发展的新型城乡关系。同时，《北京城市副中心控制性详细规划（街区层面）（2016年—2035年）》要求要"协调推进小城镇和新市镇建设"，分区分类分级引导小城镇的特色化发展，推动"宋庄艺术创意小城镇、潞城生态智慧小城镇、张家湾文化休闲小城镇、台湖演艺文化小城镇、马驹桥科技服务小城镇、西集生态休闲小城镇、漷县文化健康小城镇和于家务科技农业小城镇建设，做好永乐店新市镇的战略预留"。

2019年，通州区对155平方公里以外的9个乡镇启动了镇域总体规划的编制，并已形成阶段性成果。9个乡镇因地制宜、明确功能定位和产业发展方向，其中，漷县镇规划定位为文化健康小镇，重点发展生态旅游、大健康产业及文化创意产业；台湖镇定位为演艺文化小镇，重点发展小剧场艺术创新产业、设计产业等；西集镇定位为生态休闲小镇，重点发展生态+科创、生态+休闲、生态+文化、生态+健康等核心产业；宋庄镇定

位为艺术创意特色小城镇，重点发展文化创意产业、时尚文化旅游产业等；潞城镇定位为生态智慧小镇，打造"一主三辅"行政办公产业生态体系；于家务乡定位为科技农业小镇，重点发展科技农业、会展农业、服务农业及休闲农业；张家湾定位为漕运古镇①，重点发展文化艺术、旅游商务及国际交流产业；马驹桥镇定位为科技服务小镇，重点发展环保科技产业、智慧物流产业及智能制造产业等；永乐店镇定位为新市镇，重点发展综合服务业、绿色服务业及高新技术研发产业等。

潞城以承载副中心行政功能外延与京津冀区域协同为两大出发点，形成以行政功能配套服务为主导，高端泛智库企业、国际交往功能和北三县产业协同为辅助的"一主三辅"产业体系，在协同副中心承接北京市各项政务功能的同时，成为支撑北京政务决策、支撑京津冀区域协同发展、支撑高端对外交往的北京协同办公新高地。

宋庄镇围绕艺术创意小镇这一总体定位，抓住发展机遇，依托艺术家聚落与艺术空间资源优势，拟定了"四步走"的发展策略。一方面将艺术融入建筑、环境、商业内涵，打造具有艺术气质的新城市形象，促进中产阶级人群、高端人口的聚集；另一方面进行高端要素置换，形成多元的艺术创意产业，实现城市、人口、产业全面升级，成为副中心家门口的艺术区和文化休闲服务高地。

马驹桥镇的中关村科技园区金桥产业基地园区，其产业定位为"中关村能源环保产业总部基地"。园区自成立以来相继引入桑德集团、甘李药业、利星行奔驰等一批行业内领军企业。同时，园区积极创新开发合作模式，成功打造了集总部办公、研发、制造、中试于一体的国际化新型产业园——联东U谷。近年来随着产业结构和业态的迅速调整和升级，园区内企业开始从中低端、小规模向大中型科技、研发、总部型迈进，逐步形成了以生物医药、汽车零部件和新型都市产业为主导的产业格局。

四 通州区新型城镇化发展仍然存在的问题

（一）城乡发展不平衡，城乡差距不断扩大

在通州区城市副中心155平方公里范围外，还存在大量的镇村空间，

---

① 镇域规划里为"文化和生态之芯"。

这些乡镇与通州城区的发展水平差距较大，如 2016 年，永乐店镇的规上工业总产值不到台湖镇的 15%[①]。随着城市副中心的建设步伐的加快，周边乡镇的发展差距可能会进一步拉大，特别是距离城区较远、生态面积较大、产业基础薄弱、公共服务均等化水平较低的中南部乡镇，亟待加强提升城镇化发展水平。

（二）区域协同能力差，协调机制不完善

辐射带动京津冀区域协同发展是北京城市副中心的重要使命，但目前通州区与天津、河北等邻近地区尚未形成合作共赢的利益分配机制，也缺乏密切联系、相互促进的合作项目，各地区协同分工的角色并不明晰，跨区域产业协作发展的难度较大。与此同时，通州区与北京中心城区及邻近区县也没有建立起紧密的协调机制，中心城区人口和要素向通州区转移的趋势亦不明显，甚至还存在通州区与邻近区县对于较大资源的争夺和同质化发展等问题。

（三）建管标准待提高，治理问题较凸显

长期以来，通州区的基础设施、公共服务、生态环境规划建设与运营等标准都是按照郊区标准（或者国标）执行，相比于城六区是极其落后的，这种低标准也直接影响到城市的和谐宜居水平和功能承载能力。同时，由于城区范围街道和乡镇辖区面积普遍偏大，城市管理覆盖面不全，老旧社区、农村地区管理力量较为薄弱，导致城市交通秩序、环境品质、公共服务水平等问题凸显，不利于新型城镇化的持续推进。

（四）产业结构不合理，产业发展水平低

当前，通州区的产业结构仍不合理。2017 年通州区三类产业的比重分别为 2.5∶45.7∶51.8，而北京全市的三产比重分别为 0.4∶19.0∶80.6。通过比较可以看出，通州区的工业在三产中占比过高，服务业尤其是高端服务业的占比较低，支撑行政办公、商务服务、文化旅游的产业基础薄弱。同时通州区的工业企业数量多，但规模较小，行业分散，且大多分布

[①] 据《通州区统计年鉴 2017》，2016 年规上工业总产值，台湖镇为 115.7 亿元，永乐店镇 17.2 亿元。

于园区外的工业大院，这样的布局对未来城市副中心的空间重构、拆迁重建等会产生不利影响，大幅增加了拆迁成本和推进新型城镇化的工作难度。

（五）人才要素支撑弱，人才吸引力不强

虽然通州区常住人口数量已经达到了 150.8 万[1]，但人力资源的总体水平不高，平均受教育年限远低于中心城区，且高度缺乏支撑行政办公、商务服务、文化旅游三大主导功能的相关人才。再加上人居环境不佳、配套服务不完善、交通出行不便捷和房价持续高涨等因素，通州区对人才的吸引力也不够强。在人才引进政策上，通州区也缺乏有力度的人才吸引和居留体制机制，包括国际化、高端产业人才的落户、奖励等政策，对疏解中心城区人口居住的吸引力不足。

（六）资金压力非常大，缺少新的融资渠道

通州区新型城镇化的资金压力主要体现在两个方面：一是对当地农民的安置投入，包括居住、就业和社保；二是对城乡基础设施和公共服务的配套投入，如水、路、电、管、网及图书馆、医院、学校的兴建等。目前通州区政府的财政负担较重，社会资本进入有限，伴随着近年来工业大院加速腾退，不少用地不符合两规，加上严格的产业准入政策，土地的更新利用十分困难，导致不少乡镇缺乏新的经济来源。

五　通州区新型城镇化进一步发展的建议

（一）做好五个统筹，为新型城镇化发展提供基本要素

一是思想统筹。新型城镇化是一个循序渐进的长期建设过程，必须加强政府的统筹调控，要防止盲目建设带来新的地方债务，防止出现违背自然规律和文化传承的造城做法，防止一阵风式违背意愿赶着农民进城上楼，出现新的侵犯农民利益的情况。通州区新型城镇化建设既要贯彻上级精神，也要紧密结合本地实际，走特色发展之路。

二是规划统筹。新型城镇化发展是一个系统工程，要重视规划的先行

---

[1]　据 2017 年国民经济和社会发展统计公报数据。

作用和链条的传递功能，推进新型城镇化的规划、建设与管理的系统统筹。

三是土地统筹。从 2012 年通州区新版《总规》的评估情况来看，全区建设用地已达到饱和状态，需要统筹通州区各业各类用地，共同协调增量与存量，合理分配，为新型城镇化发展提供规划用地。

四是产业统筹。通州区的产业发展要兼顾地区特色与区域融合发展需要，从产业定位、空间布局及优势互补等方面进行统筹，缩小区域发展差距，带动共同富裕。

五是资金统筹。通州区新型城镇化仍面临着功能承接与疏解、产业转型、农业人口市民化等重要任务，需要综合考虑各维度的投入、收益、成本，进行资金统筹，并根据市场变化动态调整资金需求，合理调整成本核算机制，科学设计收益分配的优先级。

（二）抓好四大任务，为新型城镇化发展提供优良保障

一是加快编制《通州区全域新型城镇化规划》。在对通州区新型城镇化建设现状的摸底基础之上，以问题为导向，有的放矢，对症下药，同时分区分类针对不同类型的乡镇给出新型城镇化的具体实施路径建议。

二是推进集体建设用地的集约化高效利用。积极探索推进集体建设用地的相关政策创新，对现存工业大院、低端产业占据的建设用地进行腾退及合理调整，实现集体建设用地集中集约、高效利用，充分释放集体建设用地的价值红利。探索差别化的土地供应政策，实行长期租赁、租让结合、先租后让等多种方式并存的工业用地供应制度。以乡镇为统筹单元，各村集体经济组织以土地使用权入股，成立镇级联营公司等方式，创新集体用地的运营。

三是积极构建新型城镇化投资融资体制。创新新型城镇化的建设运营模式，探索产业基金、股权众筹、PPP 等融资路径，加大引入社会资本的力度。开展投资融资体制改革，在政府参与的基础上，谋求战略性合作，鼓励国内各类企业、个人及外商以多种方式参与新型城镇化的基础设施建设、房地产建设、配套工程建设。探索金融机构支持城镇化建设的新模式，加强与国开行、农发行的沟通，对接商业银行、保险、基金等金融机构，加强各类资金的统筹调配，形成新型城镇化建设合力和资金的有效保障机制。

四是创立优良的人才集聚环境。新型城镇化的建设离不开人才的支撑，通州区要积极用好现有的高端人才政策，完善住房、教育、医疗保健、配偶安置等服务，探索"项目＋人才"等模式，采取技术合作、智力入股、科技服务、项目聘用和人才租赁等多种形式引进专家和技术人才，以"不求所有，但求所用"的方式吸引国内外高端人才，为新型城镇化建设提供人才保障。

（注：本文所用数据、资料除注明的外，均系作者调研所得）

新形势下城乡劳动力职业培训工作面临的机遇、挑战与应对

杨连元[*]

摘要： 本文结合通州区近三年职业培训数据分析和未来三年技能人才供求发展预期，探析如何破解当前区域职业培训面临的问题并把握好新时期培训工作发展的机遇，创造性做好职业培训工作，满足北京城市副中心发展对知识型、技能型、创新型劳动者的需求。

关键词： 通州区；城乡劳动力；职业培训

一 通州区职业培训面临的新形势

（一）职业技能提升行动是国家重大决策

党的十九大报告明确指出，要大规模开展职业技能培训，注重解决结构性就业矛盾；建设知识型、技能型、创新型劳动者大军。2019年国务院办公厅印发了《职业技能提升行动方案（2019—2021年）》（以下简称《方案》），把职业技能培训作为保持就业稳定、缓解结构性就业矛盾的关键举措。作为经济转型升级和高质量发展的重要支撑，《方案》明确，2019—2021年，持续开展职业技能提升行动，提高培训针对性、实效性，全面提升劳动者职业技能水平和就业创业能力。国家层面对技能人才培养的重视程度为区域职业培训的发展指明方向，是解决我国当前经济发展中人才供给矛盾的重大决策和部署，给职业技能及创业指导培训奠定了肥沃的成长土壤。

（二）北京城市副中心功能定位，带来区域技能型人才发展机遇期

自2015年通州区城市功能定位确定为北京城市副中心以来，通州区产

---

[*] 杨连元，通州区人力社保局党委书记、局长。

业结构发生了翻天覆地的变化。2019年通州区政府正式对外公布《北京城市副中心控制性详细规划（街区层面）（2016年—2035年）》，确定了北京城市副中心行政办公、商务服务、文化旅游三大主导功能。作为首都北京"新两翼"之重要一翼，北京城市副中心建设正在通州区紧锣密鼓地开展。城市绿心已完成千亩示范区主体绿化建设，歌舞剧院、图书馆、博物馆三大绿心工程即将建设开工；北京国际旅游度假区、大型游乐设施已经开始安装调试，计划2021年正式开园迎客；友谊医院、北大人民医院、安贞医院等各大三甲医院建立通州院区；北海幼儿园、黄城根小学和北京四中等优质学校到通州办学；运河商务区初具雏形，吸引中国银行、工商银行、建设银行等各大银行纷纷落户，金融产业的集聚发展态势初步显现。各类产业衍生的技能人才大军需求日益凸显，打造技能人才蓄水池迫在眉睫。

（三）劳动力就业能力提升意识明显加强，区域提升职业培训供需两旺

1. 劳动力技能培训意识增强，参培积极性高涨

2019年初，我们对通州区城乡未就业劳动力开展的随机调查问卷，共收到有效问卷2968份，其中参与调查且有职业培训意愿的2173人，占总调查人数的73%。劳动力技能提升方向明确，按照工种需求划分，排名前三的培训工种（每人不限定唯一）分别是：中式面点师1027人、消防设施操作员777人、企业人力资源管理师520人。与通州区三大产业功能定位的岗位预期需求相匹配（见图1）。

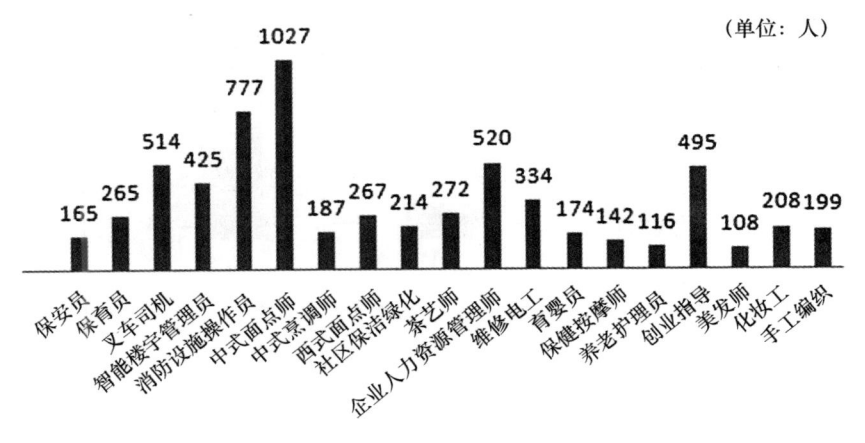

图1 按职业工种划分各工种培训意向需求意向

2. 各培训机构参与政府补贴性职业技能培训积极踊跃

近两年来，区属各培训机构在师资聘请、设备更新、专业增项等方面下功夫，努力提高机构培训能力和整体水平，以增强机构定点培训机构的竞争力。截至 2019 年 9 月，通州区共有民办职业技能培训机构 22 家，其中 12 家已获得通州区定点培训机构资质，可开展 43 个职业工种的项目培训，极大地方便了各工种培训项目对接，并通过良性竞争进一步增强了区域民办培训机构的整体培训水平。

3. 政府培训补贴资金投入逐年增加，以强有力的政策支持促进区域职业培训工作的良好发展

区政府 2019 年年初出台的《关于加强通州区城乡劳动力职业培训提高就业能力工作的意见》中指出，计划利用三年时间，累计开展职业培训 30 万人次以上，以政策为引导，促进区域技能培训工作发展。同时近年来，区财政加大职业技能培训补贴支持力度，2015 年培训 790 人次，支出区级政府补贴资金 87.78 万元；2017 年培训 1523 人次，共支出区级政府补贴资金 236.23 万元；2019 年培训约 12000 人次，支出区级政府补贴资金约 1000 万元，政府补贴资金呈现跨越式增长的趋势（见图 2）。

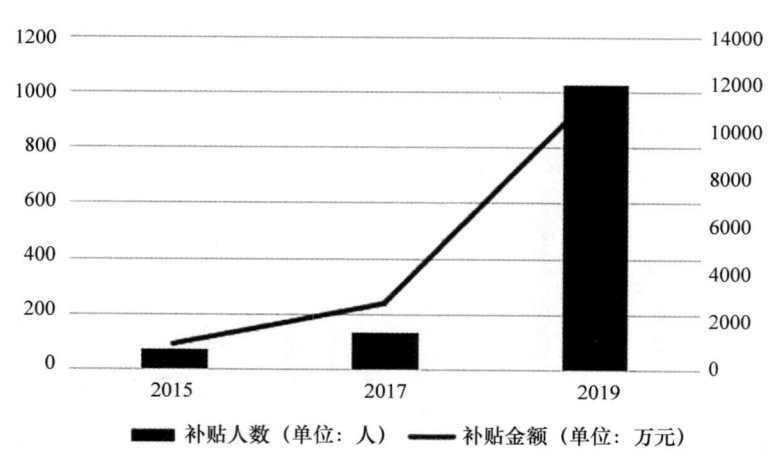

图 2　通州区区级政府补贴培训情况

二 区域职业培训面临的问题与挑战

（一）产业结构调整，就业压力不断增大

一是棚户区改造及大范围建设征地等因素造成新增失业人员数量大幅增加，到2019年年底，涉及区属城乡就业劳动力约达到21000人。二是大批企业搬迁、调整、退出，导致就业岗位容量不断缩减。2018年通州区共疏解一般制造企业445家，完成1310家"散乱污"企业清理整治，涉及本地劳动力10308人。失业人员的短期激增，给人力资源市场带来前所未有的压力，区域结构性就业矛盾更加凸显，给职业技能培训工作提出了更严峻的挑战。

（二）培训现状与岗位需求不相匹配

一是人员学历、技能水平低。截至2019年9月，通州区登记失业人员中，40岁以上劳动力占比55%，初中以下学历人员占比64%，拥有国家职业资格登记证书的技能人才占劳动力总数不足10%。通州区现有城乡就业劳动力学历、技能水平现状难以满足副中心用工较高的标准需求。二是现有职业技能培训模式相对狭窄，难以满足劳动力技能培训需求。通州区现在采用的是定点培训机构组织实施，不同工种不同标准的、理论与实操相结合的、全脱产式现场教学培训模式。存在授课时间较长、理论课程较多、实操标准固化等问题，给众多有培训意愿却没有脱产上课条件的劳动者关上了求学之门。

（三）高技能人才的引领作用仍未充分发挥

一是高技能人才培养激励机制不完善，存在高技能人才收入普遍偏低、结构失衡、晋级晋升渠道相对受限等问题。二是区域内缺少规模性"工作室"及"实训基地"等高技能人才培养基地，不利于技师，特别是中青年高技能人才的持续培养。三是企业对培养高技能人才资金投入力度不够，难以形成促进高技能人才队伍建设、鼓励技能劳动者提高技术业务水平的机制。

三 对策与建议

（一）整合培训资源，构建全区大培训系统

根据《关于加强通州区城乡劳动力职业培训提高就业能力工作的意见》及《通州区城乡劳动力技能提升培训三年行动实施方案》规划要求，结合区域产业发展和城市功能定位预期岗位需求，充分发挥市区两级师资雄厚、经验丰富的培训机构资源优势，加大落实力度。培训中应以职业院校、职业培训机构、公共实训基地为主要载体，以就业技能培训、岗位技能提升培训、创业创新培训为主要形式，构建资源充足、布局合理、结构优化、载体多元、方式科学的大培训组织实施体系，统筹协调全市优质培训资源开放共享，提升通州区技能培训供给能力，最终实现方案中提出的三年政府补贴性职业技能培训5万人次的整体目标。

（二）推进"项目制"实施，提升培训管理新格局

实施《通州区职工岗位技能提升专项培训管理办法（试行）》，区内国有企业或各级政府部门均可根据市场和产业发展需求定制培训项目，鼓励新产业、新技术培训，补贴培训向具备资质的职业院校和培训机构全部开放，发挥政府在补贴性培训的主导和撬动作用。围绕城市副中心产业发展需求，根据重点项目、重点企业、重点岗位等具体要求，打破原有固化的工种培训模式，打造对应岗位需求的个性化定制培训。

（三）适应产业转型升级，着力加强高技能人才培养

面向城市副中心紧缺的智能楼宇方面高技能人才，开展技师培训班，增加高技能人才供给。紧密结合战略性新兴产业、先进制造业、现代服务业等发展需求，组织开展技师研修班，通过开展新知识、新技术、新工艺等方面培训及技术研修攻关等方式，推动企业职工技术水平整体提升和梯次发展。深入实施高技能人才振兴计划，充分发挥高技能领军人才在技术攻关、技术创新、技艺传授中的引领作用。

（四）加强信息化建设，提升就业创业培训服务水平

完善"通州区就业培训管理"数据库等互联网服务功能，将就业创业

培训意愿调查、参与培训情况、培训后就业情况、岗位技能提升情况、就业创业培训后续跟踪服务和高技能人才培养等内容实施一体化管理，逐步建立职业技能培训电子档案，实现培训信息与就业、社会保障信息联通共享，不断提升职业培训的精细化服务水平。

（五）培训就业双联动，提高实现及稳定就业实效

建立培训与就业服务有效对接的可持续操作模式，将培训学员全部纳入学号管理，通过网络集成方式进行效果评估及就业意愿等调查，结合培训"回头看"，检验培训效果。通过开展企业公益行精准政策宣传、专场面试会精准帮扶、微信公众号信息精准发布等，为有就业及转岗意愿的劳动力搭建服务平台，真正实现技能培训与就业岗位无缝对接，力求通过创新服务手段提高培训后的就业实现率、稳定就业率及创业成功率。

（六）鼓励培训机构研发网络课堂教学课件，探索网络教学与实训演练相结合的新型培训模式

以区域补贴政策为抓手，鼓励培训机构根据各工种特点及标准，拍摄制作网上课堂教学课件，聘请知名行业专家团队对课件的质量进行指导和把关，并建立网络教学质量评估机制，确保新型教学模式在便捷安全的基础上保障质量、提高效率，广谱性、最大化发挥职业技能培训提高劳动力技能水平的积极作用。

（注：本文所用数据均为调研所得）

梨园地区高精尖现代产业体系的研究

刘永忠[*]

摘要： 随着梨园地区城市化进程的推进，城市建设与产业发展的关系越来越紧密。本文就如何依托城市建设服务于产业发展，如何依靠产业发展加快城市发展，针对发展中仍存在的第三产业内部结构不合理、产业发展与碎片化的空间格局等问题，提出了有针对性的对策建议。

关键词： 梨园地区；高精尖；产业体系

一 梨园镇经济发展情况概述

（一）梨园镇基本情况概述

1. 区域情况

梨园镇位于副中心南部，西距北京中央商务区（CBD）仅22公里，北距首都国际机场16公里，南邻文化旅游区，地铁八通线有5站在辖区内、京津公路穿境而过，两广路横向贯穿北京核心区域，紧邻六环路、京哈高速公路，区域内城市道路形成三纵四横，路网畅达，2019年镇域面积约19.87平方公里。辖区内总人口约40万人，户籍人口6.5万人。下辖26个行政村，26个社区居委会，已基本实现城市化。

2. 配套设施情况

旧村改造基本完成，水电气热等基础设施实现了集中供水、供暖和燃气全覆盖；截至2019年，镇域内道路总里程近100公里，有10所学校、韩美林艺术馆、三甲医院1家、社区卫生服务站10所。

---

[*] 刘永忠，通州区梨园镇党委副书记、镇长。

3. 环境建设情况

截至2019年，全镇总绿化面积约550万平方米，人均绿地45平方米，绿化率达30%；现已完成了南部新城绿化规划，确定了三核辉映、五廊相连、多园并举的绿化总体布局。

4. 发展定位

梨园镇是北京城市副中心的重要组成部分，是居住、文化旅游、商业商务、金融等重要功能的承载地。目前，全镇第三产业比重已超过95%，已形成都市经济的产业结构特征，高端服务业日益成为今后发展重点，结合我镇发展实际，集中力量发展文化旅游、商业商务、商务金融聚集地等高端服务业；城市化建设已初具规模，正处在由"建管并重"向社会精细化管理转移，当前全镇的主要任务是努力实现高标准城市化，力争在副中心建设上走在前列。

5. 空间格局

重点围绕"一区三街五节点"大力发展高端服务业，"一区"是在大稿村及外环路沿线区域打造以文化旅游为主的总部商务区；"三街"是围绕内环路、外环路、云景东路3条道路打造区域商业街区；"五节点"是打造以瑞都国际中心为核心的金融特色城市综合体，打造具有休闲时尚业态的京通罗斯福广场，以贵友、蓝岛为核心的时尚特色城市综合体，以华业东方玫瑰项目为核心的精品特色城市综合体；以华远项目为核心的社区商业特色城市综合体。

（二）产业发展的实践与经验

一是坚持服务国家重大战略，在发展大局中体现使命担当。梨园镇始终贯彻落实中央、市、区"面向、依靠、攀高峰"、产业转型升级、创新驱动发展等重大战略，在加快转变经济发展方式的前提下，精心谋划，注重长远发展，形成了"三产为主导，二产、一产基本退出"的经济格局，全镇第三产业比重已超过95%。大力发展商业商务、金融服务、文化创意、科技创新等现代服务业，非房地产税收比例大幅增加，大大降低了对房地产税收的依赖。其中金融行业引领作用突出，目前落户在辖区内的各类金融企业、银行、基金公司、证券公司等共40余家，并且形成了产业聚集的金融街。北京现代音乐学院、大稿国际艺术区、北京弘祥1979文化创意产业园为丰富地区文化注入全新活力。引进北京环腾生态科技有限公司、点石科技股份有限公司、北京通玉硬创科技有限公司三家科技创新型企业,为镇域经济发展注入了新的活力。

二是坚持发挥好市场和政府两个方面作用,营造良好创新生态。通过构建企业为主体、市场为导向、产学研深度融合的技术创新体系,支持创业投资、科技服务、社会组织发展,充分发挥市场在技术方向、资本投向方面的决定性作用。同时,通过不断优化营商环境,加强规划引导,强化政策扶持,发挥"互联网+"的服务功能,全方位支持企业发展,形成"小政府、大服务"的创新治理格局。政府、市场和社会组织共同作用、协同发力,提升了创新体系的整体效能。

三是坚持以深化改革为动力,先行先试探新路。改革是镇域发展的生命线,始终把打造高精尖现代产业作为梨园镇的探索方向,遵循科技创新规律,破除传统观念和体制机制束缚,打通从科学研究、技术开发到市场应用的创新链条,围绕创新链部署产业链、资金链、政策链,率先制定创新政策,借助文化旅游区和环球影城的溢出效应,形成较为完善的促进成果转化和产业创新发展的政策体系。

二 存在问题

随着环球影城的入驻和城市化进程的推进,我镇的产业结构和产业形态需要相应的转型升级。一方面,房地产投资占社会总投资的比重在实现连续两年增长后下降,随着土地存量的减少,未来房地产投资将继续萎缩,亟待进一步深化调整第三产业内部结构,着力引进金融、商业、文化等高端现代服务业,构建现代城市服务业体系。另一方面,产业发展需要与碎片化的空间格局形成冲突,要完全实现村办经济向市场经济的运营方式转变,村集体资产有效融入市场体制,对政府的职能转变、城乡的管理模式都将带来新的挑战。

三 对策建议

坚持以习近平新时代中国特色社会主义思想为指导,深入贯彻落实党的十九大精神、十九届四中全会精神、习近平总书记对北京重要讲话精神和蔡奇书记对副中心重要讲话精神,深入贯彻落实《北京城市副中心控制性详细规划（街区层面）（2016年—2035年）》，按照最高的标准、最好的质量推进城市副中心规划建设要求，扎实推进高质量构建营商环境，打造高精尖现代产业体系，进一步提升梨园的核心竞争力和影响力。

（一）借势环球影城，承接产业转移

梨园镇在顺应首都功能疏解和城市副中心建设的大趋势下，紧紧围绕环球影城项目的建设和运营，做强增量、升级存量。做强增量，就是做好环球影城的配套服务和延伸服务，最终让主题公园每年引来的游客在镇域内有效滞留和消费，同时培训发展相对独立的"科技+"产业，包括虚拟现实、创意设计、科技电影产业等，形成新的经济增长点。升级存量，就是在发展增量的过程中逐渐消化解决两类存量的升级问题：一是推动现有房地产和金融服务等存量中的常量产业优化升级，二是引导村集体经济等存量中的变量产业向完全市场化的科技创新型、城市经济型升级。未来村集体经济的转型升级、本地居民的培训就业、政府部门的职能定位、区域空间的规划，都应以科技创新为引领，主要围绕环球影城主题公园建设运营所带来的产业拉动来谋篇布局。

（二）加强高质量科技创新供给，加快攻克关键核心技术

下大力气制定梨园镇重点产业知识产权战略。按照需求导向、问题导向、目标导向，研判把握副中心产业变革新趋势，编制梨园镇重点产业链全景图，梳理亟须突破的关键核心技术清单，积极引进高新技术产业，在税收政策优惠的基础上加大政府的扶持力度，支持高等院校和科研院所建设企业为主体、产学研用一体化的创新联合体。同时进一步完善创新创业生态系统。重点支持一批产学研协同、大中小合作、上下游衔接的产业联盟，构建技术创新网络和产业标准体系，形成具有技术主导权的产业集群。

（三）改革集体经济，抓紧实施梨园高质量发展引领行动计划

引导村集体经济转向城市经济和社区经济发展。依托我镇的房地产物业资源优势，引入一批社区综合运营商入驻，促进社区金融、社区O2O、"互联网+"社区、社区服务等新型业态和商业模式在我镇落地。借鉴苏州邻里中心经验，整合其他社区资源，打造一批以科技创新结合"互联网

+"线上和线下协同发展的形式，形成"星罗棋布"的社区中心。建立镇村发展的联合会、以规划编制为基础引导村集体进行产业改造，逐步梳理出满足我镇发展的未来产业空间。

（四）延伸影城产业，实现三次开发

积极参与对环球影城主题公园及其游客资源的一次开发，短期积极抓住影城建设期带来的部分建筑施工、环境治理修复、辅助园林景观设计、装饰装修以及运输服务等产业机会，长期要抓住在影城进入运营期后带来的外围配套服务机会，主要包括游客的食宿行以及园区运营支持等基础需求。大力开展对环球影城带来的游客资源进行二次开发，依托公园综合体里的演艺设施，引进国内外的戏剧、曲艺、音乐、舞蹈等各种门类演艺团体和艺人形成聚集建设表演艺术中心，立足文化传承、鼓励特色原创、强化国际交流，与环球影城在内容和风格方面形成互补。充分发挥北京作为全国文化中心的地缘优势和寓居本镇的韩美林等艺术大师的影响力，吸引各类社会组织和个人开办的小型专题博物馆、艺术馆、美术馆、科技馆及文学馆等文化展示场馆落户梨园镇；吸引全国各地尤其是北京地区的各类工艺大师、手工匠人、非物质文化遗产传承人来此聚集，进一步延伸和拓展对环球影城游客资源的二次开发。全力以赴引进国内外虚拟现实技术企业与创意设计企业，为梨园镇的旅游业、表演艺术、电影产业以及其他"文化+"产业创造新的体验和新的制作手段，将梨园镇发展成为京津冀和环渤海地区工业研发、培训、营销等领域的重要技术支撑中心，为村集体经济的市场化转型升级提供优越的外部动力。

（五）完善产业生态，强化交流联系

完善表演艺术和电影产业生态链，实现各类文化要素资源的富集。一是举办专题论坛、研讨会和展览，聚集行业内各类圈子的人脉资源；二是组织各类专业协会、同业俱乐部和沙龙，形成各类专业人才、专业机构和要素资源的相对固化；三是引入北京国际电影节、大学生电影节，举办梨园戏曲节、现代音乐节、非物质文化节、话剧演出季，组织国内外各种新片发布展映活动，把梨园镇打造为国内外表演艺术和影视产业各类活动的重点节点和枢纽之一。在产业空间分布方面，以环球影城主题公园为核心，在北面、东面和西面三个方向上向外逐渐形成多个产业梯次和圈层的

分布。在开发时序上，近期主要侧重于公园综合体的设施建设及环境改造，以及村集体经济拥有的物业改造和管理提升，以及金融街等商业区的完善；中期依托公园综合体主要侧重于各类表演艺术机构、影视产业机构、文化展示机构与相关人员的引进和聚合；长期侧重于各类专业协会组织建设、影视主题活动举办、市场营销推广。

（注：本文所用数据均为调研所得）

通州区宋庄镇新型城镇化模式

季 虹 赵术帆 张 俊 王 筝[*]

摘要： 本文以通州区宋庄镇新型城镇化发展为例，从实际出发，总结其新型城镇化过程中规划定位、产业布局与升级以及"人的城镇化"等方面的特征与优势，系统梳理了宋庄镇新型城镇化模式中出现的关键问题，并据此提出针对性地加快通州区推进新型城镇化进程的政策建议。

关键词： 新型城镇化；宋庄镇；人的城镇化

通州区宋庄镇在新型城镇化发展过程中，按照北京城市副中心建设规划要求，深入梳理现状，坚持"双控"和"三线"[①]要求，在功能定位、产业发展、生态环境、基层治理等方面实现了小城镇功能联动和特色发展，成为围绕城市副中心"众星拱月"整体城乡格局的重要组成部分，共同承接首都中心城区功能疏解，形成了功能联动、融合发展、城乡一体的新型城镇化格局。

一 宋庄镇发展现状

宋庄镇位于通州区北部，是 2001 年由原宋庄镇、徐辛庄镇合并而设的新建镇，是通州区 11 个乡镇之一，镇域面积约 115 平方公里（其中副

---

[*] 季虹，北京市农村经济研究中心城乡发展处处长，副研究员；赵术帆，北京市农村经济研究中心城乡发展处一级主任科员；张俊，北京和城咨询有限公司高级研究员；王筝，北京和城咨询有限公司研究员。

[①] 指《北京城市总体规划（2016 年—2035 年）》提出的控制人口规模、控制建设规模；严守人口总量上限、生态控制线和城市开发边界三条红线。

中心内17平方公里，剩余镇域98平方公里）。宋庄镇下辖47个行政村，截至2018年3月，宋庄镇常住人口12.6万人，其中户籍人口7.5万人，外来人口5.1万人；副中心内4.1万人，副中心外8.5万人。

宋庄镇是北京城市副中心外围第一圈层特色小镇，是服务保障城市副中心的重要区域，在发展基础上具有四方面显著优势。一是地理位置重要。宋庄镇位于北京中心城、城市副中心、顺义新城、廊坊北三县交界区域，是保障副中心建设的配套服务功能承接平台、首都面向区域的景观和生态门户。二是交通路网发达。城际联络线、M21线、平谷线三条轨道线在规划中镇中心区的徐辛庄站换乘，是北京东部地区协调发展的纽带。三是生态环境优越。宋庄镇具有"多河富水、一望平川"的本底特征，全镇过去5年完成平原造林任务3.4万亩，已建成多座大型郊野公园，森林覆盖率达44%。四是艺术底蕴深厚。宋庄镇以小堡画家村为核心，形成了国内乃至世界规模最大、艺术家和艺术场馆最密集的艺术区，成为当代中国原创艺术发展高地，具有较高的国际知名度和影响力。

二 新型城镇化发展特征

（一）规划定位与产业布局：具有国际影响力的艺术创意小城镇

宋庄镇借鉴副中心规划工作组织模式，紧紧围绕服务保障城市副中心规划建设这一宗旨，按照"副中心质量"标准，在2017年下半年，以"1+4+X"[①]的工作体系，启动了《宋庄镇镇域总体规划》编制工作。按照蔡奇书记"打造具有国际影响的艺术创意小城镇"的重要指示，宋庄镇的总体定位为"活力文化城与田园艺术村交相辉映的艺术创意小镇"，建设北京市创意高地，副中心艺术花园。

在产业发展布局方面，宋庄镇围绕城市副中心，以创新发展轴（六环路）为轴线，构建"两区、两带"的空间结构。以小堡艺术区为艺术创新发展区，以镇中心区为艺术综合服务区，带动温榆河国际交流带，潮白河生态休闲带发展。其中对潮白河生态休闲带，依托沿线村庄淳朴的乡村特

---

① 1：以《北京城市副中心控规》为核心。4：坚持4项基本原则：（1）落实科学发展观，强化生态环境保护和资源集约利用；（2）稳步推进社会主义新农村建设；（3）保障各级公共服务设施合理配置；（4）强化市政、交通基础设施的服务和引导作用。X：未来承载宋庄艺术创意小城镇的重点项目。

色,以乡村振兴战略为抓手,充分融入艺术参与乡村建设,打造一批"田园交融、艺术特色、文化鲜活、安居乐业"的美丽乡村。

(二)产业升级:疏解非首都功能过程中疏解与承接的结合

宋庄镇按照北京城市副中心建设对本镇的功能定位和产业空间布局规划,以建设文化和旅游新窗口为抓手,以加快建设宋庄文化创意产业集聚区、培育当代原创艺术为核心,将发展文化创意产业作为自身在北京疏解非首都功能过程中做好疏解与承接工作的切入点,从而将北京疏解非首都功能与宋庄镇承接首都核心区产业转移、推动自身产业升级有机结合。

1. 产业发展定位明确

宋庄镇推动聚集"色彩与造型"创作相关的创意、科技、配套服务企业,构建以"空间艺术"为表现形式的多层次、多业态复合发展的国际化大视觉产业生态体系,以中国原创艺术为基础和特色,重点发展艺术创意产业、文化休闲服务,与以"时间艺术"为表现形式的台湖"演艺小镇"形成差异化发展,从而充分发挥文化功能区示范引领作用,推动文化创新同北京城市副中心的其他重点功能区及相关组团建设充分融合、功能集聚和互动发展。

2. 着力提升艺术区环境品质

运用多重手段加强艺术区的道路绿化、小微绿地、口袋公园建设,修复生态环境,推动艺术区环境品质持续提升。一是完善城市副中心绿化体系。宋庄文化公园是串联城市副中心"环城绿色休闲游憩环"的13个公园之一,通过规划整合疃里公园和周边平原造林地块,将面积扩大至882亩,融合生态、景观、文化、休闲多项功能。二是打造"一轴两区十景"的景观结构,串联宋庄艺术游览区和森林生态体验区,搭建宋庄文化艺术展示平台,营造多种意境的主体空间,建造宋园新颜、绿野欢声、艺海花径等10处微景观。三是以"千株银杏,万枝樱花"为特色,栽植樱花10余个品种,共计2000余株,打造京东第一樱花园。四是融入海绵城市理念,贯彻"渗、滞、蓄、净、用、排"方针,利用地形结合灌溉、透水铺装、植被浅沟、渗透水管等技术措施,发挥绿地生态作用。五是加快实施镇区改造更新工作,先期进行印象街等区域改造以及徐宋路景观提升工程,实现城市形象升级,同时引入市属国企和种子项目,提高对副中心的配套服务能力。

3. 加快完善艺术区管理体制机制

一是坚持党建统领，理顺管理服务机制。建立"一委一办四会四部"的管理服务机制，以艺术区党委为统领，成立宋庄镇艺术区办公室，建立艺术家党支部、艺术机构党支部、艺术服务业党支部和新联会党支部4个党支部，依托艺术促进会、场馆联合会、艺术服务业联合会和新联会4个社会组织，做好艺术家对接服务，打造艺术区管理服务新局面。二是开展全面摸底，搭建动态管理平台。由艺术促进会和新联会牵头，针对公司注册、土地房屋性质、生活年限、艺术种类、从事行业等情况，开展艺术家及艺术从业人员全面摸底，建立电子动态信息库，及时掌握艺术区人员流动情况。三是提升服务意识，推进职称评定工作。按照"先试先行，逐步推开"的原则，积极推进自由职业职称评定试点工作，在舞台影视、美术、动漫游戏和文化创作4个专业先行试点开展自由职业专业技术人才申报工作，邀请中国书法家协会、中国美术家协会、荣宝斋画院、中央美术学院等作为艺术评审，联合组织、纪检、派出所等部门对申报人员开展资格审核。四是依托青创中心，搭建统一的运营管理平台，统筹公共服务、产业培育、商业运营、物业管理和文化活动，建立立体数据库，统一艺术区"人员、作品、空间、机构、产业"等信息，通过大数据手段进行挖掘与利用，实现高品质的服务和管理。

（三）"人的城镇化"成效显著

1. 镇域村庄体系持续优化

宋庄镇充分发挥自身作为城市副中心北部新型城镇化发展重要空间载体的独特区位优势，以村庄为载体，实施分类推进，实现与城市副中心同步规划、统筹发展。宋庄镇根据全镇47个村的实际情况，分类要求、加快推进。目前，全镇47个行政村中，疃里村、六合村两个村已实现绝大部分村民上楼安置和转居工作，其中疃里村为市级挂账村，六合村为原"宋庄文化创意产业集聚区A、B、C地块"土地一级开发项目征地拆迁实施范围。剩余45个村，现状都为村庄。按照正在编制的镇域总体规划，大体分为4种规划类型，一是划入城市副中心范围或计划棚改安置进副中心的，共16个村，其中通燕高速南侧7个村，北侧9个村；二是在镇域范围计划城镇化的村庄12个，其中2019年即将实施棚改的"寨辛庄等五村棚改项目"涉及5个村。未来镇区（徐辛庄组团）棚改涉及的5个村。温榆河沿线规划为实施城镇化的2个村；三是16个规划保留村，实施美丽乡村建设，主要集中在镇域北部和东部潮白河沿岸；四是小堡特色保留村，在《北京城市副中心控制性详细规则（街区层面）（2016年—2035年）》中，将小堡村现状宅基地范围和部分集体产业用地予以保留，作为规划中的"小堡艺术区"南区发展艺术创意产业和特色商业。

2. 生态环境质量显著改善

宋庄镇强化统筹协调机制，坚持"日调度，日汇报"，做到工作进度时时跟，问题区域处处清，重点对首批7个村存在的具体问题难题逐一分解、逐个总结、逐项部署，将责任落实到人。全镇生态环境整治工作成效显著。一是大气质量明显改善。围绕机制创新，建立"发现—上报—解决—反馈"的闭环管理工作机制，截至2019年3月，整改各类环保督查19件，共计27个问题，围绕源头治理，共拆除煤炉30个，实现燃煤设施"动态清零"目标，同时设立进京、区域交通卡点，对高排放移动污染源大货车、燃油运输车进行管控。二是水环境质量不断提高。出台《宋庄镇饮用水水源保护区清理整治方案》，开展水源保护区清理整治，分别建立了排水口、裸露土地、养殖小区、企业污水处理、污染坑塘等污染源情况台账，全力推进"碧水攻坚战"取得重大成果，完成5条黑臭水体治理工程，新建28个农村污水处理站，同步做好污水处理站升级改造工程，同时加快推进城北水网等一批新建、续建工程，进一步夯实水环境治理基础，严格落实镇、村两级河长日常巡河制度，大力度开展"清河行动""清四乱"等专项行动，对重点河道突出问题进行现场整改，促进水环境得到阶段性改善。三是园林绿化水平持续提升。采取规划建绿、拆违还绿、见缝插绿等措施，不断提升全镇绿化美化建设和管理水平，充分发动镇村两级力量，推进潮白河森林生态景观带建设工程（三期）3737.74亩、2019年景观生态林建设工程3685.49亩任务，率先完成2019年新一轮百万亩造林工程7423.23亩土地流转、地上物腾退工作，其中围绕群众身边见绿工作，结合拆违腾退，完成606.99亩土地留白增绿，为森林城市建设奠定坚实基础。

3. 社会救助体系持续完善

一是强化就业保障。建立残疾人安置长效工作机制，与北京外企人力资源服务有限公司签订帮扶性就业基地合作协议，2019年上半年实现新增就业残疾人 27 名，增加残疾人收入 56700 余元，同时"两节"期间走访慰问困难残疾人 1238 名，慰问金额 108 万元，发放燃油补助 17940 元。二是完善生活设施。积极运用平台资源，为 370 名有需求残疾人申请辅具，落实日常生活基础保障，购买服务，对 488 名困难重残提供上门居家服务，改造家庭吊炕 98 户，给残疾人创造舒适居家环境的同时减轻污染物排放。三是确保救助政策落实。2018 年温馨家园绩效考评工作高质量完成，镇域内福乐温馨家园、德泽福润温馨家园顺利通过市级验收，实现对 3164 名残疾人的服务全覆盖，确保群众"活动有去处，生活有照顾"。四是注重救助对象的美好生活需要。坚持"幸福+获得"并重，举办趣味运动会，组织"爱耳日"、助残义诊等宣传活动，向 499 个符合发放标准的残疾家庭发放生活用品，进行"上门到家"服务，贴心解决特殊人群实际困难。

（四）基层治理体制机制不断健全

1. 依托市民热线及时解决热点问题

依托宋庄网格员和"街乡吹哨，部门报到"综治平台，围绕群众关注的问题，建立主动发现机制，针对已接收的市民哨声和市民热线，建立问题台账，分为环境保护类、违法建设类等 17 类，重新理顺办件机制、优化工作流程、增加工作人员、集中开展培训，按照市中心回复要求及规定时限进行办理。

2. 城市环境整治全方位推进

宋庄镇建立了"周汇报，月拉练"工作机制，定期组织联合执法行动，加快清理整治镇区群租房、地下空间、无证无照占道经营、堆物堆料、小广告张贴和一般性制造业企业、区域性市场疏解，目前已完成市区两级挂账村整治任务；深入结合"街巷长""小巷管家"工作，包干到人，指定到路，制作街长制公示牌，明确责任电话，确保道路有街长、环境有监督、道路有保洁的工作格局，完成丁各庄一街、前夏村主街、后夏公庄村主街、高菜路等 13 条背街小巷环境整治提升任务。严格落实街长日巡查的工作制度，建立"发现一处，治理一处"的责任人解决问题机制，看护到位，确保零反弹；在公共环境维护方面对标副中心标准。环卫中心每日统一收集调度，对垃圾进行集中压缩、减容，基本实现生活垃圾"收集袋装化、中转压缩化、运输密闭化、处理无害化"的要求，生活垃圾日产日清常态化运转，同时镇域内公厕实行专人专管，按时按质开放，硬件设施时时修缮，做到干净、整洁、无异味。

3. 隐患排查不留死角

以城乡接合部村民宅基地出租房屋、老旧小区、大屋脊筒子楼、高速铁路和干线铁路沿线人员密集区段、道路和交通设施、市政基础设施工程和公路工程施工现场、燃气等城市运行重要基础设施，以及医疗机构等人员密集场所为重点领域，整合安全员、环保员和网格员力量，分区域、无死角排查，建立台账，紧盯整改。由艺术区党委牵头，全面摸排检查艺术区文化安全隐患，成立巡查工作组，每日走访艺术展馆和工作室，全力确保艺术区安全稳定。

4. 基层治理体系建设探索创新

一是建立镇、村、法律顾问三方会商机制，对具体案件情况进行三方会商，由镇法制办牵头，组织案件涉及的二级班子成员、科级干部、科室工作人员、村级党支部书记、村委会主任、法律顾问等人员进行案件了解、核实等工作，在法治政府建设方面形成工作合力。二是以城市管理综合监管会为基础，强化城市管理工作统筹协调，建立健全联合执法、联动惩戒、信息共享等工作机制，适应重心下移新形势，推进力量、手段、资源整合。三是配合市编办探索创新城市副中心管理体制机制，按照北京城市副中心"四个功能定位"的要求，在区委区政府统一安排下，整合现有产业园区和功能区，将宋庄文化创意产业集聚区管委会纳入文化旅游区管委会统一管理，积极做好机构整合和人员编制调整工作。四是畅通公众参与城市治理的渠道，探索参与型社区协商模式，增强居民社区归属感和公民责任感，调动企业履行社会责任、参与社会治理积极性，形成多元共治、良性互动的社会治理格局。

整体来看，宋庄镇在新型城镇化建设过程中，紧紧抓住非首都功能疏解与承接的历史机遇，以建设副中心北部艺术创意小城镇为目标、以村庄体系为城镇功能载体、以文创产业为承接非首都功能与推进产业转型升级的抓手，新型城镇化体系愈加清晰、新型城镇化功能作用愈加清晰、新型城镇化发展体制机制愈加清晰，走上了产业高端化、服务均等化、景观生态化、治理精细化的新型城镇化发展道路。

三 宋庄镇新型城镇化发展中关键问题的思考

(一) 总体情况：发展模式难以适应社会转型

近30年在北京大的城镇化发展格局影响下，宋庄镇已从一个传统农业镇蜕变为一个以第二、第三产业为主导的小城镇。经济发展及产业基础的巨变导致本地农民早已离农脱农，但在"户自为战"的经营格局下，在"瓦片经济"的利益驱使下，促使农民在自身能支配的有限资源上追求个人利益最大化的土地利用方式。经济基础的变化要求社会发展必须做出变革，遗憾的是宋庄镇城镇化改造规划一直没有实施。随着经济社会及区域发展的变化，社会发展转型的需求又与日俱增，这都倒逼未来的土地利用方式、土地经营模式必须做出革新，以适应经济社会发展需求。

(二) 产业急需升级区域发展不平衡

宋庄镇三大产业结构比为11∶64∶25，产业布局以二产、三产为主，农业的比重很小，形式主要以果园、大棚为主。二产主要为工业和建筑业，三产主要为交通运输仓储业、批发零售业、住宿及餐饮业等传统产业为主。

同时，以工业大院为主的产业基础，需要借助"疏整促"逐步调整退出，由艺术创意和文化产业逐步实现置换和替代。

此外，宋庄东西部、南部地区城乡发展差距大，亟须统筹协调。靠近城市地区经济规模大，产业类型丰富；偏远地区产业弱小，同时又缺乏发展支撑和动力。

(三) 土地利用低效发展空间受限

宋庄镇耕地面积约3400公顷，占辖区面积的30%；园地、林地、其他农用地面积约2900公顷，占辖区面积的25%。但是，过去5年，全镇造林面积约2500公顷，同时，观光园等高产值农业、设施农业项目也在逐步清退，按照镇域总体规划土地空间和农村发展的思路，农业发展空间越发狭窄，耕地高效利用方式面临创新难题。

土地利用低效，农民得不到实惠。出租房屋和土地是集体经济组织和农民的主要收益来源，其间由于所谓"房虫""地虫"的不法行为，攫取了其中绝大部分土地增值收益，致使农民直接可以获得的经济收益不足10%。

（四）就业结构难以适应城镇发展定位

至2018年，宋庄镇全镇劳动力29000人。自2016年至今，宋庄镇大力落实国家、市区关于疏解一般制造业的工作任务，目前，全镇共退出、迁出一般制造业企业574家，在企业工作的本地劳动力2200人，其中转岗和再就业1100人；2132人享受灵活就业政策，剩余为退休、自谋职业等。

近年来，因一般制造业退出、外迁，导致本地产生富余劳动力，再加上本镇其他剩余劳动力，这些富余劳动力存在年龄偏大、学历偏低、缺乏就业门路、身体不好以及照顾家庭等问题。年龄偏大、学历偏低，这是农村劳动力就业的主要障碍。从富余劳动力的年龄结构看，4050人员占的比重达到51%。从就业能力看，农民学历普遍偏低。有相当数量的劳动力没有任何技能和特长，尤其是"4050"人员，只能从事以体力劳动为主的工作，如环卫、绿化、保安等低收入的服务行业。而城市副中心以及未来本地产业升级新增岗位以技术型为主，需要较高知识水平和技能的劳动者。这种结构性供求矛盾非常突出，是影响劳动力转移就业工作的主要因素之一。

四 对策建议

（一）突出集体经济主导地位推动发展模式转型

现在严重的"三农"问题及城镇化改造滞后，从根本上讲是因为缺了"集体经济"这条腿，集体所有制的虚化，集体经济的弱化，致使农民依法依规意识淡薄，集体经济内部该干的事没人干、该管的事没人管，村民福利及服务更谈不上得到改善。

农村集体经济组织作为天然的社区利益共同体，理所当然地担当起村庄改造发展的主人作用，不能依靠"等拆迁""等开发商"等思路谋改造。集体经济要带领农民主动盘活村庄土地资源，谋求村庄的发展与改变；集体经济也只有发展壮大了才能有财力，才能为其成员提供更多公共福利与公共服务，才能更好地为社区公共事务的管理提供经济保障；另外，国家应更加有针对性地出台有利于集体经济组织发展的政策，使集体经济组织真正成为农村改革改造、乡村振兴的中坚力量。

（二）四步走打造推动产业转型升级

1. 产业发展策略

副中心建设为通州区带来了大量高层次精英人口，环球影城为宋庄带来了大量国际化的过境游客，作为重要的文化功能区，艺术小镇与环球影城形成双剑合璧、双星拱月。

围绕艺术创意小镇这一总体定位，抓住发展机遇，依托艺术家聚落与艺术空间资源优势，宋庄镇拟定"四步走"的发展策略，一方面将艺术融入建筑、环境、商业内涵，打造具有艺术气质的新城市形象，促进中产阶级人群、高端人口的聚集，一方面进行高端要素置换，形成多元的艺术创意产业，实现城市、人口、产业全面升级，成为副中心家门口的艺术区，文化休闲服务高地。

第一阶段，用艺术发展旅游，用旅游拉动人气。放大中国宋庄的 IP 优势，升级画家村旅游功能，艺术化两河生态资源，打造"艺术旅游"体系。

第二阶段，将艺术融入生活，用生活留住人才。发挥艺术的商业价值、美学价值，鼓励艺术创作的商业化、品牌化发展。通过环境的艺术化设计，生活内容的艺术化，打造美学生活体验，实现艺术宜居。

第三阶段，用艺术培育产业，用人才促进产业。打造大视觉产业高地，培养和建立产业发展配套服务支撑体系，吸引行业领军人物与企业入驻，逐步延伸和拓展产业链，实现艺术产业升级，带动相关产业发展。

第四阶段，用艺术对接国际，用国际强化品牌。坚持宋庄原创艺术发展的学术性特征，打造高端交流平台，建设国际化产业支撑体系，推进产业的国际化。

2. 产业的空间落位

在小堡艺术区打造大视觉产业发展核心区，同时构建艺术旅游、艺术交流、艺术教育等重要功能。

在镇中心区打造世界级美学生活小镇，实现艺术宜居，同时承接艺术创意产业的办公、会议、商旅等相关功能。

在温榆河国际交流带打造国际大视觉走廊，打造大视觉产业面向国际的窗口。

在潮白河生态休闲带打造独具魅力的艺术田园水岸。

（三）区域统筹破解资源环境难题

解决发展不均衡，改变"村自为战"的传统村庄发展格局，提升基础设施建设水平，实现公共服务均等化，不是一个村可以独自完成的，这需要区域统筹，统筹了土地、产业，权益共享，才能破解城市边缘地区的人口资源环境难题。同时，全镇实现主导产业转型需要一个长期过程，过程中集体经济的动力不能因二产快速退出而停滞，探索一条农村集体土地和集体资产改革的新路径，在新形势下对于实现城市边缘地区产业转型升级，加快首都生态文明建设，治理"大城市病"，推进首都城乡一体化进程，具有重要的示范意义。

宋庄镇作为北京城市边缘集团和"二道绿隔"地区的重点区域，按照全区统一安排，从现状集体产业用地腾退入手，正在开展集体经营性建设用地统筹利用试点。宋庄镇划定的集体产业用地（工业大院等）土地资源整理实施单元总占地面积约1220.4公顷（合18306亩），其中符合两图能够"拆五还一"的占地面积约801公顷（和12015亩），可还建集体产业用地约160公顷，其中可用于发展集体产业的用地面积约108公顷（合1620亩），建筑面积约130万平方米，可实现集体经济组织成员人均年分红约6000元。

（四）多措并举落实"4+3"就业政策

为了确保宋庄镇剩余劳动力再就业，自2017年，宋庄镇主要采取了以下措施。

1. 积极落实灵活就业政策

2019年，本地劳动力正在享受灵活就业三险优惠政策的有2132人，使参保人无后顾之忧。

2. 举办不同形式的面试、招聘会

2018—2019年，宋庄镇共举办镇级大型招聘会4次，小型招工24次；举办招工面试会8次，招聘岗位包括副中心需求的消防、会服、环卫工人、电工、水管员等岗位；截至2019年，共有213人已上岗。针对全镇退出的本地养殖户，工作人员也一一走访，推荐就业岗位。

针对新的形势，宋庄镇下一步全力以赴，落实好市区"4+3"的就业政策。

一是充分利用广播、微信群、公开栏等传播工具，积极宣传就业政策。同时，按照杨连元局长的要求，印发折页、宣传材料，通过村级协管员发放到每户家中，此项工作已于2019年3月底完成。

二是2019年1月17日，通州区就业政策培训班结束后，宋庄镇于1月24日聘请区劳服、区就业科等有关部门，召开了由全镇50多家企业法人参加的岗补社补政策培训班，让企业充分享受岗补社补政策。还召开了由47个村级协管员参加的公共服务类岗位就业政策培训班，进一步提高基层人员的工作意识和操作水平。

三是制定了《宋庄镇送政策、送技能、送岗位下乡活动实施方案》，为了确保工作落到实处，成立了五个工作组，自3月份开始，逐村逐企业进行走访，在各村设立咨询台，同时工作组每村入10户以上，全面宣传落实就业政策，同时了解百姓就业需求。还要到各企业宣传就业政策，帮助企业在招工、享受就业政策给予指导，真正做到精准对接。

（注：本文所用数据、资料，均系作者调研所得）

关于加快推进温榆河公园建设的调研与思考

朝阳区人大工作研究会农村办课题组

摘要： 温榆河公园建设是落实中央加快推进生态文明建设要求的生动实践，也是朝阳区深入贯彻中央关于生态文明建设战略部署，落实市委对朝阳区"三化"要求中大尺度绿化的重要体现。温榆河公园的建设既是民生工程，也是人民群众关注的热点。通过加快推进温榆河公园建设，不断完善区域生态格局，进一步推动全区生态文明建设水平的提升。辐射促进解决涉农相关问题，推动朝阳农村地区高质量发展。

本文在阐述温榆河公园建设工作任务及进展情况的基础上，深入查找建设进程中存在的问题，深刻剖析产生问题的原因，提出加快推进温榆河公园建设的对策和建议。

关键词： 大尺度绿化；公园建设；农民市民化

一 温榆河公园建设的作用和意义

（一）温榆河公园建设是落实中央加快推进生态文明建设要求的生动实践

党的十八大以来，以习近平同志为核心的党中央把生态文明建设作为统筹推进"五位一体"总体布局和协调推进"四个全面"战略布局的重要内容。2015 年，中共中央、国务院出台了《关于加快推进生态文明建设的意见》，这是继党的十八大和十八届三中、四中全会对生态文明建设做出顶层设计和总体部署的基础上，中央对生态文明建设的又一次全面部署。习近平同志在十九大报告中指出，坚持人与自然和谐共生，必须树立和践行绿水青山就是金山银山的理念,坚持节约资源和保护环境的基本国策。生态文明建设已成为新常态下转型升级的不竭动力,成为促进生产方式绿色化、循环化、低碳化发展的助推器。温榆河公园规划建设,就是大幅度扩大绿色生态空间、满足人民群众对优美生态环境需要的重大民生工程,生动体现了"生态兴则文明兴,生态衰则文明衰"的理念。

(二)温榆河公园建设是北京绿色生态屏障建设的重要节点

为限制城市"摊大饼"式发展,促进生态环境保护,2000年和2003年北京市分别启动了第一道和第二道绿化隔离地区建设作为北京绿色生态屏障。朝阳区在第一道和第二道绿化隔离地区内均占有份额。这些年,随着绿隔建设的推进,北京绿色生态空间有了很大改善,目前,"一绿"建设已接近尾声,北京城市周边绿化成效明显。"二绿"建设自启动以来,因北京城市化进程的加快和城市规划的调整,正在以平原造林及重点项目带动推进。

温榆河公园是北京第二道绿化隔离地区中中心城区东北部绿心,它既是京城最大的绿肺,又能为城市副中心拦蓄雨洪,是将湿地公园和产业发展有机结合的典范,是北京整体生态框架中重要的生态核心,也是大尺度绿化的典型代表,将打造成为蓝绿交织、林水相依、清新明亮、亲水宜人的滨水综合体。

温榆河公园建设是落实北京《北京城市总体规划(2016年—2035年)》的重要举措。公园规划与温榆河生态走廊绿色空间整体规划的有机结合,将使其成为北京第二道绿化隔离地区中富有魅力、活力和竞争力的区域,成为北京城的绿色生态保育区、城乡一体化示范区、都市休闲度假区和高端产业功能区。同时,温榆河公园建设也是朝阳区推进绿隔建设过程中的重要一环,不仅仅涉及生态建设,还包括民生、农村城市化、文化发展、产业结构转型等方面,是朝阳区推进经济社会转型发展的缩影,对优化生态空间格局、整合生态基础设施、提高城市生态品质发挥着重要的作用。

(三)温榆河公园建设是区域协同发展的具体体现

温榆河公园地处朝阳、昌平、顺义三区交界处,周边区域范围内集聚了临空产业发展区、未来科学城、新国展及配套区、电子城北扩区、小汤山工业区等重量级产业功能区和居住生活组团，是北京重要的经济文化策源地，因此，公园建设不仅是朝阳区的事情，而且是以生态为基底的产业创新区建设问题。通过公园建设，打破行政边界壁垒，形成以公园为中心，周边资源要素相互配置，在生态治理、服务配套、路网对接、用地整理、搬迁安置等方面综合协调，生产、生活、生态空间相互统筹的有机整体。特别是通过未来科学城、临空经济区和电子城等区域的产业发展，紧抓北京非首都功能疏解的契机，吸聚、承接、培育、提升优质资源向区域内流动，强化创新生态空间的产业属性，形成一个对产业和创新有吸引力的环境，使温榆河地区成为兴业乐居、宜游宜养的智慧之地，成为区域协同合作共建的示范之地，同时也是北京生态建设系统化、区域协同化发展的重要体现。

二　温榆河公园建设基本情况

（一）概况

温榆河公园地处以温榆河、清河为主的北运河水系，横跨全市两条重要的通风走廊（即京承高速、京密路），北邻昌平区，东接顺义区，是北京第二道绿化隔离地区郊野公园环的重要组成部分。与中心城中心地区距离为18公里，与通州核心区距离19公里。公园规划面积约44平方公里（相当于6.5个奥林匹克森林公园的面积），其中一期规划面积30.4平方公里，一期中朝阳段面积18.4平方公里。

2016年，按照全市疏解整治促提升的工作要求，为更好地服务城市副中心建设、提升区域生态环境，朝阳区紧抓全市建设"清河口雨洪湿地公园"的契机，在拆除孙河地区35家砂石料厂的基础上，提出在孙河乡北部规划建设北京中心城区最大连片城市人工湿地——孙河湿地公园，后更名为温榆河公园。为确保温榆河公园建设顺利推进，朝阳区先期启动了温榆河公园示范园建设，先行先试，以点带面，以便取得可借鉴性经验。示范园位于孙河乡沙子营村，北至清河河道中线，南至黄港公园南路，西至昌平与朝阳区界，东至京承高速，占地面积2.04平方公里。

温榆河公园示范园空间结构概括为"一脉、一轴、四区"，即以水脉串联生态湿地、活力东湖、花溪锦田、乡野森林四大生态景区，重要景观轴线"空中栈桥"统领全园，自水文化博物馆开始，自西向东，将山、

图 1　温榆河公园示意图

水、林、田不同景观风貌有机连通。同时，注重市民的参与感、体验感，依托自然现状营造景区景点，兼顾休闲健身、科普展示、农耕体验、泛舟嬉水等功能，形成以水生态科普体验、水文化展示教育为文化特色，湿地水乡、林田花海为风貌特征的城市公园。

温榆河公园建设得到了市、区领导的高度重视。从 2017 年至今，蔡奇书记先后四次到该区域进行专题调研，并强调："抓好温榆河公园规划建设，是深入贯彻习近平总书记生态文明思想的具体实践，是大幅度扩大绿色生态空间、满足人民群众对优美生态环境需要的重大民生工程，是落实新一版城市总体规划的一个亮点"，提出要按照不低于奥林匹克森林公园的标准建设温榆河公园和"一年启动、两年示范、五年成型、十年成景、多年保育"的目标要求，努力把温榆河公园打造成新时代首都生态文明建设的精品工程。

朝阳区委、区政府认真落实市委的要求和部署，为高水平推进温榆河公园建设实施工作，一是成立了由区委书记、区长任组长，主管副区长任

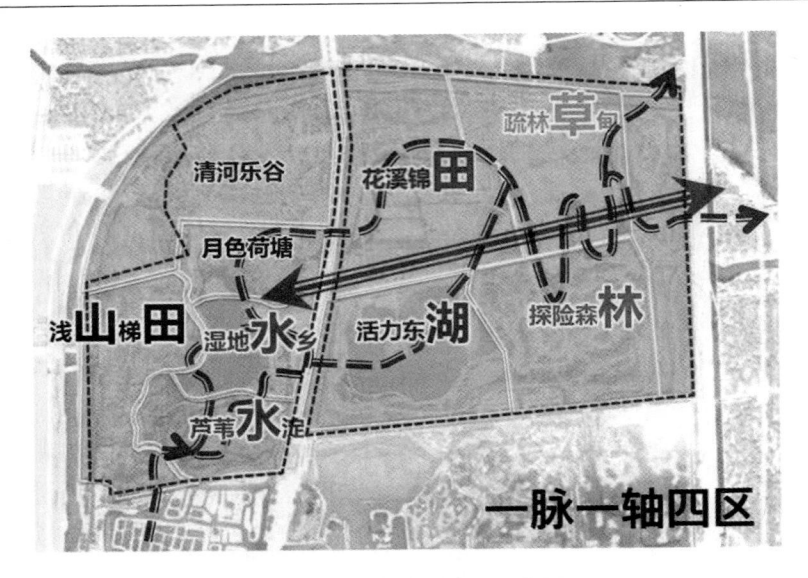

图 2　温榆河公园分区示意图

总指挥的温榆河公园建设领导小组，举全区之力，各部门分工合作，落实责任，齐抓共管，共同推进温榆河公园规划建设。二是组建温榆河公园专家库，从多个领域聘请了园林绿化、水利、规划、文化、设计等专家14类50余人，充分发挥专家在项目规划建设过程中的决策咨询作用，为公园建设提供专业保障。专家库将按照动态调整的方式进行管理，随时调整补充各专业专家入库。三是全面完成拆迁腾退工作，取得了30天内100%完成住宅腾退签约任务的佳绩，共涉及孙河乡5个村2549个院落5600户13000人，拆除企业300多家，为公园建设提供场地保障。四是高水平推进规划设计工作，在2016年完成公园整体研究、水文地质勘查、地形测量、产业研究、绿色交通研究等专项研究的基础上，2017年结合市级公园方案设计开展了公园景观方案设计，水利专项研究、文化研究、项目可行性研究等工作，为公园建设提供"蓝图"保障。

区人大常委会也把抓好温榆河公园示范园建设议案督办作为推进朝阳区"三化"建设的重要抓手，为提高议案督办质量，推动和促进政府工作，首次将常委会督办方案与区政府办理方案同步提请常委会会议审议，实现常委会对议案办理情况的全过程闭环监督。同时，分阶段多频次组织专委会委员、市区人大代表开展视察和调研，为增强议案督办实效奠定基础。

（二）温榆河公园示范园建设进展情况

课题组在示范园建设的初期、中期、中后期等不同阶段，对示范园的土方工程、绿化种植、水利工程、园林景观及周边道路建设等进展情况进行了多次实地调研，并与温榆河管委会、昆泰集团等相关部门和单位进行沟通，掌握第一手翔实材料。

2018年，按照区发改委相关批复，温榆河公园示范园的勘察、设计、环评等相关工作陆续展开，同时，落实区级建设资金约11.8亿元。2019年1月18日示范园建设正式启动。

从调查情况看，截至2019年8月底，在工程建设方面，土方工程基本完成，共完成开挖及地形堆筑约140万平方米。乔灌木种植共计完成约2.6万株（包括水土保持树种、水源涵养林树种、节水耐旱树种、固氮增肥树种），10月中旬开始秋季种植。草花地被栽植全面展开，已完成约20万平方米；在道路施工方面，基层施工已完成90%，铺装作业已完成约10000平方米，其中部分步道由建筑垃圾资源化处置后的再生产品——生态海绵砖铺设；在水利工程方面，已完成河道施工、净化水面区黏土换填、布水渠结构施工。剩余的布水管及填料施工、岛屿区结构施工、初雨调蓄池及提升泵站结构施工已基本完成；在拆迁腾退方面，拆除建筑3.8万平方米，腾退土地20.14万平方米；在生物多样性营造方面，共规划水域生境（10.2公顷）、农田生境（16公顷）、森林生境（81公顷）三大生境，营造了一个充满生机活力的绿色生态空间，促进人与自然和谐共生；在规划与方案设计方面，来广营北路的规划设计已经完成，市政随路管线已明确实施主体，正在抓紧推进前期工作，确保示范园开园的市政接驳和道路交通需求。示范园约2900平方米的配建指标正在申报规划建筑许可证。示范园涉及的昌平地块（约78亩）绿化设计方案已经市绿化局批复。

（三）温榆河公园朝阳段一期规划建设进展情况

在充分结合温榆河公园规划编制工作和前期进行的区域现状绿色空间、地上物及基础设施调查的基础上，综合考虑区域基础设施的成熟程度、与周边绿色空间的良好衔接以及对公园整体推进的引领作用等各方面因素，将温榆河公园朝阳段京承高速西侧除示范区外的全部地块，作为温榆河公园朝阳段一期建设实施范围，总占地面积约6.25平方公里，已于

2020年初启动建设。其四至为：东至京承高速，南至京包铁路及规划一路，西至北苑东路及区界，北至区界。其中孙河乡约4.2平方公里，来广营乡约2平方公里。该区域规划功能为生态保育区和郊野公园，重点由河湾绿洲、湿地示范和健康绿苑三部分组成，已完成绿色空间面积约3.82平方公里，占比约59%，将按照以人为本的要求，营造多样的室外活动空间，为市民提供丰富、充足的休闲运动场所。

（四）温榆河公园建设涉农方面进展情况

在解决转居转工问题方面，经区政府多次协调，市政府于2019年4月批复同意孙河乡整建制转居转工方案，主要涉及5个村4000多人，转居工作有序推进，预计9月底全部完成；在产业用地规划落地方面，2019年6月6日卢彦副市长召开专题会，同意先期落实孙河乡5万平方米产业用地指标，以解决孙河劳动力就业和集体经济发展压力问题，区政府已与市规划管理部门对接，但规划部门要求产业用地指标需要明确主体后再行落地，按照目前实际情况，短期内明确主体有较大难度。

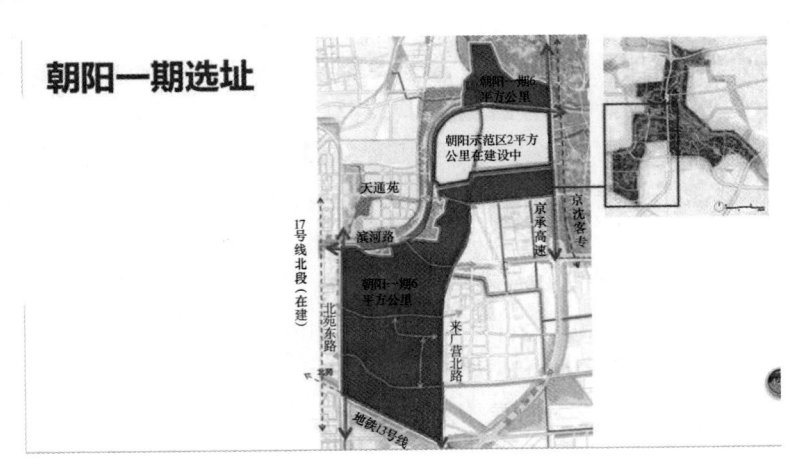

图3 温榆河公园占地安置示意图

此外，为做好温榆河公园建设中期向中后期转轨的衔接，公园控制性投资标准分析研究、功能定位及空间布局深化研究、控制性方案设计、水利水生态专题、生物多样性专题、市政及交通专题、文化旅游专题、智慧园区专题和配套公共服务设施等11项课题专项研究中期成果已形成。

三　温榆河公园建设面临的问题

虽然我们目前关注更多的是示范园建设，但它只是温榆河公园的一个示范点，要通过点的建设来认识面的问题，充分考虑温榆河公园建设期、发展期不同阶段的重点工作，以便提前谋划，科学决策。

温榆河公园建设是个系统工程，它不仅仅是生态建设，还涉及土地规划、就业安置、产业发展、民生需求等多个方面，因此，要以更高的角度、更广的视野来看待公园建设和发展进程中的问题。

（一）温榆河公园建设的统筹性和规划性有待进一步提高

从调研中我们感觉到，目前大家针对温榆河公园，更多的是就建设谈建设，就项目谈项目，对公园系统性推进、整体性建设统筹考虑不足，换句话说，对温榆河公园建设的重大意义认识还不到位。温榆河公园建设既是一个重大的民生工程，也是落实新一版《北京城市总体规划（2016年—2035年）》中的一个亮点，如何通过系统规划、整体设计促进区域内生态、生产、生活的有机融合，建立创新发展型城市公园系统，还需进一步强化规划引领，增强统筹意识。

（二）温榆河公园建设在突出以人的需求为导向方面有待进一步加强

温榆河公园地处北京中心城区的边缘，如何以高品质的公共空间串接城市生活，优化配置周边资源要素，统筹生产、生活、生态空间，使之从区域交界的边缘区转变为以人为本的大花园，就要研究处理好"三大三小"的关系，即"大尺度交通"与"小尺度需求"的关系，"大空间建造"与"小场景营造"的关系，以及"大项目实施"与"小政策创新"的关系，以满足百姓多样化需求。

（三）温榆河公园建设过程中的政策支持有待进一步健全

温榆河公园地处规划的北京第二道绿化隔离地区内，从市级层面看对于"二绿"的实施政策尚不明确。2000—2003年，为加快实现北京第一道绿化隔离地区建设任务，北京市政府相继出台了《关于加快本市绿化隔离地区建设的意见》《关于加快本市绿化隔离地区建设的暂行办法》和

《关于促进本市绿化隔离地区经济发展的若干意见》等若干文件，2014年又确定"一绿"一批试点，使第一道绿化隔离地区建设取得突破性进展。而对于"二绿"，北京市政府仅于2003年出台了《关于加快本市第二道绿化隔离地区绿化建设的意见》，近两年，在金盏乡试点集体经营性建设用地的统筹利用，探索"二绿"地区城乡一体化建设模式，目前实施方案尚未批复。

温榆河公园地处北京东部重要的通风走廊，是规划绿道及限制建设区域，规划的建设用地规模较少，面对加快推进城市化与生态建设的双重压力，在保证农民安居与实施绿化任务中面临两难的困境。另外，按照市政府要求，温榆河公园不涉及征地，对于集体土地补偿标准较低，据了解，目前标准初步设定为每年2000元/亩，而孙河乡集体土地租金每年至少在5000元/亩，补偿标准与实际租金差距较大，无法确保村级集体经济组织正常运转，亟须建立地区绿化和生态环境建设补偿机制。

（四）温榆河公园建设期和发展期的阶段性任务目标有待进一步明确

温榆河公园示范园各阶段的建设时序已经基本清晰，以确保2019年年底主体工程完工。就温榆河公园整体建设来说，一些方案设计、专项研究、项目可行性研究已经展开，但建设后期、发展期的任务安排尚未十分明确，对各阶段主要矛盾、存在风险的预估还需要进一步加强。一方面在建设期，在多渠道资金筹措、农民就业安置、产业用地指标等方面还需提前开展工作。比如劳动力安置方面，目前孙河乡整建制农转非工作已取得了市政府的批复，相关工作正在全力推进，农转非人员中需要安置的，已确定由孙河乡属劳务派遣公司全部接受，但是一次性就业补助费最多可保证4—5年人员安置费用，后期至少每年会有2亿元左右的支出费用，因此需要充分结合温榆河公园建设及产业用地解决劳动力安置问题。另一方面在发展期，目前对温榆河公园建成后的运营发展路径尚未进行统筹谋划。温榆河公园在建成后，发挥的作用不应仅限在公园自身的区域内，也不应仅限在提升朝阳区绿色生态整体形象方面，而是要以温榆河公园建设为契机，放大绿色生态品牌效应，吸引高质量、国际化高端发展要素向区域内集聚，提供更多优质服务。因此温榆河公园周边区域概念性规划研究及运营发展方案亟须进一步跟进。

四 加快推进温榆河公园建设的建议

（一）进一步深化对温榆河公园建设重要意义的认识

温榆河公园建设是我国生态文明建设的一个实践成果。过去20年间，我国因环境污染和生态退化造成的损失占GDP的7%—20%，生态危机已经大大超出了我们的想象。生态文明建设的重点就是要优化土地空间格局，全面促进资源节约，加大生态和环境保护力度，大力加强生态文明制度建设。近年来，我国在保护生态环境上加大了力度，取得了明显效果，但是生态环境恶化的趋势还没有得到有效的遏制。温榆河公园建设就是结合我国生态文明建设的新要求，立足绿色发展空间及生态环境建设，通过构建区域生态格局、强化区域发展核心、完善区域产业结构等方面，强调以生态修复为核心，以回补城市为根本，以产业联动为手段，建立创新发展型城市公园系统。

温榆河公园建设是特大城市生态屏障建设的一种模式创新。温榆河公园所处的温榆河生态走廊，位于北京市东部发展带的重要轴线上，同时也是控制城市无序蔓延的绿色隔离屏障，是城市"多中心"发展格局中重要的连接通道与资源交互节点。建设一条水净、天蓝、空气清新的温榆河生态走廊，对于全市生态建设将具有重要的示范意义，有助于展示和提升城市绿色生态环境、推动城乡统筹的一体化进程，也有助于促进重点功能区之间的互动连通。

温榆河公园建设是朝阳区在"五位一体"框架下，以生态建设为突破口，转型发展的一条路径探索。温榆河公园示范园突出生态绿色，呈现出六个比较突出的示范亮点，即净水与海绵示范、建筑垃圾资源化示范、多样生境示范、智慧与科普示范、近自然林和高效生态林示范、新型游憩空间示范，通过示范效应，推动建设具有特色的温榆河公园综合体，实现生态空间的规模化、多样性和连续性。同时，温榆河地区是以生态为基底的产业创新区，通过与未来科学城、临空经济区和电子城等区域产业发展有机结合，实现产业之间的融合互促和融合创新。

（二）充分考虑以人为本的温榆河公园建设功能定位

温榆河公园将打造成为首都生态文明建设的"金名片"，它不仅仅是一个生态公园,其建设也关系到城市的发展和百姓的福祉,在功能定位上要充分考虑"三大三小"的关系。

1. "大尺度交通"与"小尺度需求"的关系

温榆河公园的"大尺度交通"应体现在营造生态环境的基础上,外部基础设施对其的支撑上,最重要的一点是规划建设好温榆河公园的配套交通设施,体现出公园的开放、可达、共享。公园地处首都东北部对外交通门户位置,是首都机场、京承高速、京沈高铁入京必经之地,在周边区域构建便捷的对外交通体系,不仅能为百姓提供便利,还能疏解过境交通。"小尺度需求"体现在园内的人文设施上,在公园内部根据人的"小尺度需求",结合堤顶路和公园园路构建慢行系统,设计灵活多样的自行车道和人行步道,建立绿色交通联系环,串联各功能分区,为慢行人群塑造多样化的游赏体验,满足不同人的需求,增强绿色产业和游览人群的流动性,突出"生态生活相融,绿色活力共享"的理念,形成慢行空间与生态空间融合的高品质交通格局。通过外部快速交通和内部慢行交通的无缝对接,构建多模式的交通系统,实现"外畅内联"的综合交通布局。

2. "大空间建造"与"小场景营造"的关系

温榆河公园目前仍处在"大空间建造"阶段,重点为公园水系、绿网、产业空间、园林景观打造等整体性规划建设。而"小场景营造"是结合温榆河公园建设,对公园今后的运营范围做出的一个初步设想,是对公园功能的延展概括。如"生态保护场景""绿道体系场景"对应公园绿网、水系、内部多元化路网建设,体现公园最基本的功能价值,也是为"产业创新""文化体验"等场景的营造提供基础。"产业创新场景"的营造对应农村集体经济发展,是解决劳动力就业、维护社会发展稳定的关键。"文化体验场景""乡村田园场景"对应公园的多元化发展路径,结合北京的母亲河——温榆河浓厚的文化底蕴,以及各乡的乡史,建立博物馆、乡愁体验馆等文化设施,或科普教育示范基地,既起到宣传教育的作用,又满足群众多样化需求。

3. "大项目实施"与"小政策创新"的关系

温榆河公园是朝阳区为首都生态文明建设打造的"金名片",是造福子孙后代的民心工程,整个公园建设包括园林景观项目建设、水利工程项目建设以及拆迁项目、产业项目建设等。在这些大项目实施过程中,得到了资金保障、政策支持,相关各部门在工作机制方面也有所创新。但是,由于公园建设工程量较大，涉及方面较多，需要政府在政策和机制上进一步寻求突破的工作仍较多。杨建海副区长在代表视察调研座谈会上谈到，朝阳区政府积极向市政府争取政策支持，促成孙河乡、崔各庄乡两个乡整建制转工转居，这是在政策上寻求的突破创新，体现的是区政府的话事能力。在公园建设具体实施过程中，坚持规划引领，十大专项研究课题叠加推进，健全各项保障机制，这些都是在工作机制上的创新。可以说，当前的建设期是挑战和机遇并存的时期，特别是示范区的先试先行积累了大量的宝贵经验，后续在公园建设过程中，要进一步加大政策创新力度，为推动温榆河公园及周边区域建设提供更多的政策支持。

（三）进一步完善温榆河公园建设政策体系，创新工作机制

为落实温榆河公园的总体功能定位，加快推进区域城市化进程，充分考虑农民安置就业压力、产业发展政策支撑、开发建设资金平衡等问题，从公园建设发展的任务出发，研究探讨温榆河公园建设的政策建议和机制创新。

1. 研究发展绿色产业项目的相关政策，促进劳动力安置就业

根据温榆河公园生态景观及周边的产业发展现状，参照第一道绿化隔离地区政策，争取市规划、发改、国土等相关部门支持，按照绿化实施任务规模，用3%—5%的土地建设与绿化相适宜的绿色产业项目，以促进高端绿色产业的发展聚集，同时，在对农村劳动力有针对性地进行培训的基础上，解决部分劳动力的安置就业问题。

2. 建立绿色生态涵养补偿机制，推动区域可持续发展

一是在财政及税收政策方面。在二道绿隔政策明确之前，建议将温榆河地区纳入北京市生态涵养区的政策覆盖范围内，重点包括加大财政转移支付力度及市级财政对基础设施与产业发展的投资力度，按照生态建设贡献调减朝阳区财政上解基数作为该区域长期的生态养护基金，以及加大对绿色生态建设项目的税收优惠等。

二是在百万亩造林政策方面。温榆河公园几乎满足了百万亩造林工程覆盖的所有条件，二道绿隔、限建区、城市重要的通风走廊以及城市拓展区，是为数不多的连片绿色生态区。根据温榆河公园规划绿化任务，将未实施的工程进行系统打包，分年度纳入百万亩造林的计划范围内，借助市区统筹推进的工作力度、资金保障、养护补贴、占地补偿，加快区域绿化

建设的整体进程。同时，根据公园建设和发展情况，逐步将公园纳入市区两级城市公园养护机制内，以提升公园的运营管理水平，保证公园的生态景观品质。

3. 创新区域统筹开发的投融资机制，强化资金保障

一是通过棚户区改造贷款等金融模式，对温榆河公园及周边的土地储备、安置房与配套设施建设等给予资金支持，增强公园开发的资金保障。组建温榆河地区开发建设的融资平台公司，统筹区域内的开发建设与运营管理，争取市级财政在资金注入、项目审批、税收优惠等方面的政策倾斜，提升该地区持续的投融资能力。

二是建立土地出让金返还机制，切实增加对公园生态环境建设的投入。通过对公园影响范围内项目形成的土地出让金全部或部分返还，定向用于满足地区的基础设施建设项目、土地一级开发成本平衡、农民转居进社保、生态养护等方面的资金需要，实现经济社会和资源环境的协调发展。

（四）正确处理温榆河公园建设期和后发展时期的关系

温榆河公园从建设期到后发展时期的运营，要有一个完整、准确、科学的设计，以及系统的考虑。要对每个时期进行合理有序的任务安排，明确每一个时期阶段的重点任务，将工程建设、项目建设、民生建设、文化发展等囊入其中。

1. 加快推进孙河乡产业用地指标落地

随着温榆河公园建设的逐渐开展和推进，集体经济发展、农民安置就业等问题逐步显现，作为产业发展主要承载地的孙河产业用地要加快落地。按照市公园建设领导小组相关会议精神，孙河乡5万平方米产业用地由市规自委牵头组织落实，要求用地规划随拟实施项目共同申报。为保证孙河地区集体经济平稳发展，区政府要加大协调力度，紧密对接市规划主管部门，结合公园整体规划编制工作，尽快落实产业项目，积极推进孙河乡产业用地项目落地。

2. 持续做好温榆河公园后发展时期的规划

温榆河公园后发展时期的路径谋划，首先需要规划先行，在公园本身控制性方案的基础上，把握好温榆河公园在全区的功能定位、空间格局、要素配置，不断完善温榆河公园周边区域概念性规划研究方案，在公园周边预留发展空间，完善整体性规划，落实"多规合一"，形成一本规划、一张蓝图，为温榆河公园发展、以温榆河公园建设带动区域全面发展提供支持。其次，围绕温榆河公园发展在现有专项研究成果的基础上，开展区域协同发展、提升国际化要素等方面的理论研究，为温榆河地区进一步发展提供理论支持。最后，要发挥温榆河生态走廊建设管理委员会的统筹功能，对温榆河公园及周边建设持续跟进，做好规划落实的保障性工作。

3. 扩大绿色生态品牌效应，提升服务能力

在温榆河公园建设期中，前期以土地平整，留白见绿为主，后期着重于园内景观、公共设施、功能型场馆的打造，达到望得见山、看得见水、记得住乡愁的景观体验。在建成后的发展期，应充分利用温榆河公园的绿色生态品牌效应，提升温榆河周边区域的整体发展水平。一是强化朝阳区东北部特色旅游空间承载力。以温榆河公园周边地区为对象，提升周边地区的旅游接纳能力和质量，扩大温榆河公园地区的"绿色生态游"承载力。二是引入国际化要素，强化高端商务休闲功能。依托温榆河公园及周边资源，打造适合高端人才休闲娱乐、文体生活的良好环境。三是提升周边地区的公共服务质量。温榆河公园的建设，吸引更多有着高质量生活要求的人群，结合孙河地区高端地产集聚的特点，区域内无论短期游览、定期疗养、长期居住的人群都将大幅提升，因此，周边地区可建设高质量养老、疗养设施、高端学校等公共服务设施，满足群众高标准需求。四是打造朝阳"夜间经济"新地。温榆河公园建成后，园内设施将得到极大丰富，结合园外配套设施，延长游园时间，相应完善周边地区特色餐饮、休闲娱乐场所设施，将"时尚消费"和"绿色消费"相结合，推动消费升级，同时也进一步强化温榆河公园周边地区的发展活力，提高温榆河公园知名度。

4. 注重区域协同发展

温榆河公园地跨朝阳区、昌平区、顺义区三个区，温榆河公园的持续发展需要三区加强协作。一是三区在落实《中共北京市委北京市人民政府关于全面深化改革提升城市规划建设管理水平的意见》时，将温榆河公园建设作为重要内容纳入到具体实施中，在发展温榆河公园区域时要适当打破行政地区界限，保证温榆河公园在发展进程中的方向一致性，并对在运营过程中出现的一些问题进行协同治理。二是利用温榆河公园辐射区改善产业发展环境。温榆河公园距临空产业发展区、未来科学城、新国展及配

套区、电子城北扩区、小汤山工业区距离相对较近，可考虑建立紧密合作的区域生态环境提升协作区，重点为产业发展提供良好的绿色生态环境，为三地的产业园区吸引新资本。三是共同保护利用温榆河周边村落的文化遗产。三地协同对温榆河周边地区内的古村落历史文化、特色民间文化遗产进行挖掘，并将其归置在温榆河公园内的文化博物馆中。

（注：本文所用数据，均为调研所得）

关于解决朝阳区"停车难"问题的思考

邢平芳　李沛鸽[*]

摘要： 朝阳区在实施《北京市机动车停车条例》过程中采取了大量举措，取得一定成效。但是还存在停车位不足与结构性矛盾突出、部分路段路侧停车配套设施建设不完善制约电子收费实施进程、停车费实缴率有待提升、执法覆盖面窄、管理不到位等问题。本文针对所发现的问题，结合委员代表的意见建议，对解决路径进行了探索，提出了具体建议，力图推动条例切实得到贯彻实施。

关键词： 朝阳区；停车难；交通管理

城市的环境离不开良好的秩序，城市的品质与交通管理水平有直接联系。为提升朝阳区交通管理水平，积极配合市人大常委会做好"两条例一决定"[①]执法检查，积极推动朝阳区"停车难"问题的解决，区人大常委会2019年度充分发挥执法检查这一法律巡视利剑的作用，以对《北京市机动车停车条例》（以下简称《条例》）实施情况开展执法检查为契机，坚持脚步为亲，深入开展调研活动，积极挖掘朝阳区"停车难"问题的表现及根源，认真听取群众与代表的意见建议，积极顺应人民群众对美好宜居生活的需要，努力推动朝阳区交通环境秩序持续向好。

---

[*] 邢平芳，朝阳区人大常委会城建环保办公室主任。李沛鸽，朝阳区人大常委会城建环保办公室副主任科员，法学硕士。

[①] 即《北京市机动车停车条例》和《北京市非机动车管理条例》，以及北京市人民代表大会常务委员会关于修改《北京市实施〈中华人民共和国道路交通安全法〉办法》的决定。

一　执法检查工作深入扎实

本次执法检查从2019年4月中旬持续到9月初，有以下特点。

（一）提高工作站位，紧扣条例规定

此次执法检查始终把朝阳区关于贯彻落实首都功能定位、打造城市精细化管理排头兵的决策部署摆在首位，坚持服务大局，确保执法检查与区委决策部署同频共振。始终聚焦正在重点推进或解决、社会高度关注的路侧停车电子收费改革、居住区和道路停车难与停车乱等问题，明确执法检查内容和相关法条，紧扣条例规定去推进执法检查工作。

（二）领导悉心指导，前期准备充分

成立以朝阳区人大常委会胡良森副主任担任组长、城建环保办主任担任副组长、机关其他委室主任为成员的执法检查组，形成各委室一盘棋的工作局面。在主任、主管主任的指导下，以议题调研课题化原则为指导，制定执法检查工作方案及调研方案，认真梳理现阶段执法检查的重点任务、重点条款内容及责任部门，明确执法检查的工作方式与思路。召开执法检查工作启动会，向参会代表、参会部门部署各项工作的具体时间节点和要求。

（三）拓宽检查方式，增强检查实效

为提升执法检查实效，全面深入、客观真实地了解条例实施情况，区人大常委会执法检查组在执法检查过程中积极打好组合拳，采取了暗查、集中检查、部门自查、问卷调查、听取汇报等多种方式。一是组织部分委员代表对奥运村、来广营、平房、望京、六里屯、南磨房等地区的机动车停车情况进行了6次暗查。二是组织部分代表分两次对金桐东路西北区区域交通综合治理情况、珠江帝景南侧区域交通综合治理情况、望京地区望京街和阜安西路路段电子收费改革实施情况、来广营地区立水桥新建平面停车场情况进行了集中检查。三是要求条例实施责任部门开展自查活动并提交自查报告。四是就条例实施情况精心设计调查问卷，在南磨房、来广营、六里屯、劲松、堡头地区发放调查问卷200多份，认真听取居民意见

建议。五是先后召开两次座谈会,听取了相关部门工作情况的汇报,认真倾听了与会代表对朝阳区条例实施情况的意见建议。8月底召开专委会,对区政府条例实施情况进行了初审。六是以参加"双月"座谈会为契机,认真吸纳代表对停车条例实施的意见建议。

(四)加强上下联动,发挥代表作用

一是积极鼓励各位代表结合自身工作生活情况,自主开展检查,并撰写调研情况报告。二是积极与市人大城建环保委联系,参与到市人大常委会组织的"两条例一决定"执法检查过程中,将区人大常委会执法检查工作与配合市人大常委会开展"两条例一决定"执法检查统筹安排与推进,并及时向市人大提交朝阳区"两条例一决定"实施情况的报告。三是针对来广营和南磨房乡人大本年度将要推进停车管理调研课题的情况,邀请两个乡的人大主席参加执法检查活动,听取两个乡人大部门对执法检查工作的意见建议,并积极学习借鉴其调研成果。

二 实施条例的主要做法

(一)高度重视,增进社会共识

一是加强停车工作的组织财力保障。充分发挥区长担任组长、各相关部门和各街乡主要领导为小组成员的朝阳区交通工作领导小组的组织协调作用,每年印发《朝阳区交通综合治理行动计划》,明确年度工作任务。朝阳区停车工作资金投入量不断提高,2017—2019年,投资额度分别为6183.61万元、11444.71万元、20161.65万元,平均年增幅85%。二是召开条例宣贯大会。为推进《北京市机动车停车条例》的贯彻落实,区政府召开相关委办局、乡镇人民政府、街道办事处等单位主要负责人参加的条例宣贯大会,深入解读宣传条例立法背景、基本原则、主要内容等,为凝聚共识、提高认知提供基础。三是扩充条例宣传渠道。通过宣传画、微信公众号、政府网站等载体,向社会宣传"停车入位、停车付费、违停受罚"的基本要求,培养市民正确的停车意识和习惯,2019年7月1日路侧停车改革之后,共计印制宣传彩页35万张,制作700张服务监督卡,更换255块收费指示牌,新增145块收费指示牌,向停车人宣传路侧停车电子收费的方式和标准。四是充分发挥停车管理人员工作优势,由停车管理

人员在工作过程中向车主口头宣传条例内容或者发放宣传折页,让停车人员了解条例内容,自觉遵守条例。五是设立投诉咨询电话热线,抓住为市民答疑解惑的契机宣传条例内容,引导市民遵守条例。

(二)制度规划先行,完善工作细则

一是下好先手棋。条例实施前,编制完成《朝阳区停车专项规划》,将有条件和有需求的停车场资源纳入专项规划,便于统筹管理,为条例实施提供基础。起草《朝阳区立体停车设施指导意见》,明确朝阳区立体停车设施建设流程及相关规范要求。二是坚持完善工作细则。条例实施以后,起草《朝阳区路侧停车管理改革方案》,明确路侧停车改革的总体思路、主要内容、组织机构及职责分工、工作任务及完成时限、保障措施等,为路侧停车改革的顺利推进提供保障。起草《朝阳区居住区周边道路停车泊位认定指导意见》,明确居住区周边道路停车位设置的条件、流程、规范和各部门的职能职责,为居民停车优惠认证工作提供保障。起草《2019年朝阳区静态交通秩序整治工作方案》,明确了全年交通秩序整治的指导思想、工作目标、工作任务等,为管控静态交通秩序提供保障。起草《朝阳区严厉打击路侧停车"黑收费"专项行动方案》,建立朝阳区黑停车场台账,为解决当前群众反映强烈、舆论关注度高、严重影响城市形象的路侧停车"黑收费"问题提供保障。

(三)多策并用,增加车位供给

一是增建停车设施。启动18处立体停车项目建设,目前已完成10处,尤其是将中日友好医院150个车位的平面停车场改造成369个车位的立体停车场,有力缓解医院停车难及樱花东街拥堵问题。利用地下人防改造增加停车场39处,新增车位9219个。落实条例中关于增加居住区停车位供给的相关要求,2018年,利用居住区周边拆除违法建设腾退的空地、闲置土地和暂无开发计划的土地、改造绿化等方式增加居住区停车资源8202个,2019年上半年完成居住区停车位建设3334个。尤其是劲松地区利用代征地建设惠民停车场,积极服务于周边居民夜间停车需求和接送孩子上下学的家长临时停车需求。来广营乡将立水桥地区安全隐患特别是消防隐患很大的闲置土地资源进行改造,请产权单位投资修建平面停车场,并在费用上予以优惠,吸引附近居民到此处停车,一定程度缓解了地区周边停

车难等问题。此外，区交通委正在以街区更新理念为指导，充分探索以土地分层出让方式，利用小区现有自行车停车棚、绿地等资源建设地下停车场。二是挖潜整合现有资源。为缓解居住区停车难问题，调配利用现有资源，在居住区周边支路及其等级以下道路设置临时居住停车区域与泊位。通过组织社会单位开展错时停车提供停车位1200余个。由属地居委会、办事处、区交通委层层把关，积极推进居民停车优惠工作和停车场周边居住停车认证工作，截至2019年已办理居民优惠2688个，路侧居民停车价格原则上定为360元/月。三是强化属地政府职能。将停车位建设和挖潜工作纳入朝阳区缓堵计划工作中，要求43个街乡在2019年各自完成100个新增停车位的建设，启动1处立体停车设施的建设，并将以上工作纳入区级绩效考核中。

（四）综合施策，大力推进路侧停车改革

为推进路侧停车改革工作，一是努力改善停车基础条件，为推动停车入位、停车收费、违停受罚的基本要求得到贯彻落实，2018年对备案停车位进行再梳理，对备案道路按照相关法规重新施划热熔线。在文学馆路、望京街和阜安西路率先实现了高点视频和矮桩视频电子收费系统的安装应用工作，正在积极推动其他地区高点视频设备的采购安装工作。二是创新管理体制。成立区属国企朝阳停车公司，以政府购买服务的方式将全区89条路段、8298个路侧停车位全面交由停车公司接管。停车公司具体职责包括维护停车秩序、引导停车入位、对区域进行监管，维护管理设备正常运转、维护停车标志标线和收费标牌清晰；对不听劝阻违法停车、严重影响交通秩序的现象需向执法部门进行举报；宣传路侧停车管理政策等。三是积极转变缴费方式。2019年7月1日起，朝阳区实现路侧停车电子计时收费，实现人钱分离，依托市级统一的"路侧停车动态监测和电子收费信息监管平台"，对车位使用和收费进行全方位监管，实现收支两条线，停车收入作为政府非税收入，统一上缴区财政，政府通过购买服务方式支付停车管理企业费用。自2019年7月1日实施道路停车改革至8月中旬，朝阳区在新施划的道路停车位已停车421899辆，累计服务车次559927次，产生计费订单308804单，实缴停车费924.6161万元，实缴率为58.35%。其中，居民认证应交584.7026万元，临停339.9135万元。

（五）试点推进，加强交通综合整治

一是以 CBD 西北区光华路、金桐东路、金桐西路、景华街等区域为试点，积极引入智能化手段，强化区域交通执法综合治理，在 11 个路口、4 处路段设置电子警察，设置 57 处违法抓拍，设置 3 处非礼让行人抓拍，设置 3 处违法鸣笛抓拍，设置 1 处行人闯红灯抓拍，为该区域道路非现场执法工作的推进夯实基础。二是积极打造交通安全示范社区（村）。为改善居住区停车环境及交通秩序，以打造交通安全示范社区（村）为契机，安排专项资金挖掘小区内部和周边停车资源、完善小区交通设施、优化小区内部道路、拆除地桩地锁、清理僵尸车等，2019 年已完成 236 个小区（村）达标创建工作。三是以八里庄地区为试点，通过完善标志标线、设置停车位、实施居住认证、交管部门加强执法、全部车位委托其他公司管理、实施电子收费等措施，解决停车难、停车乱问题。

（六）源头把控，坚持严格执法

一是扩充交通执法队伍。落实条例中关于"违停受罚"的要求，组建由 306 名人员组成的交通协管员队伍，培训合格后由"一街一警"带领开展违停执法工作。二是完善执法工作机制。建立交通行政管理部门、执法部门、属地联动工作机制，明确监管人员及时发现上报、职责部门及时向执法部门进行通报、执法部门及时安排人员打击处理的"三及时"执法机制，建立由属地街乡牵头的联合执法机制。三是加大非现场处罚力度。2018—2019 年，为提高对违章停车行为的非现场处罚力度，整合探头资源 380 个，并将之纳入交管执法体系。四是积极落实现场违停处罚的法定责任，2019 年共计现场处罚违法停车 16409 笔，同比提升 64.1%；停车执法 580763 笔，同比提升 1.4%；拖车 11850 辆，同比提升 98.6%。五是落实条例中关于机动车停车场管理不规范及擅自挪作他用、擅自设置地桩地锁的处罚责任，2019 年共拆除地桩地锁 1251 个，查处停车场类案件 265 起，罚款 25.3 万元。

三 条例实施工作存在的主要问题

虽然区政府在推动停车条例实施过程中做了大量工作，但对照"停车入位、停车付费、违停受罚"的基本要求，朝阳区还存在停车位不足与结构性矛盾突出、部分路段路侧停车配套设施建设不完善制约电子收费实施进程、停车费实缴率有待提升、执法覆盖面窄、管理不到位等问题。从执法检查情况看，条例实施中还存在一些不利于停车难、停车乱问题解决的因素。

（一）停车资源总量不足，利用效率有待提高

1. 停车资源总量不足

2018年，朝阳区机动车保有量为98.9万辆，全区车位总量为96.8万个，停车位总体缺口在2.1万个，所有街乡都存在车位缺口。其中，停车位主要类型为居住区停车位54.3万个，公共建筑停车位38.6万个。

2. 居住区停车资源缺口尤为突出

虽然居住区停车位数量在各类型停车位数量中排首位，但由于朝阳区老旧小区、保障房数量多，人员密集；原来按照保障房、经适房等标准建设的老旧小区车位配建不足；部分新小区因对群众车辆购买力预估不足，停车位也出现紧缺现象；部分小区停车泊位只售不租或者挪作他用；老旧小区内部僵尸车、车辆乱停乱放、私设地桩地锁、地下停车位价格高等问题导致资源未得到充分利用，导致居住区停车矛盾尤为集中。从居住区夜间停车需求看，总需求为71.9万辆，缺口约24.6万个。其中，农村地区缺口为11.9万个，53%的乡居住区夜间停车位缺口在5000个以上，缺口量排名前三位的乡为：来广营地区缺口2.01万个，十八里店地区缺口1.6万个，常营地区缺口0.8万个。街道地区缺口为12.7万个，40%的街道停车位缺口在5000个以上，缺口量排名前三位的街道为：望京街道缺口1.6万个，奥运村街道缺口1.4万个，大屯街道缺口1.2万个。

3. 现有停车资源利用效率有待提升

一是共享利用不足。条例第13条规定"本市推进单位或个人开展停车泊位有偿错时共享，公共建筑的停车设施具备安全、管理条件的，应当将机动车停车设施向社会开放，并实行有偿使用"。由于存在大量社会单位停车资源、公共配建停车资源未充分得到共享利用的情形，社会单位共享利用车位资源意识还不强。例如，南新园社区在深入探讨小区停车难的过程中，曾多次协调辖区社会单位开发停车资源实行错时停车，与大东海、烟草专卖局等单位进行沟通，除双龙超市、内蒙古农畜产品基地2家

单位同意将部分车位供居民夜间停车外，其他单位都不赞同。二是部分公共停车场停车位及地下停车位存在空置情形。条例第 15 条、第 16 条对闲置场所、地下空间资源规划建设停车设施做出了规定。第 18 条对确因居住小区及其周边停车设施无法满足停车需求而在居住小区周边支路及其等级以下道路设置临时居住停车区域泊位做出了规定。第 33 条明确要求任何单位和个人不得违反规划将停车设施改作他用。但还存在商业区域、医院等繁华区域的停车场供不应求，相对外围的停车场由于停车不便捷、价格高或缺乏醒目的诱导标志而泊位空置率高的情形，代表们在集中检查时就发现部分公共停车场停车率当天甚至未达到 50%。还存在部分地下停车位价格高于地上停车位而导致居民不愿停、路侧停车车满为患的情形。

（二）实施细则还不健全，统筹协调机制有待加强

1. 条例实施细则有待健全

停车条例明确要求制定 12 项配套制度规定，市级层面已出台的 8 项规定，朝阳区已经在积极落实相关要求，但相关的工作细则还需完善。市级层面关于条例实施涉及的停车信用机制实施办法、停车设施有偿向社会开放办法、停车信息服务规范、公共建筑配建停车泊位标准尚未出台，朝阳区相关工作细则也未完善。条例第 10 条规定"停车设施专项规划应当确定城市停车总体发展战略"。"区人民政府根据本市机动车停车设施专项规划，制定本行政区域的停车设施规划及年度实施计划，并组织实施。"朝阳区停车专项规划是在条例实施前编制的，需要进一步修订。停车设施年度实施计划有待完善。

2. 统筹协调机制有待加强

条例第 5 条规定"区人民政府负责统筹协调和组织实施本行政区域内停车设施规划、设置、使用及停车秩序、服务、收费的管理工作""区停车管理部门负责本行政区域内机动车停车管理的具体工作""乡镇人民政府、街道办事处负责统筹辖区内的机动车停车管理工作"。当前，朝阳区交通工作的顶层设计和统筹协调力度有待加强。交通委和街乡层面还面临停车管理人员编制缺乏、工作方式与信息化脱节等情形。部分委办局虽参加了条例宣贯大会，但对条例研究不够，贯彻落实条例还存在观望态度，积极性有待提高，各部门在新增停车泊位手续办理、停车泊位价格管理等方面应进一步加强协调配合，提高工作效率。停车设施建设任务分配考核

需进一步考虑各街乡实际停车需求与资源状况。

（三）综合管理有待加强，执法力度有待加大

停车条例第 21 条规定"经营性停车设施经营单位应当依法办理工商登记"。第 20 条对经营性停车设施经营单位应当依法办理工商登记以及备案收费等做了明确要求。第 26 条规定"任何单位和个人不得在未取得所有权和专属使用权的停车泊位上设置地桩、地锁""非电动汽车不得占用电动汽车专用泊位"。第 36 条规定"设置道路停车泊位，优先保障步行、非机动车、公共交通，保障机动车通行"。第 40 条规定"停车人应当在停车泊位或者区域内按照规定的时段停放车辆，不得妨碍其他车辆、行人通行"。当前，医院、商场、学校周边等停车秩序亟待治理，禁停区停车、重点路段违法停车、电动汽车专用泊位被非法占用、临街商户占用公共用地施划停车位以及违法占用消防通道停车、私设地桩地锁等问题依然存在；路侧停车配套所需高点视频设备缺口较大，8298 个路测停车位仅有 518 个车位安装了道路高点视频设备。路侧停车投诉咨询电话热线业务量难以适应当前路侧停车改革过程中市民实际需求；停车管理公司工作机制、服务项目有待优化；停车引导标识还不健全；2000 多条道路中，还有约 400 条未移交而不具备执法条件，导致违停管理困难；群众对无照经营停车场和未按规定对停车泊位备案的投诉量比较大，2018 年全年就有 6935 件；行人、非机动车、机动车混行现象广泛存在；居民对物业管理公司在停车管理工作方面的满意度不高；停车诱导系统、360 度违章抓拍等智能化设施有待加大应用规模。

虽然朝阳区执法量在全市排名前列，但从暗查情况看，全区车辆违停执法还存在不及时、不到位的情形，执法力度和覆盖面还不够，部分公共道路、人口疏解承接区域执法盲点较多，整治私装地锁等工作还需常抓不懈，现行处罚细则不够完善，执法权威有待增强。

（四）社会知晓度有待提升，宣传引导工作有待深入

由于朝阳区条例实施时间较晚，学法用法时间紧促，在深入宣传上力度不足，条例的社会共识度还不够高。从条例实施情况问卷调查结果看，219 份有效问卷中，123 人选择"知道有条例但不知道条例主要内容"，占问卷调查人数总量的 56.2%，41 人选择"不知道条例的存在"，占问卷调

查人数总量的18.7%。"停车入位、停车付费、违停受罚"的基本要求和"有位购车、合理用车、绿色出行"理念也未完全深入人心，交通参与者的安全守法习惯和意识有待进一步提升。例如，从交通执法部门反映的情况看，有一些群众还不能及时或者不愿缴纳违停罚款，导致朝阳区追缴停车欠费还存在一定困难。

四 进一步贯彻落实条例的建议

执法检查组认为，停车条例的实施关系到交通治理法治新秩序的建立、关系到人民切身利益。实施停车条例要始终坚持以人民为中心，依法行政、严格执法，促进综合交通体系协调、可持续发展，满足老百姓对美好宜居生活的向往。

（一）加大停车资源供给，合理调配现有资源

1. 增加车位供给

调动属地街乡在挖潜资源、建设停车设施、满足本区域停车需求方面的积极性。在对街乡建停车设施情况的考核过程中，应统筹考虑各街乡的需求与实际资源状况。合理规划小区公共空间，积极挖潜整合违建拆除后腾出空间、地下空间、绿化带资源来增加车位。协调规划专家制定统一的停车设施建设实施方案，为老旧小区新增车位建设提供指导，并为降低建设成本提供支持。依据国家《关于进一步完善城市停车场规划建设和用地政策的通知》精神，试行以容积率奖励或土地价款减免等方式，鼓励开发主体在配建标准基础上多建停车场并向社会开放。引导开发主体在大型公交场站、地铁周边规划建设立体停车设施，避免更多车辆进入主城区。新建小区、医院等配建停车泊位应充分预估群众的车辆购买力，做好交通影响评价工作，提升停车泊位建设比例。积极推广劲松在珠江帝景南侧区域利用居住区周边闲置土地建停车场的经验及来广营在立水桥地区将脏乱差区域改造成惠民停车场的经验。

2. 盘活现有资源

条例第9条规定"盘活既有停车资源，提高利用效率"。建议加强地下停车场、立体停车场、公共停车场、社会单位停车场的运营管理，通过健全价格引导机制、设置明确的停车诱导标志等举措，减少停车资源闲置

情形。加大对居住区僵尸车清拖力度，持续对私装地桩地锁行为进行整治，减少固定停车位的设置，提高居住区停车资源的利用率。充分发挥暂时不具备规划经营条件的停车场在缓解周边居民停车难问题方面的功能。在符合安全管理和基本通行条件下，在周边路段设置夜间限时停车泊位，满足居民夜间停放需求。加大社会单位停车资源和公共建筑停车资源与居住区共享力度。继续推进居住停车优惠认证工作，积极与信息化技术接轨，优化居民信息录入方式及调整方式，提升信息处理效率，缩短信息调整工作流程。挖潜整合医院、商业区及学校周边停车资源，加强管理与引导，结合停车特点，建好临时落客区，减少对周边道路通行的干扰。合理引导居民停车需求，摸清区域内车位需求底数，分清生活性停车需求和商务及事务性停车需求，分类施策，重点保障居民刚性停车需求，合理分配现有资源。加大对停车资源的动态监控力度，及时更新并掌握停车资源供需相关数据，为优化配置资源提供基础。

（二）健全工作规划与细则，强化统筹协调机制

1. 健全工作规划与细则

条例第 10 条规定"停车设施专项规划应当确定城市停车总体发展战略，分区域发展策略，统筹地上地下，合理布局停车设施，明确控制目标和建设时序"。建议依据条例内容，围绕"有偿使用、共享利用、严格执法、社会共治"的原则，制定出贯彻施行停车条例的中长期工作规划，特别是完善停车设施建设专项规划与年度规划，更有利于条例实施、更有利于解决面临的问题。市级层面已出台的 8 项规定，朝阳区需按照规定要求，进一步完善实施方案与细则。未出台的 4 项中，市级层面"停车设施有偿向社会开放办法""公共建筑配建停车泊位的标准""停车信息服务规范"已于 2019 年 9 月份出台，朝阳区应结合市级层面的规定，积极完善相关实施方案与细则，进一步盘活资源、提高利用效率，缓解路侧停车压力、保障路面通行秩序，加强停车设施动态管理和信息共享。"停车信用机制实施办法"预计 2020 年出台，朝阳区需结合市级办法，尽快构建本区停车信用奖励和联合惩戒机制实施办法。

2. 强化统筹协调机制

为了推动各单位积极落实法定责任，保障条例得以贯彻实施，建议区政府发挥好主导作用，完善经济价格调节机制、市场资源配置机制、物业

管理机制、社会自治机制等，努力发挥多种机制的叠加效应。建议加强顶层设计，强化区级统筹，促使区交通委、朝阳交通支队等责任部门协调开展工作。完善区交通委和街乡停车管理人员编制，增强部门工作合力，加强条例研究，细化工作责任，优化街乡停车设施建设任务分配及考核机制。

（三）加大综合整治力度，坚持严格执法

1. 加大综合整治力度

充分运用好"街乡吹哨、部门报到"及党员"双报到"等工作机制，发挥党建引领在停车管理方面的作用。道路停车场收费停车、免费停车、免费临时停车、禁止停车等标识应进一步健全。施划停车位应保证自行车等非机动车的正常通行，确保机动车、非机动车、行人各行其道。纵深推进路侧停车改革，加快攻关解决高位电子眼的"老花眼"和"色盲"，加快建设高点视频监控设备，进一步提高路侧停车电子收费精准度，加大逃费追缴和联合惩戒力度。优化停车管理公司工作机制，明确政府购买服务标准及项目，加大资金支付的及时性，提高停车工作人员的积极性，确保停车公司工作时段与居民实际停车时段相符合。通过扩大停车场经营项目来提升可持续运营能力，比如增加付费APP来实时监控车辆状况等项目。对路侧停车进行统一规划，对无法实行路侧电子收费的道路加强管理。加强前端管控，完善停车泊位备案与价格调节机制，以"黑停车场"台账为依据，加大对黑停车场、停车乱收费等问题的综合整治力度，减少群众投诉举报量。畅通接诉即办渠道，及时解决群众停车诉求，避免矛盾激化。以八里庄地区居民停车自治试点建设、交通安全示范社区（村）打造为依据，探索建立长效管理机制，推动交通综合整治由试点推进模式向长期有序的治理模式转变。规范未移交道路区域的停车管理，减少管理盲区。充分发挥互联网与信息技术在停车需求信息匹配、执法、收费和提高停车设施使用效率等方面的作用，优化区域交通诱导系统功能，扩大智能化实施使用规模，为条例实施提供技术保障。

2. 坚持严格执法

为增强条例实施的权威性，在社会上形成震撼，督促群众自觉遵法守法，对禁停区违停行为、占用消防通道停车的行为实施零容忍。对同一车辆、同一地点多次违停的，要纳入停车信用机制实施联合惩戒，逐步实现

停车执法全覆盖，消除停车乱象。及时取缔擅自施划的停车泊位及私自设置的侵占道路和公共场地的障碍物，及时查处机动车占道经营行为，确保道路通畅。依法对擅自更改停车设施用途和非法经营停车场行为进行查处惩治。整合现有的交通协管员和停车收费员力量，实现一人多职，加强道路巡查执法。建议将所有通车的公共道路纳入交管执法范畴，通过开展"一车位一编号"工作，减少执法盲区。规范执法行为，从老百姓利益出发，坚持具体情况具体分析，避免激发矛盾。完善处罚细则，积极推动交通执法与司法的有效衔接，强化执法保障机制。

（四）增强宣传引导力度，提高社会共识度

进一步加大普法力度，坚持谁执法谁普法、谁主管谁普法、谁服务谁普法。充分调动交通协管员、交通志愿者等人员在普法方面的积极性。扩大普法覆盖面，将普法工作覆盖党政机关、企业、居民等多种主体，增强各部门和街乡贯彻执行的自觉性，督促群众养成文明交通、文明出行、绿色出行的意识和习惯，扩大条例社会影响力。鼓励居民对违法停车、违法从事停车经营、擅自设置障碍物等行为进行举报。鼓励开展维护停车秩序等停车志愿活动。倡导、宣传有车位再购车、合理用车、绿色出行理念。

（注：本文资料、数据均为调研所得）

畅通诉求渠道　化解群众难题

朝阳区人大常委会南磨房街道工委、南磨房乡人大

摘要：21世纪的中国现代社会是一个日新月异、多元并存的综合体系，现代社会中群众的诉求表达面临着诸多方面的挑战。"12345"市民热线是政府为市民搭建的一个完全开放式的平台，因方便记忆、表达诉求不受时间及空间约束等特点，更加便于群众反映民生、表达民意，因此，"12345"市民热线已经成为创新社会治理的着力点、表达市民诉求的创新点、化解群众难题的突破点。本文从南磨房地区"12345"市民热线的基本情况入手，通过本地区基层政府的主体作用、法律法规完善情况、社区治理层次、物业管理规范、居民自治程度、政府信息公开力度、共同管理主体意识树立七个方面，分享工作经验，并针对立法保障、基层政府职责、构建多方位办理体系和基层工作难点提出建议。

关键词："12345"市民热线；基层政府主体作用；社区治理；居民自治；物业管理规范

21世纪的中国现代社会是一个日新月异、多元并存的综合体系，现代社会中群众的诉求表达面临着诸多方面的挑战。"12345"市民热线是政府为市民搭建的一个完全开放式的平台，只要在区域范围内，任何人在任何时间都可以通过拨打热线表达诉求、寻求服务。"12345"市民热线因方便记忆、表达诉求不受时间及空间约束等特点，更加便于群众反映民生、表达民意，因此，"12345"市民热线已经成为创新社会治理的着力点、表达市民诉求的创新点、化解群众难题的突破点。

一　南磨房地区"12345"市民热线的基本情况

"12345"市民热线是及时聚焦群众所反映的日常生活、工作生产中遇到的各种困难与问题的民政互动平台，作为了解社情民意、联系群众的重要纽带，激发了群众公共参与的热情。南磨房地区"12345"市民热线处理平台于2018年12月28日正式建立，办公用房面积100平方米，招聘专职坐席员7人，"七天+24小时"工作机制。2019年年初，地区办事处开通"87389999"居民热线，平均每天接件35个。2019年1月1日—12月31日，南磨房地区平台共计接收4217件，其中物业管理2166件、占比51.36%；群租房631件、占比14.97%；施工管理357件，占比8.47%；街面秩序255件，占比5.33%；违法建设135件，占比3.2%；停车管理101件，占比2.4%；公共消防71件，占比1.7%；房屋类40件，占比0.95%；噪音扰民33件，占比0.79%；人防工程21件，占比0.5%；其他437件，占比10.4%。

南磨房地区自2019年1月1日起，根据北京市规定积极部署，受理由"12345"市级平台派转的涉及市民日常和出行起居的服务咨询、修理、投诉、建议等内容的案件，设立了网格办公室负责接件、受理、派发、监督和反馈；对市民的报修、投诉、服务类要求，以"社区+责任科室"双派发模式，进行协调和处理。截至2019年12月31日，南磨房地区"12345"市民热线件响应率100%，满意率81.28%，解决率55.16%，综合三率平均百分比为73%。2019年1月1日—12月31日，南磨房地区各社区接收"12345"市民热线平台派件总数具体情况如图1所示。

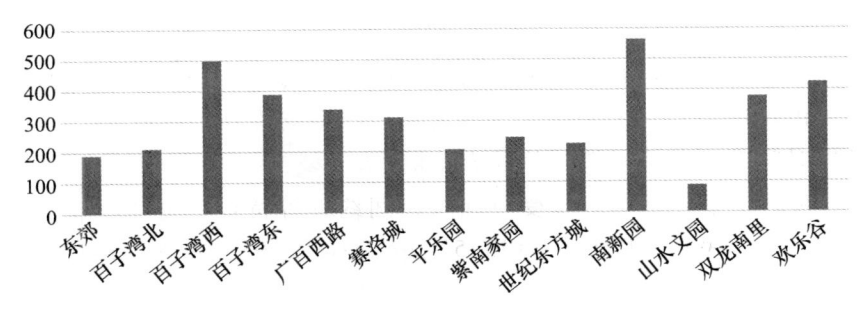

图1　南磨房地区各社区接收热线

"人民群众是历史的创造者,是推动社会发展的决定力量"这是马克思主义唯物史观的基本论点,也是"12345"市民服务热线所坚持的世界观和方法论。把"以人民为中心"作为热线服务的价值定位和功能追求,把为市民提供便捷、暖心的服务作为自己的"初心"和"使命"。因此,分析造成"12345"市民热线高投诉率的原因,继而提出降低投诉率的可行性建议和方法,创新服务方式,拓展服务范围,打造多元化社会治理平台,架起政府与市民密切联系的桥梁,使广大市民拥有极大的获得感至关重要。

二 结合本地区实际,分析造成上述问题的原因

南磨房地区(乡)存在城市化进程早、开发建设早、百姓的需求差异大等特点。辖区中老旧小区、回迁房、商品房、国企宿舍等不同类型的居住区混杂,不同区域的人员构成复杂,居民需求和关注点繁杂等情况,外加辖区区域发展和人员构成南北差异显著,造成"12345"市民服务热线投诉率呈现明显的南低北高的区域性特点。2019年内,南磨房地区"12345"市民热线主要受理的案件中"物业管理""群租房"和"施工管理"这三类投诉量之和占总量的70.00%。浅析三类高发投诉案件的原因有如下几个方面:

1. "12345"市民热线相关机制机构不健全

由于"12345"市民热线最初作为市民非紧急求助热线使用,区级层面未明确具体由哪些部门专门负责相关事宜。另外,相关的职责职能未能明确;工作方案、工作机制、派发流程等均缺乏统一的指导性、规范性文件;各级缺乏相关业务培训,目前只能依据自身辖区特点,设立临时机构并聘用临时工作人员负责,而在社区层面由于未设立专职人员均由社区工作者兼职负责。

2. 高发投诉件涉及的法律法规不透明甚至缺乏

现行的《北京市地方标准——住宅物业服务标准》和《物业管理条例》中对于物业公司分级、物业公司主体责任、各级物业公司服务标准和水平进行了明确规定,但是业主和大部分物业服务的使用人对此并不了解;继而造成了对于业主所接受服务的物业公司分级不明确,物业公司提供的物业服务水平与业主期望值不匹配等情况。另外,在位于投诉量第二

位的涉及"群租房"的相关案件中,现拆除群租房的法律依据有《商品房租赁管理办法》《北京市房屋租赁管理若干规定(节选)》《关于公布本市出租房屋人均居住面积标准等有关问题的通知》等办法通知(详见北京市司法局房屋租赁相关法律法规手册2014年),并无明确法律依据。由北京市公安局、市规委等6部门联合下发的《关于进一步规范出租房屋管理的通知》对群租房有严格界定,如人均居住面积低于5平方米;每个房间居住超2人(有法定关系除外);改变房屋结构分割出租、按床位出租;厨房、阳台卫生间、地下储藏室住人;也明确建设(房屋)部门对群租房出租人和违规中介有处罚权(对出租人可罚5000—3万元,对违规中介可罚3万—10万元),但是相关法律法规中并未规定如何进行处罚,黑心中介和贪心业主无所顾忌、有恃无恐,就给群租房治理带来难度。另外,小区内居民养鸽子造成的侵占绿地、私搭违建现象,由于影响了居民的正常生活,成为反复性"12345"市民热线投诉件。这些问题由于涉及的相关法律法规不完善,无法明确应由哪个部门进行处罚,目前只能通过社区进行调解,使得问题依旧反复出现、投诉率不降,地区(乡)、社区在处理过程中感到力不从心。

3. 业主委员会未起到作用

南磨房地区常住人口15万余人,常住人口户数56014户,人口数127567人;人户同在户数23438户,空挂户29463户;流动人口3.60万人;少数民族人口3146人。辖区内现有社区13个,小区79个,物业公司48家;原有业主委员会4家,均已解散,现有2家正在申请。2018年3月19日实施的《物业管理条例》中,对于业主与业主大会进行明确的规定。业主委员会是一个代表全体业主物业管理权益的法定组织,是居民民主参与的主阵地、主渠道,由全体业主民主选举产生。业主委员会有权执行业主大会的决定事项,报告物业管理的实施情况,及时了解业主、物业使用人的意见和建议,监督和协助物业服务企业履行物业服务合同,做好物业公司和业主之间的纽带桥梁。目前,南磨房地区各社区均没有成立业主委员会。现行的《物业管理条例》第十条中规定"同一个物业管理区域内的业主,应当在物业所在地的区、县人民政府房地产行政主管部门或者街道办事处、乡镇人民政府的指导下成立业主大会,并选举产生业主委员会"。根据调研,由于相关条例条款的限制造成了业主委员会成立门槛较高,开发商及物业公司的刻意阻挠造成了业主委员会成立的困难重重。另外,南磨房地区南新园社区松榆花园小区原计划成立业主委员会，后由于选举投票未过半数遂未成立。

4. 缺乏规范化管理和监督主体

在区级层面上，目前尚未成立专门机构，也没有出台监督和评估政策，无法对物业公司管理进行规范化的测评和有效的监督及退出机制；在乡级层面上，目前负责物业公司管理的专门科室未设立，暂由城建科管理，在管理监督过程中，科室的工作人员并不拥有执法权，在发现问题后的处理方向和途径非常模糊，使得工作进展困难重重。另外，通过前期调研座谈，南磨房地区物业公司总计48家，其中一级物业公司18家，二级物业公司11家，三级物业公司14家，未分级物业公司5家。在调研过程中，根据业主反映个别物业公司将政府公告的普通地下室治理决定书当面撕掉，对多层楼门禁管理不负责，相互推诿且管理不规范，安保力量不足，在垃圾清运时与绿化保洁公司推诿导致垃圾桶周边环境卫生管理差，游商、贴小广告现象严重，院内物业管辖楼宇间部分设施维修上扯皮等问题。虽然《北京市地方标准——住宅物业服务标准》中对于物业公司分级以及分级服务标准进行了明确的界定划分和阐述，但是由于缺乏业主委员会、物业管理退出机制和相关法定机构进行物业服务标准的评估和监督，业主与物业公司的矛盾日益加深。

5. 缺乏相关法律依据进行问题的处理落实

在群租房问题中，地区（乡）、社区地位尴尬，地区（乡）没有处罚权，只负责拆除，而拆除成本高昂，保安维护秩序、组建拆违队伍、找开锁公司（群租房中介告知租户根本就不开门），拆除一套群租房成本要1000余元，而中介单位几百元即可恢复，给群租房停电（无法律依据），中介或租户联系供电局即可恢复，物业基于不愿与业主关系搞僵及物业管理缺位等原因，监督群租房不力，而居民反复举报最终不能解决问题而迁怒于政府、物业、社区，如此往复、恶性循环。此外，拆除隔断群租房的过程中还极易发生租户物品丢失现象并引发纠纷。总之，隔断群租房受益的是房主和中介，受损害的是无辜居民，地区（乡）、派出所警务站、社区夹在当中，力不从心、受累挨骂。

6. 反映问题不属实或恶意投诉

通过对地区"12345"市民热线平台1—12月的4217件投诉类型进行分析，其中264件、占比14.92%的投诉件属于问题不属实或者恶意投诉现象。由于"12345"市民热线在转接到基层平台进行相应处理前并未对投诉案件进行核实和分类，遂部分群众利用此点作为发泄私人不满的平台，继而给基层工作人员造成了大量的筛选核实的工作量。例如，辖区某小区内的C女士，反复投诉底商经营扰民的问题。经社区工作者、物业工作人员多次入户，均未听到明显噪音，并且该楼内其他居民表示不存在扰民问题，经过核实该投诉属于恶意投诉；此外，某小区L先生反复拨打"12345"市民热线投诉，希望政府驱赶小区内的所有鸟类，经过核实该市民诉求后发现此投诉属于不合理诉求。

三 主要工作做法

（一）基层政府发挥主体作用，优化平台机制，增加前端吸附

政府部门要搭建平台，组建相关科室，明确专门负责的工作人员，并对其职责职能进行规范。南磨房地区办事处针对"如何降低'12345'市民服务热线投诉率"召开乡政府座谈会，重新定位政府角色与功能，进一步优化平台制度，成立物业联盟组织督促物业公司处理难点问题、避免正面冲突。建立南磨房地区市民投诉热线"87389999"，增加宣传力度，吸附辖区问题到地区。针对特殊高发投诉的案件，制定个性化处理方案。在地区层面，加大包片领导、包片科长对所对应社区的高发案件的关注度、协调度、解决度和监督度。在社区层面，南磨房地区南新园社区成立了由社区工作人员、社区民警、物业、社会单位、志愿服务队伍、楼门长、在职党员等人组成的接诉即办应急小组。采取了"6+1"工作法，其中"6"是规范接诉即办六步骤程序，即是接件、核实、交办、跟踪、回复、存档；"1"是"多对一"针对居民反映的难点及热点问题进行深入了解和剖析，以便快速精准解决居民诉求。"一"可以是重复投诉的同一位居民，也可以是多数居民投诉的同一件事。应急小组会根据投诉问题派出至少两人进行"多对一"的了解和跟踪，直到问题得到解决。

（二）推进相关法律法规落实力度，建立相应机构发挥监督作用

通过政府和相关职能科室的通力合作，主动介入到群众投诉的问题中来，充分运用各种资源，逐步实现监督指导，督促各项问题在法律框架中有据可依。南磨房地区为推动辖区内物业管理行业健康发展，加强物业服务企业的监督与管理，规范物业服务企业经营行为，建设和谐社区，依据

《物业管理条例》《北京市物业管理办法》、朝阳区《关于加强业主大会业主委员会建设的意见》和《物业服务企业监督管理暂行办法》等相关法律法规，结合地区实际，特制定《南磨房地区物业服务企业监督管理联席会议制度》。以落实新时代街道工作会议精神为指引，按照朝阳区打造"法治物业、品牌物业、智慧物业"的总体思路，积极贯彻朝阳区委、区政府关于物业管理的相关法规为指导，构建"政府引导、社区推进、部门协同、社会参与"的物业管理格局，坚持遵循"主体责任、层级负责、分类指导、属地管理、社会协同、群众参与"六项原则，以打造"平安磨房、干净磨房、智慧磨房、欢乐磨房"建设，实现"两升一降"工作目标，即小区物业管理规范化程度、群众满意度明显提升，小区物业管理矛盾发生率明显降低，形成各方齐抓共管、合作治理的管理格局，不断扩大物业服务企业党的组织覆盖和工作覆盖，沟通交流、结对共建，全面推动地区物业管理向规范化、社会化、精细化发展。

（三）提升社区引领水平，畅通诉求通道，推动社区治理层次

南磨房地区欢乐谷社区采用五管齐下，疏通渠道：发放"民情联系卡"、张贴"亲民公示栏"到各单元门，公布于社区公众号，打通反映诉求多渠道。将"楼情日志"实时更新，用不同颜色在楼门平面图中将常住户、出租户、楼门长、党员、高龄老人、弱势群体、养犬家庭等信息醒目标注，多方面充实、立体台账。将反映问题记录成册，及时统计成"居民诉求晴雨表"，分析研判，形成"民情日志"，真正做到民有所呼，我有所应。

（四）规范社区物业管理，提升社会治理水平

随着市场经济的发展和完善，传统的国有社区物业管理模式已经日益显现出其固有的种种弊病。转换体制机制已成必然，物业管理向市场化、社会化、专业化转变，是时代赋予其在新的历史条件下的使命。物业管理模式由生产保障型向家居服务型的转变，既可以主动适应当前市场经济环境和竞争的需要，又能够更好地满足广大业主的生活需求，为社区的群众提供更为优质的人居环境。南磨房地区办事处于2019年6月成立"物业联盟"，要求物业人建立共享思维，以谋求与业主的合作共赢为宗旨，以共享和谐、价值为物业管理的目标，规范企业行为，维护行业整体利益，保护业主合法权益，促进行业持续健康发展，搭建企业与政府间沟通渠

道。在物业管理的实践中，围绕"物业与业主命运共同体"的理念动脑筋、想办法、做实事。善于动员和发挥小区中持有正能量的业主和物业使用人资源，使得小区中的正能量拧成一股绳，营造和谐社区的氛围，共同梳理家园意识，形成共同缔造行动。南磨房地区平乐园社区为提升辖区市民热线"12345"群众诉求办理水平，建立资源共享的党建模式，使得社区与物业发挥各自优势，集中力量，齐心协力开展工作，发现问题及时上报、解决、深入分析问题根源，从源头彻底解决群众诉求，做到工作落地有声音，通过解决居民身边的实际问题，增强联盟成员间联系的紧密度，形成"未诉先办"工作法，化被动响应为主动出击，做实做好为民办实事的生动实践。

（五）加强居民自治能力，深化"命运共同体"观念

人民城市人民管。要促进社会和谐，就必须激发全体市民参与治理的积极性。认识到社会和人是辩证统一体的两面，才能在活动的机制里互相起作用。通过对政府工作人员、社区工作者、优秀党员等的积极宣传、引领和榜样事例分享，激发地区居民热爱、关心、关注南磨房地区的城市建设与发展的积极性，增强人民群众参政议政的意识，发挥业主委员会监督物业的作用。南磨房地区世纪东方城社区根据自身实际情况，以提升社区自治能力为方向，以创建和谐社区为目标，通过狠抓服务效能，把为居民办实事办好事作为工作重点，推进社区共建共治共享。通过构建"一核多元共治"体系，组建"YI嘉园"工作组织的总体工作思路，进一步强化社区党组织的核心地位，优化社区居委会和社区服务站职能，发挥辖区单位参与社区治理作用，使社区治理主体的职能发挥与力量整合实现最优化；通过主动"访"的"丈量工作法"模式，走到楼院中、走到居民家中，了解居民情况。建立楼群掌上议事厅，市民热线专班群成员加入楼群中，对居民关心的问题及时回应，再由每个楼门推举热心、充满正能量的楼门长，楼门长既是社区与群众联系的桥梁和纽带，又是居民自治的引导者，使居民自治的理念逐步深入到广大群众的心中，社区活力得以激发，实现了从"单一行政管理"向"多方协商治理"的转变；社区居委会由政府主导转变为以居民实际需求为导向，注重供需对接，服务效能得到较大提升，与社区居民的关系更加融洽，大大增强了与居民之间的紧密度，从而形成人人参与、天天参与的主人翁格局。

四 工作建议

（一）完善立法保障，推进长效运行

从目前的情况看，我国还未出台专门针对以政府热线标准化推动整体性政府建设的国家层面的法律文件，各地主要依靠地方出台条例或规章等制度标准化地具体实施，立法上的缺失导致政策的执行力度不强，政策考核缺乏可靠依据，从而为政策变形提供了可乘之机。建议未来应加快以下几方面的法规、政策制定：一是以构建整体性政府为目标，建立健全标准化建设总纲性的法律文件；二是加强对标准化执行和监测等方面的立法工作，重点明确业务受理后转办、承办、督办、协办等环节各部门的权责体系划分，以及配套的考核、奖惩制度建设；三是对于整体性政府建设中社会组织、公民、媒体等多方利益相关者参与社会治理决策标准提供法律依据等。

（二）加强顶层设计，构建多元全方位办理体系

建议地区办事处（乡政府）层面高度重视并成立由全职、专业工作人员组成的市民热线办公站，下设办公分组来分别负责行政综合、督查督办和调研宣传工作。构建起上下贯通、互联互动的多元全方位办理体系，形成无缝隙覆盖的热线标准化网络。标准化组织体系的建立与完善为推行上令下达、汇集民意、反映市民呼声、明确部门权限提供了基本的组织保障，共同形成一个良性的循环系统。建议社区层面进行系统化引领，强化骨干队伍，建立志愿者队伍。组织分期分批培训，举办讲座，利用知识竞赛、考核评比、表彰奖励等多种措施，提升辖区整体的思想道德素质、社区工作者业务能力，推动社区治理水平的整体规范性、实践操作性和与超前技术性。

（三）规范基层政府职责，优化业务流程，鼓励市民参与

建议清晰界定政府间、基层政府与社会间在公共服务提供上的权责界限，既要保证政府的"有限性"，又要发挥政府在公共服务宏观规划方面的顶层设计与推动作用，即要通过标准化为政府间合作提供依据和便利；按照权责界限和公众需求属性两个维度重新优化服务流程，优化投诉、受理、转办、协办、回访、办结、归档等流程，促使政策领域中不同利益主

体团结合作，为市民提供无缝隙而非分离的服务。

（四）针对基层工作的难点，及时沟通反馈

建议通过各级调研工作，及时收集处理"12345"市民热线工作在实际操作中的建议意见，对基层工作中出现的难点问题及时调研、沟通和反馈。针对群租房等难点问题的投诉件，建议各级相关部门通过充分沟通，明确各自主体责任，加大执法力度及约束性管理，将屡次涉及群租房问题的"业主、黑中介和租客"加入失信人名单，从而制约业主、黑中介和租客三方。

（五）加大法律法规的宣传力度，增强政府信息公开化

建议利用多种渠道、多元化方式对相关法律法规和基层政府在进行的为民工程等进行宣传，增加群众对相关法律法规的了解和信息及工程的知情程度，减少因信息不透明或者延迟而造成群众反复拨打投诉热线。

五 结语

自1983年以来，"12345"市民热线取得了突飞猛进的发展，成了北京市政府推动整体治理、建设服务型政府的重要平台，整体治理格局已经初步成型，北京市政府服务能力得到了大幅度的提升。

在社会经济不断发展、社会管理日渐复杂、民众需求逐步多元化的21世纪，"12345"市民热线时刻面临着新的要求和挑战，只有向前一步、主动作为、不断完善、整体把握，强化市民热线的公共服务职能，提高市民热线的服务质量和水平，才能真正达到关注民声、改善民生、解决民忧的目的，并为健全社区管理体制、打造服务型政府增添新的活力。

南磨房地区以"12345"市民热线为突破口，要积极依靠政策优势，善于学习国内外的成功经验，勇于接受新兴事物，依据便民服务热线的功能特征，遵循基本原则，切实发挥实际效益，从中发现并改进自身发展所存在的不足，满足群众的需求，做到取信于民，为群众服务，努力塑造城市特色氛围，推进现代化城市建设。有效地畅通诉求通道，及时地解决群众难题。

都市型乡村振兴篇

2011—2019 年顺义区农地经营权流转市场状况及对策研究[*]

邓思宇　向小倩　郭若男　张远索[**]

摘要：随着农村土地制度的深化改革，农地经营权流转逐渐放活，如何提高农地资源的市场配置效率、解放和发展农村土地生产力是农村经济发展的关键。本文基于土流网 2011—2019 年顺义区农业用地流转市场信息数据，利用统计分析法、GIS 可视化分析顺义区农地流转市场状况，从土地信息发布时间、土地用途、流转面积、流转年限、流转方式和土地地点 6 方面进行阐述，在此基础上研究顺义区在八年间的农地流转市场状况，发现顺义区流转市场体系有待完善，市场信息渠道有待加强、流转年限过长及农民对土地的感情和期望会阻碍农地流转等问题，进而提出要完善市场服务体系，加强流转政策和平台的宣传、规范市场秩序，建立分级管理，设计合理有序的流转路径、鼓励多形式流转，健全农村社保体系等相关政策建议。

关键词：农业用地；经营权流转；市场状况

引 言

随着习近平总书记在 2014 年中央深改组第五次会议上明确要求推行农地"三权分置"，农地经营权流转逐渐放活。2016 年农业部发布《农

---

[*] 基金项目：北京市属高校高水平教师队伍建设支持计划项目（编号：CIT&TCD20180326）

[**] 邓思宇、向小倩、郭若男，北京联合大学应用文理学院硕士研究生，研究方向为文化遗产区域保护、土地制度政策；本文通讯作者张远索，北京联合大学应用文理学院教授，研究方向为土地制度政策，房地产市场分析。

村土地经营权流转交易市场运行规范》，对于参与农地经营权流转的主体具有一定的指导意义。农地问题一直是当今社会关注的重点，是农业发展的基础。在此背景下，研究农地经营权流转市场状况显得尤为重要，市场数据的背后反映着流转市场环境的不健康状况，只有真正了解市场需求与流转的动力机制才能更好地提高农地资源的市场配置效率，解放和发展农村土地生产力。学者徐旭等人从农民、村集体、各级政府和工商业主多角度研究推动农地流转的动因，只有在工商业者的拉力与农民、村集体和政府的推力共同作用下才能使农地流转发展得更加成熟[1]；徐章星等人通过双变量 Probit 模型研究工商资本下乡对农地流转的影响，认为资本下乡提供的机耕服务加快农地转入，减少农地转出[2]。农地流转的推动力源于市场需求，在市场交易过程中缺乏规范流转程序与市场管理，挫伤农地流转的积极性。一部分学者致力于研究推动农地流转的保障措施，有学者从转出方视角提出为保证农民权益不受侵害，应引入中介机构，创新土地管理机制，如土地托管组织，规范农村土地流转过程[3]。还有学者提出要完善利益保障机制，在培育中介组织时要强调市场化，避免与政府利益相连，真正做到农地经营权流转市场的公开透明，促进市场环境健康发展。[4] 张文婷认为要加强宣传管控，层层分级设立市场管理，保证流转的有序进行。[5]

有鉴于此，本文选取顺义区作为研究区域，从土流网中获取顺义区2011—2019 年农业用地流转市场相关数据，分析顺义区农地流转市场状况，发现其存在的问题，针对这些问题，提出相应的建议。为其他地区农地经营权合理流转提供借鉴，也为相关部门出台后续政策提供参考。

---

[1] 徐旭、蒋文华、应风其：《我国农村土地流转的动因分析》，《管理世界》2002 年第 9 期。
[2] 徐章星、张兵、尹鸿飞、王善高：《工商资本下乡促进了农地流转吗？——来自 CLDS 的经验证据》，《农业现代化研究》2020 年第 1 期。
[3] 衡霞、程世云：《农地流转中的农民权益保障研究——以土地托管组织为例》，《农村经济》2014 年第 2 期。
[4] 刘文泽、王凯汐、郭若男、向小倩：《国外农地流转对中国农地经营权合理流转的启示——来自日本、越南、俄罗斯的经验》，《世界农业》2018 年第 11 期。
[5] 张文婷：《促进土地承包经营权依法流转——以北京市顺义区为例》，《中共山西省委党校报》2015 年第 4 期。

一 研究区域与数据方法

（一）研究区域

顺义区，隶属于北京市，位于北京市东北方向，是北京郊区的平原地区，农业发达，是第一批国家农业可持续发展试验示范区和全国农民合作社质量提升整县推进试点单位。

20世纪80年代是农地流转的试验阶段，北京市顺义区作为北京的郊区被选为试点单位。随后，顺义区积极响应国家在农地流转方面的号召，2003年，率先贯彻落实《中华人民共和国农村土地承包法》的实施，全面启动了完善农村土地承包经营权确权和规范土地承包经营权流转工作，至2004年6月成为北京市较早完成落实农村土地承包经营权、规范农村土地承包经营权流转工作的区县。

（二）数据来源和研究方法

数据来源于土流网（https://www.tuliu.com/），限定地区为顺义，时间范围为2011年1月1日—2019年1月1日8年间所有农业用地流转交易信息，其中包括土地用途、土地信息发布时间、土地流转面积、土地流转方式、土地流转年限等6方面，总计有507宗农业用地信息数据。

本文通过文献调查、SPSS数据统计分析及GIS数据可视化等方法进行研究，利用土流网中2011—2019年8年间的农业用地交易信息数据，对顺义区农地经营权流转市场状况进行分析，通过数据分析阐述农地流转面积、流转年限、流转方式等农地流转市场特征状况。

二 顺义区农地经营权流转市场状况

（一）土地信息发布时间交易状况

研究顺义区2011—2019年的农地信息发布时间数据可知，顺义区在这8年间的农地信息的发布数量总体波动较大，近年来呈现出快速增长态势，其中2015年与2019年发布的农地信息数量较多，分别为139宗（2015年）和176宗（2019年）；2012年、2014年和2017年顺义区农地市场信息发布较少，仅有11宗（2012年）、17宗（2014年）和15宗

农地信息发布时间交易图

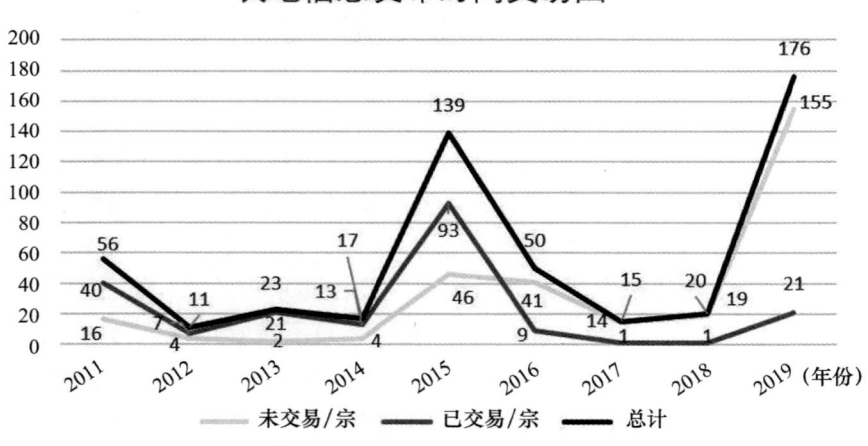

图 1　农地信息发布图

（2017 年）。2014 年 10 月，国务院办公厅印发《关于引导农村土地经营权有序流转发展农业适度规模经营的意见》，这一政策的颁布推动农地信息发布数量增长，使 2015 年成为这 8 年间农地信息发布数量较高的一年；2017 年 10 月份，党的十九大提出土地承包延期 30 年和首次提出实施乡村振兴战略，农地流转市场信息发布数量有所增长；随后 2018 年中央一号文件（"乡村振兴战略实施意见"）的出台和习近平总书记曾在 2018 第一季度 4 次对乡村振兴战略作为重要批示，在这一政策的推动和习近平总书记的指示下，农地信息发布数量出现激增状况，达到 2011—2019 年这 8 年间农地信息发布量的最高点。

从顺义区土地交易状况方面看，已成功交易 206 宗农地，还有 301 宗农地处于流转过程中，未完成交易，农地交易率约为 40.6%。其中 2011 年和 2015 年交易数量相对较高，年交易量分别为 40 宗（2011 年）和 93 宗（2015 年）。2011—2015 年已交易农地数量均高于未交易农地数量，从经济学角度分析，这 4 年间农地流转交易市场属于卖方市场；2015—2019 年这 4 年间农地未交易数量高于农地已交易数量，属于流转市场中的买方市场。

（二）土地用途交易状况

分析顺义区 2011—2019 年的农地用途数据可知，农地流转市场上的

农地用途交易图

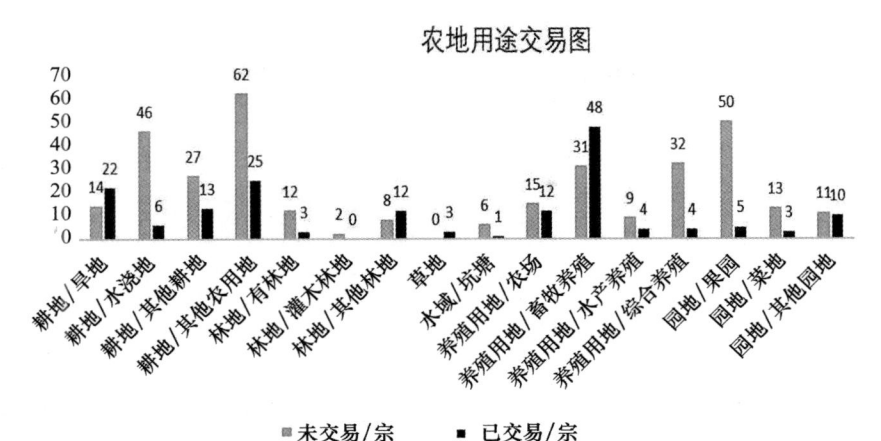

图 2 农地用途交易图

土地类型呈多元化趋势，土地用途主要可分为耕地、林地、水域、草地、养殖用地与园地 5 大类型。其中耕地（215 宗）流转信息最多，其次信息发布数量依次为养殖用地（155 宗）、园地（92 宗）、林地（37 宗）、水域（7 宗）和草地（3 宗）。

单看农地用途的信息发布量中，耕地中的其他农用地（87 宗）信息数量最多，旱地（36 宗）最少；林地中其他林地（20 宗）信息数量最多，灌木林地（2 宗）最少；养殖用地中畜牧养殖用地（79 宗）信息数量最多，水产养殖用地（13 宗）最少；园地中果园（55 宗）信息数量最多，菜园（16 宗）最少。

从顺义区宗地交易状况方面看，养殖用地和耕地的流转较多，水域和草地的流转较少，其中养殖用地中的畜牧养殖用地和耕地中的水浇地比较受流转市场的欢迎，值得关注的是，耕地中的其他农用地与园地中的果园用地未交易数量较多，说明这两类土地的流转相比于同类土地中其他用途土地的流转速度存在滞后状况。

（三）土地地点交易状况

研究土流网中顺义区农业用地的土地位置信息数据可知（见表 1），从 2011—2019 年这 8 年间，共有 507 宗土地在农地流转市场中进行交易。

表1　　　　　　　　　　　　土地地点交易

土地地点	未交易	已交易	总计
大孙各庄镇	2	3	5
南法信地区（后沙峪）	0	3	3
北务镇	1	1	2
北石槽镇	1	5	6
天竺地区	0	3	3
牛栏山地区	2	5	7
李遂镇	2	2	4
北小营镇	5	6	11
南彩镇	1	5	6
木林镇	7	7	14
杨镇	6	12	18
李桥镇	2	1	3
高丽营镇	0	4	4
张镇	3	2	5
顺义*	269	147	416
总计	301	206	507

注：＊代表土地信息为顺义行政区内，但未标注具体地点

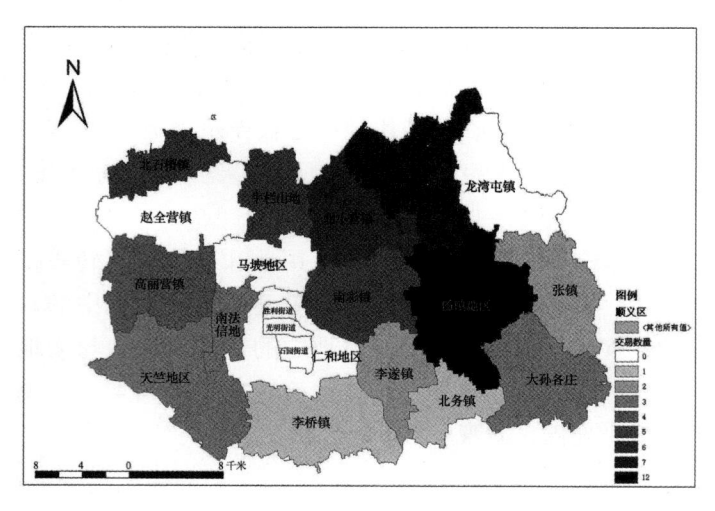

图3　部分已交易农地分布图

＊由于土流网中获取信息存在局限性，即部分农地的具体位置信息尚未公开，属于私密信息，所以在信息采集中存在障碍，表1信息中的顺义＊代表相对应的土流网信息中未获得具体的农地位置，统一标识为顺义＊，共有416宗地没有具体位置。

情况说明：在图 3 中存在没有农地流转交易量的镇级地区，在这七个农地交易量为 0 的镇，分两种情况阐述为何农地流转交易量为 0 的状况。其一，如赵全营镇、马坡镇、龙湾屯镇和仁和地区（镇），其真实情况是由于未在土流网中获取到相关的位置信息，并不代表这四个镇不存在农地流转的土地；其二，光明街道、石园街道和胜利街道由于在顺义区中心，均以住宅、商业用地、公共医疗用地等土地资源为主，不存在农业用地性质的土地。

根据已有的位置信息可知杨镇、木林镇、北小营镇这三个镇的农地信息数量较多，分别为 18 宗、14 宗和 11 宗农地在流转市场中进行交易，其中杨镇的农地交易为 67%，有 12 宗土地已经完成流转交易，交易的成功率较高。

（四）土地流转面积交易状况

2011—2019 年，顺义区的农地流转交易以小地块为主，有 365 宗小地块进入农地流转市场；中小地块（即 51—100 亩之间）的地块数量虽少于小地块，但相比于其他大地块、超大地块等 200 亩以上 1000 亩以下的地块数量还是较多的。在土流网数据中，出现 8 宗巨大地块，分别有 2 宗面积为 2×10^3 亩的地块、2 宗面积为 4×10^3 亩的地块和 1 宗 3×10^4 亩的地块至今未交易，还在流转市场中等待流转，在这 8 年间，巨大宗地块的交易量只有 2 宗土地，5000 亩和 30000 亩的地块各成交 1 宗。

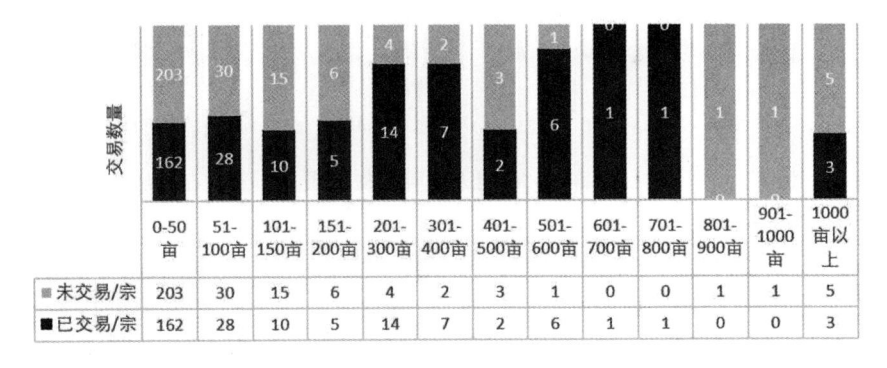

交易数量	0-50亩	51-100亩	101-150亩	151-200亩	201-300亩	301-400亩	401-500亩	501-600亩	601-700亩	701-800亩	801-900亩	901-1000亩	1000亩以上
未交易/宗	203	30	15	6	4	2	3	1	0	0	1	1	5
已交易/宗	162	28	10	5	14	7	2	6	1	1	0	0	3

图 4　农地流转面积交易图

小地块（0—50 亩）在流转市场中相对其他类型地块流通快、成交率高，成交量约占小地块流转市场中的 44%，主要原因在于：（1）国家在不断地引导土地流转市场规范化、有序化和合理化，提倡"适度规模经营"理念；（2）土地流转市场逐渐走向成熟，相对容易交易的大宗土地（如 1000 亩以上地块、500—1000 亩地块等）逐渐被市场消化，部分农地流入方为实现规模经营更愿意接受较大地块进行经营，从而大宗土地进入市场的数量占比下降，一些过去交易成本高、交易难度大的零碎土地开始寻求更便捷、更快的网络交易市场。

（五）土地流转年限交易状况

分析顺义区 2011—2019 年的农地流转年限数据可知，在 507 宗土地中，有 235 宗土地流转年限在 11—20 年间，农地数量占农地总量中的 46%；流转年限在 0—10 年间的土地共 146 宗，位居第二；随后依次是 21—30 年、31—40 年、41—50 年、50 年以上，综上所述可见，流转市场中的土地流转更倾向于相对短期流转。

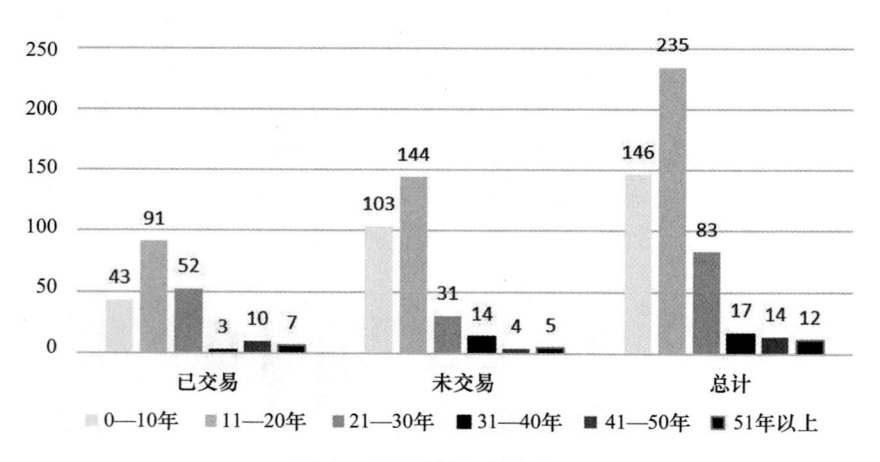

图 5　农地流转年限交易图

从顺义区宗地交易状况方面看，在已交易土地中，流转年限在 11—20 年间的土地成交量最多，其次是流转年限在 21—30 年间的土地；在未交易土地中，流转年限在 11—20 年间的土地量最多，流转年限在 41—50 年的土地最少。

（六）土地流转方式交易状况

研究顺义区 2011—2019 年的农地流转方式数据可知，在表 1 土地流转方式交易表中的507宗土地中，出租与转让这两种传统的流转方式仍然占据了绝大部分比例，分别有320宗和137宗，占63%和27%，而合作等现代化的模式，现在在农村的推广和被接受程度还不高，但随着土地流转市场的规范化、有序化和合理化，各类土地流转方式也会逐步普及、增多。

表2　　　　　　　　　土地流转方式交易表　　　　　　　　（单位：宗）

土地流转方式	未交易	已交易	总计
出租	153	167	320
合作	12	5	17
转包	25	8	33
转让	111	26	137
总计	301	206	507

来源：DSY收集土流网数据自制

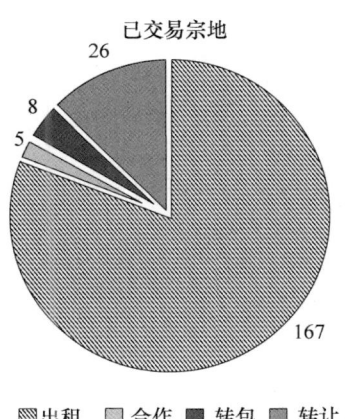

图5　农地流转方式交易图

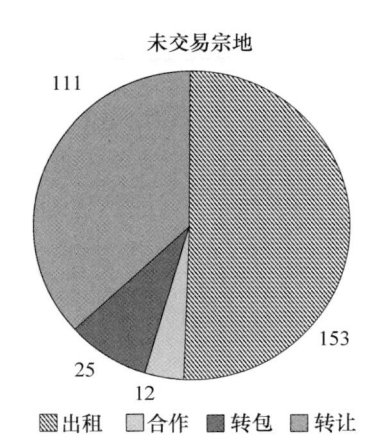

从顺义区宗地交易状况方面看，如图5所示，在已交易宗地中，以出租方式完成流转交易的宗地数量高达167宗，占总交易宗地中81%，有6宗土地以转让方式完成流转交易，有8宗土地和6宗土地以转包和合作方式完成流转交易；在未交易宗地中，仍以出租方式流转的土地居多，转让方式的土地次之，最后是转包和合作方式。

三 顺义区农地经营权流转市场状况存在的问题

（一）农地流转市场体系建立有待完善，流转信息难入市场

2007年"顺义区土地流转信息网"作为全区首个土地流转信息平台开通，正式成为顺义区官方认证的流转信息平台。从数据信息中得知，2011—2019年这8年间登录在册的流转信息仅507条，平均每年60余条流转信息进入市场。而顺义区下辖6个街道、7个地区、12个镇，除街道外，下辖地区与镇均存在农业用地。流转信息平台渠道的搭建使顺义区的土地流转市场稍显活跃，但由于在平台使用与服务过程中的生疏，导致仅有少数土地信息进入流转市场平台。

通过了解个别村镇状况得知，村集体农用地存在撂荒现象，农地利用效率低。随着时代的发展，从事农业生产活动的人员比例逐渐下降。农业用地作为集体土地，仅有少数人有流转意识，多数流转工作由村委会人员通过召开村民委员会进行商议，使本村的闲置农用地进入流转市场。所以，在农村的土地流转工作中，村书记等人的工作态度与能力对于推动农地流转信息进入市场起着至关重要的作用。

（二）流转行为未成规范程序，流转形式单一，流转年限较长，损伤农民权益

研究数据表明，顺义区农地流转交易市场中土地的流转方式以出租为主，转让为辅，且流转年限较长，主要集中在10—20年。宗地信息进入流转市场平台较少，导致大部分土地存在私下流转情况，没有系统正规地完成土地流转交易程序，农户的利益难以得到保障。农村中的土地流转多以口头协定为主，在流转过程中容易产生经济纠纷；此外，随着社会经济的发展，人们的流转意识有所提高，注重纸张合同的签订，但在流转合同中存在未确定价格增长机制，10年、20年的长时间流转在一定程度上损害农民利益，若单方面中途解约，还有可能面临村集体支付高额违约金状况，只能继续流转。且流转方式单一，造成部分人员失业，农村劳动力剩余现象。

(三) 农民对土地的感情与意识阻碍农地流转行为

1. 传统观念的守旧思想仍然存在

农村人口大多以种地为生,作为农民对土地产生"种地就是我收入的最后保障""做了一辈子农民,没有其他手艺傍身"等传统思想使农民更倾向于储备农地而不是流转。农地为村集体土地,农地流转需要经过村民同意,加之农村土地的细碎化现象,导致农地流转较难。

2. 对农地存在较高的期望值,理想与现实差距较大,阻碍农地流转

农民对农地的期望值较高,一是因为土地存在增值现象,如果农民内心的期望值与实际流转过程中的价格差距较大时,农民的流转意愿不高;二是农民的生活保障问题,如果农地流转价格未达到农民内心的期望值时,农民更愿意通过自身经营农地获取稳定的可支配收入来保证生活,而不愿意将土地流转出去,这一原因也阻碍了农地流转行为。

四 顺义区农地经营权流转状况对策建议

(一) 完善流转市场服务体系,加强农地流转政策与渠道的宣传

目前,顺义区大部分地区、村镇级流转市场体系与平台的建立尚不成熟。顺义区的土地流转市场信息网作为官方认证平台,要通过增加村镇、地区平台功能健全流转市场体系。通过分级建设流转市场平台,加强村镇级流转平台的宣传与使用,使土地流转信息更快进入流转市场,完善流转信息平台,加快土地流转。

加强对流转体系的管理与对流转平台的监督。定期对相关负责人员进行政策解读,鼓励村镇干部进行学习后传达流转思想与流转政策,加强农民对流转的认可程度,加速农地流转,为农村创造更高的经济价值,同时保护好农民利益。

(二) 规范农地流转的市场秩序,设计合理有序的流转路径

引入类似土地托管组织一样的中介机构,对村镇地区间的土地进行管理,同时村委会和镇政府等部门做好监督。要建立一套以"提出申请—进场交易—签订合同—配套服务"的市场秩序体系,保证流转市场的规范化、合理化和有序化。每个流程有专人负责,形成一条龙式服务,保证土

地在流转过程中完成登记备案等工作，按要求签订纸质合同，严格审查合同的合理性，健全长期流转的价格增长机制，高质量专业化地完成农地流转的交易，确保每宗土地流转的合法性，保障流出方的合法权益。

（三）鼓励多种形式的流转方式，健全农村社会保障体系

鼓励多种模式的农地流转，加强合作制，探索"农户＋企业""农户＋经济组织"等多种合作制，探索土地金融模式，农民作为土地的经营者也是服务者，个人或经济组织既可以增加收入，又能保证土地的有效利用，逐渐实现土地规模化经营、市场化转型与专业化发展；健全农村社会保障体系，保障农民的生活，保障农民的福利待遇，解决农民对土地流转的后顾之忧。探索新模式的合作制与农民生活保障的提高是加快农地流转的有效途径。

北京农宅利用管理实践研究

季 虹 赵雪婷[*]

摘要： 本课题梳理了京郊各区的农宅利用管理经验，旨在通过对京郊农宅利用管理实践中的经验、问题进行案例分析和总结，为北京市出台农宅利用、管理等相关规范性政策文件作支撑，并探索形成科学的农宅利用管理制度体系，助推全面深化农村改革。

关键词： 农宅利用；管理；实践研究

近年来，以民宿产业的蓬勃发展带动农民收入的提升为契机，农宅的利用相关问题越来越热。特别是十九大提出乡村振兴战略以来，农村闲置宅基地和闲置农房的盘活利用得到各级政府的高度重视。当前，京郊利用农宅开展乡村旅游的市场需求大，农村居民利用农宅创收的积极性较高，如何在减量发展的前提下，规范、合理地利用农宅来激活农民房屋财产权、增加农民财产收入成为各级政府亟须考虑的问题。同时，京郊当前已经开展的农宅利用实践中，由于缺乏政策、制度上的支持、规范和管理，也出现一些利益不平衡、可持续动力不强等现象。本文重点研究的即是如何对农宅利用兴起的新业态进行规范化管理。

一 探索形成科学农宅利用管理体系的现实意义

（一）农宅利用管理是城乡科学管理体系的重要组成部分

1. 农宅利用管理在城乡管理体系中愈发重要

当前，我国城镇化已经进入了减速提效的转型发展阶段。农村宅基地

---

[*] 季虹，北京市农村经济研究中心城乡发展处处长，副研究员；赵雪婷，北京市农村经济研究中心城乡发展处副处长，经济师。

的有效合理利用，实现宅基地与国有建设用地同等入市、同权同价，构建城乡统一的土地要素市场，可有效增加农民的财产性收入，对于提高农地资源的配置效率，保障农村集体权益和农民个人权益，破除城乡二元结构、促进城乡经济社会进一步融合发展，具有重要的现实意义。

2. 农宅利用管理为城乡融合创造空间和条件

加强农村宅基地利用管理，规范农村村庄建设，服务于乡村振兴战略，加快城乡融合发展，有利于为农业农村现代化建设提供空间，合理安排布局新农村现代化的物质生活、精神生活、社会生活所需要的公共设施、公共空间，才能形成长期稳定的乡村振兴基地，促进城乡要素顺利流通。

（二）农宅利用管理体系形成是合理有序激活乡村闲置资源的重要保障

1. 实现土地的合理利用

将闲置的农村宅基地进行复垦，做到建设用地与耕地之间的增减挂钩，达到建设用地与耕地保护的平衡，对于土地利用有极其重要的作用。宅基地入市的有条件松绑，不仅将缓解宅基地闲置现象，盘活农村存量土地资源，还会进一步放大宅基地价值，调动村集体经济组织的积极性，增加农民财产性收入。

2. 实现闲置资源有效整合开发

加强农村宅基地利用管理对于激活农村土地要素、盘活农民"沉睡"的土地资产、保障乡村振兴用地需求意义重大。由于当前农村集体经营性建设用地供应不足，农村宅基地大量闲置或低效使用，乡村振兴与建设用地紧缺的矛盾突出。一大部分农村宅基地处于闲置状态，加强农宅利用管理，大量闲置的宅基地流转出来进行有效利用，形成集中连片的产业用地，实现闲置资源的有效整合开发，将为村集体的招商引资和产业落地提供重要支撑和保障。

（三）农宅利用管理体系是实现乡村振兴举措落地的主要抓手

1. 推动乡村规划有序落地

长久以来，我国村镇管理体系不够全面，在农村内部缺少详细建设规划，乡村整体布局和建设具有分散性和随意性。农村宅基地的整体布局非常分散，公共服务体系建设难度进一步增大，不利于农村基础设施的大力兴建，不能有效改善农村脏乱差的现象，农民生活水平的提升受到一定限制，农民生活质量的提升也受到一定限制。此外，农村宅基地的整体布局非常分散，粗放型的发展模式与社会主义新农村建设的实际需求不符合。所以，闲置农村宅基地不利于农民经济的持续发展，给其生活福利也带来一系列负效应，这就要求进行科学的村庄规划，通过农村宅基地利用的有效管理循序渐进地改善现状，为农村生产生活提供便利条件。

2. 推动乡村产业高效发展

加强农村宅基地的利用管理，通过推动农村土地向大户、合作经济组织和龙头企业流转集中，实行规模化生产、产业化经营；通过集约高效利用好农村集体建设用地，探索农村集体建设用地整体流转。比如打造综合性乡村旅游项目，利用集体土地建设租赁住房，发展共享农庄，大力发展乡村民宿，探索建设新型农村社区、现代农业示范园、现代农业产业园区等领域，为城市资本的下乡开辟道路，也为文旅产业土地利用提供新的空间，从而推动乡村产业的高效发展。

3. 推动人居环境持续提升

过去，由于宅基地是村集体成员免费申请获得，缺乏统一规划和有效监管，导致宅基地布局混乱无序，公共基础设施难以覆盖，而宅基地上的农房参差不齐，杂乱无章，不少还存在私搭乱建和破坏生态环境的情况。通过加强农村闲置宅基地的有效利用管理，科学制定村庄、村镇规划，依照规划科学实施村庄迁并工作，合理利用存量和增量宅基地，科学管理宅基地，合理配置公共基础设施，优化居住环境，有效提升农民的居住品质和生活质量。

二 农宅利用管理研究的理论基础

（一）课题研究的概念界定

农村宅基地：关于农村宅基地的界定，目前有多种说法，本课题所指农村宅基地概念，就是用于满足集体经济组织内各成员需要，用来分配的集体土地，目的是实现成员内部家庭副业和生活需要的住宅用地和附属用地。

农村宅基地使用权：我国特有的一项独立的用益物权，是农村居民在依法取得的集体经济组织所有的宅基地上建造房屋及其附属设施，并对宅基地进行占有、使用和有限制处分的权利。它具有严格的身份性、无偿使用性、永久使用性、从属性及范围的严格限制性等特点。其取得方式有原始取得与继受取得，消灭形式有绝对消灭与相对消灭。农村宅基地使用权人享有权利并负担义务。

农宅利用：农户除自家居住以外，通过出租或利用农宅开展各类经营活动获得收益的一种现象。

（二）农宅利用管理的法律政策基础

宅基地制度是我国土地制度的一项独特制度安排，既是农民住房保障制度的基础，也是农民集体成员权利的体现。中华人民共和国成立后到十八大以前国宅基地管理呈越来越严的态势。

近年来，国家出台了相关政策以带动农宅利用发展，建立农宅利用管理规范。2019年9月，中央农村工作领导小组、农业农村部印发《关于进一步加强农村宅基地管理的通知》，在切实履行部门职责、依法落实基层政府属地责任、严格落实"一户一宅"规定、鼓励节约集约利用宅基地、鼓励盘活利用闲置宅基地和闲置住宅、依法保护农民合法权益、做好宅基地基础工作等七方面提出了具体要求。

由此可见，在国家层面已经创造了相应的政策环境，鼓励农宅开发利用，促进农民增加财产性收入，同时，也逐步出台农宅利用管理制度，强化乡村规划和宅基地利用管理工作。

三 京郊农宅利用管理的主要做法

（一）行政管理底线思维上的鼓励性政策为主

1. 市级出台政策给定底线

近几年，北京市政府相继出台了农宅利用相关的政策法规，以鼓励和支持农村宅基地的利用及规范宅基地利用管理。2018年3月，北京市政府印发由市农委等7部门联合制定的《关于规范引导盘活利用农民闲置房屋增加农民财产性收入的指导意见》，从范围确定、经营方式、规范管理、权益保护等方面为农民闲置房屋盘活利用划出"红线"，以保障这项工作依法合规、符合实际。

2. 区级多举措鼓励农宅开发利用撬动乡村经济发展

一是出台管理法规、推进监管法制化。例如，2016年开始，房山区政府在对全区农村闲置资源进行整体摸查的基础上，形成了《房山区闲置农宅信息库》《房山区关于农村闲置农宅合理开发利用指导意见》等文件，为闲置农宅进一步开发利用指明方向和目标。2017年起，延庆区率先在北京市开展民宿规范化建设，制定并出台了《北京市延庆区精品民宿管理办法》《延庆区精品民宿标准与评定》《延庆区民宿联盟成员管理办法》等文件，有力地促进了民宿产业规范有序发展。2019年8月，门头沟区发布了民宿政策"服务包"，梳理民宿项目申报、房屋流转、财政评审、建筑许可、联合开办等十余项全流程图解，制定合作协议模板，为民宿企业提供简明、清晰、操作性强的工具书。

二是出台奖励政策，给予资金扶持。例如，2019年，延庆区率先出台北京市首个民宿产业专项奖励政策，安排财政资金对全区精品民宿规模化建设、带动就业和带动低收入村户增收等三个方面进行资金奖励，鼓励和引导社会资本进入延庆发展精品民宿，比如2019年出台了《北京市延庆区金融支持全域旅游加快发展资金管理办法（试行）》《北京市延庆区关于乡村旅游贷款贴息政策的实施细则（试行）》等文件；2018年7月，怀柔区出台了《怀柔区促进乡村旅游提质升级奖励办法（试行）》（以下简称《奖励办法》），鼓励和扶持民宿旅游发展。该《奖励办法》规定，经专业设计公司、团队、个人设计，方案经区文化和旅游局认可，通过提质升级达到标准，按照怀柔区2018年出台的《乡村民宿服务质量等级划分与评定》标准，被旅游行业主管部门评定为银宿级或金宿级民宿的经营单位，给予奖励支持。银宿级民宿一次性奖励10万元，金宿级民宿一次性奖励12万元，极大地调动了广大经营者的积极性，怀柔区涌现出了一批如老木匠、莲石山房、岑舍等特色鲜明、拥有较强市场影响力的民宿品牌。此外，2018年怀柔区还与中国邮储银行北京分行、北京银行怀柔支行、北京农商银行怀柔支行签署了支持怀柔区乡村旅游业发展的战略合作协议，为怀柔区内符合条件的乡村旅游村及旅游项目提供3年不超过50万元的全额贷款贴息支持，以促进精品民宿发展。2019年6月，门头沟区建立与西城区结对协作，共同设立8亿元乡村振兴绿色产业发展专项资金，通过集成精品民宿发展政策服务包，打好贷款利息补贴、担保补贴等扶持政策"组合拳"，提高招商引资精准性，积极撬动社会资源资本，引入全国、全市优秀民宿企业及银行、担保公司，聚力打造精品民宿。

三是制定规范标准，提升服务质量。例如，2018年，原怀柔区旅游发展委员会、区旅游行业协会民宿分会联合编制《怀柔区乡村民宿服务质量等级划分与评定标准》（以下简称《标准》）。该《标准》中对经营场地及建筑物的公共空间、客房、厨房及餐厅、配套设施分别针对银宿级和金宿级进行了详细说明，还对安全管理、卫生管理、环境保护、服务管理、运营管理、划分依据等多项内容制定标准。除此之外，《标准》中还详细说明了民宿等级申报、评定委员会成员等内容，细化了金、银民宿必选评审表和评分细则表等项，用以规范和评价民宿各经营主体的服务质量。此外，2019年延庆区也出台了《北京市延庆区精品民宿标准与评定》，以规范服务标准、提升民宿发展水平。2019年8月7日，怀柔区渤海镇党委、政府发布了《渤海镇民宿行业自治公约（试行）》，明确了渤海镇民宿经营规模、文化主题、等级评定、卫生标准、安全标准等行业发展规范标准。今后，民宿行业发展样样有对照、可衡量，可以最大限度地保证镇域内民宿行业发展的整体品质，规范渤海镇乡村民宿经营行为，提升管理和服务水平。

3. 乡镇引进社会资本助力农宅利用落地生根

在推动农宅利用过程中，各郊区政府作为幕后引导者，手持"杠杆"，撬动社会各方资源有机运转，形成多种模式协同发展，带活整个产业。

第一种模式是政府主导规划，引入社会资本运营。该模式的实施路径是政府主导、农民主体、集体组织、企业融入的"四位一体"的整合式发展。该模式的收益情况是集体经济组织可得到租金和运营收益，村民可得到租金、工资、分红和带动收益（农产品销售）等方面的收入。例如，房山区提出了"农户+合作社+企业"三位一体的经营模式，建立了"农民出房、合作社入股、企业经营、政府管理服务"四位一体的闲置农宅运行机制，形成"政府主导、农民主体、集体组织、企业融入"的一体化整合式闲置农宅盘活利用发展路径。怀柔区田仙峪村2015年已改造完成3个乡村休闲养老社区，主要是在政府部门的牵头下，村集体作为协助组织实施，引入资本和固定资产，由国奥公司负责养老社区的建设和运营。农宅专业合作社、村集体和公司三方按照一定的股权比例成立股份合作社。农民将来的收入主要包括房屋租金和经营收益分红。

第二种模式是集体牵头统一改造，引入企业开展运营。这种模式的实施路径是集体统一回收农宅、农民变股东、社会资本辅助运营三位一体的共享式发展。该模式的收益情况是集体经济组织可得到租金和运营收益，农民则以股份分红收益为主，工资性收益为辅，农民住宅财产性收益水平较高。例如，延庆区旧县镇东龙湾村"左邻右舍"民宿项目就是在延庆区旅游委和旧县镇政府的指导下，于2016年成立了北京妫川龙湾民俗旅游专业合作社，依托周边的北京龙湾国际露营公园，打造"左邻右舍"精品民宿。村民将房子交给合作社，签订十五年的合作协议，装修运营都不用出一分钱，民宿改造所需的费用都是由合作社来承担。民宿开业后根据入住率所获收益按比例给村民分成，没有闲置房屋的村民也可以来这些民宿工作，解决就业问题。经过两年多的发展，民宿陆续推出8个小院，解决了11名村民的就业问题，平均月工资达2700元，还上"五险"，未来还会提供新的就业岗位10余个。而闲置农宅的农户每年可分红2万元左右，以现金入股的农户根据入股金额所占份额实现分红收益，这对于农民来说也是一笔不小的收入。此外，2018年5月，北京城建集团与密云区大城子镇下栅子村签订了"一企一村"结对帮扶协议书，对下栅子村进行产业帮扶和就业帮扶，为下栅子村量身定制了帮扶方案，在下栅子村设计、投资、建设了特色民宿"大城小苑"，形成了"龙头企业+专业合作社+农户"的发展模式，打造美丽乡村旅游点。

第三种模式是社会资本投入，租赁农宅开展运营。该模式由农民与社会资本直接对接，农民将农宅出租给企业。这种模式的收益状况是农户在开发过程中只获得较低的租金，而社会资本投入成本小、收益较高，村集体经济组织权益缺少保障。例如，延庆区原乡里三司、原乡里水泉就是"公司+农户"模式，以企业为投资主体，统一负责民宿的设计、建设和运营，村民通过租赁房屋和提供劳务获取收入。

此外，还有创客模式，通过出台政策，吸引新农人、本土人才等乡村创客返乡创业，投资建设个体精品民宿品牌。目前延庆区已吸引李荣霞、杨萌等一批创客返乡，分别在庙梁村、盆窑村等开发建设特色民宿。怀柔区渤海镇四渡河村精品民宿——岑舍，民宿主人作为从"北漂"回归乡村创业的80后，用自家老宅改造的一个高端民宿，耗资不菲，用材考究，建造扎实。

（二）行业自治发展补充了市场活动的规范化

1. 行业协会搭建了企业和村集体与政府之间的桥梁

作为搭建企业和村集体与政府之间的桥梁，通过行业协会搭建平台，一方面及时将政府最新的政策方针、实际举措传达给各民宿经营者，帮助民宿经营者依法合规经营、用足用好政策；一方面将行业内部的困难和诉求客观、准确地反映给相关主管部门，协调和争取政府层面的指导和帮助。例如，2019 年，门头沟区旅游行业协会正式成立民宿分会暨"民宿联盟"，为北京市首个"民宿联盟"。"民宿联盟"的成立为门头沟区民宿企业提供了一个经验交流、信息共享和市场对接的平台，有利于整合各类社会资源，探索统筹民宿旅游发展和管理的新模式。同时进一步创建渤海民宿产业联盟、渤海民宿论坛和行业公共服务平台，多角度、多层次地促进镇域创业就业、富民增收及乡村振兴，使民宿产业成为渤海经济发展的新亮点和增长点。此外，2017 年、2018 年，北京市首个民宿联盟、首个客栈联盟在延庆区相继成立，建立起民宿经营者资源共享、抱团发展的合作平台。民宿联盟对外整合行业力量集体发声、对内积极开展行业自律和争取政策支持，为民宿产业发展进行积极探索。2017 年，首届北方民宿大会在延庆区的组织下胜利召开，以"打开北方民宿的一把钥匙"为主题，南北民宿大咖来到延庆深入对话，探讨北方民宿产业发展之路，树立起了延庆区作为北方民宿发展"领头羊"的品牌形象。2018 年，以"共谋发展，盛会场景下的民宿生态"为主题的第二届北方民宿大会召开，延庆民宿热度持续增温。北方民宿联盟也于同年正式成立，京津冀蒙四省市区的近 50 家与民宿产业相关的协会、企业等加入联盟。

2. 行业协会制定并执行行规行约和各类标准，协调企业之间的经营行为

组建行业协会，作为政府规范民宿发展的得力帮手。协会协助政府贯彻行业标准和制定行业规范、进行资格审定、开展行业监管、组织政策培训；开展民宿行业政策、人才、规划等方面研究，以规范行业发展、促进行业自律。例如，北京市正加快建立相关行业协会，以形成市场规则，完善行业规范。一是依托行业协会进行组织、管理、创新及行业营销。二是依托行业协会进行行业标准制定、行业指南制定、行业人才培养、共性技术平台建设、第三方咨询评估等工作，补齐农宅利用和经营的短板，整合区域资源形成合力。例如，中国旅游协会民宿客栈与精品酒店分会在民宿行业的培训、服务、制度建设等方面做了大量工作，通过组织大型品牌活动、开展系列化、体系化的行业标准化建设和自身组织建设等工作，形成资源合力，逐步推进农宅利用的规范和完善。2019 年 8 月，怀柔区渤海镇

正式发布《渤海镇民宿行业自治公约（试行）》，明确了渤海镇民宿经营规模、文化主题、等级评定、卫生标准、安全标准等行业发展规范标准。今后，民宿行业发展样样有对照、可衡量，可以最大限度地保证镇域内民宿行业发展的整体品质，规范渤海镇乡村民宿经营行为，提升管理和服务水平。

3. 行业协会对农宅利用中的服务质量、竞争手段、经营作风进行严格监督

在社会主义市场经济条件下，行业协会应是行业管理的重要方面，是联系政府和企业的桥梁、纽带，在行业内发挥服务、自律、协调、监督的作用。同时，又是政府的参谋和助手，行业协会担负着实施行业自律的重要职责。近年来，各行业出现不正当竞争、诚信缺失、产品质量瑕疵等问题，其中原因既有政府监管的失效，更有行业自律的缺失，行业协会没有充分发挥自律管理职能。北京市正加快建立相关行业协会。民宿行业协会围绕规范市场秩序，建立完善行业自律性管理约束机制，规范会员行为，协调会员关系，维护公平竞争，履行行业监督职能。开展信息服务、咨询服务、培训服务，帮助会员企业改善经营管理，加强会员企业交流与合作，为企业开拓市场创造条件，不断增强协会的凝聚力和影响力，并发挥桥梁纽带作用，协调好协会内外各方面的关系，当好政府的参谋和助手，为产业发展创造良好的外部环境。怀柔区渤海镇研究制定了《渤海镇民宿行业自治公约（试行）》（以下简称《公约》），渤海镇将以《公约》为指导，放宽市场准入，发挥政府引领服务作用，创新监管模式，推进民宿行业放管结合，促进民宿产业健康、规范、有序发展，从而培育一批特色鲜明、拥有较强市场影响力的本土民宿品牌。

（三）以道德规范和村规民约等手段实现德治规范

村规民约是我国传统文化的重要组成部分，是由村民会议制定的依法自我执行、自我管理、自我教育、自我约束的规章制度，在农村宅基地利用管理中发挥着重要作用。德治起到了"润滑剂"的作用，既要借助道德手段提升村民的自治水平，又要结合乡村约定俗成的道德规范以及非正式规则，有效弥补法治的不足，旨在营造、传承文明乡风民俗的氛围。在文化建设方面，北京市注重提升市民文明意识。

1. 注重沿承和保护宅基地的文化承载和生态文明的功能

充分发挥闲置宅基地的资产增值功能、增加农民财产性收入的同时，也要注重沿承和保护宅基地的文化承载和生态文明的功能。在利用闲置宅基地的过程中，注重保持民俗民风，将民俗文化融入项目建设中，打造具有乡村特色的精品产品。例如，房山区周口店镇黄山店村民宿群落在规划运营中以保护生态资源，保护绿水青山和田园风光，留住独特的乡土味道和乡村风貌为主旨，目前，"姥姥家""黄栌花开""云上石屋"等都已成为享誉京城的民宿品牌。

2. 利用村规民约引领乡风文明

在推进农宅利用的发展进程中，制定村规民约能逐步引领当地整体文明素质的提高和民风的向好转变，同时引导来访游客文明出游，保护当地的自然景观和人文环境。例如，延庆区唐家堡村制定村民公约，引领当地村民树立良好的民风、村风，养成保护自然景观和人文环境的意识，创造安居乐业的社会环境，维护社会稳定，为民宿、旅游等行业的发展创造了良好的条件来促进当地经济发展。

3. 宣传合理利用土地资源的理念

我国土地资源的特点是"一多三少"，即总量多，人均耕地少，高质量的耕地少，可开发后备资源少。"十分珍惜、合理利用土地和切实保护耕地"是我国的一项基本国策。北京郊区应在严守红线的前提下，保障重大基础设施、现代产业、民生实事等项目合理用地需求。应定期向村民宣传介绍自然资源国情、耕地保护和土地整治、永久基本农田保护、节约集约用地等知识，并就村民关心的农村宅基地政策法规、乡村发展规划、土地流转等问题进行解答，形成合理利用土地资源的理念。例如，2019年6月25日，门头沟区规划自然分局以"严格保护耕地，节约集约用地"为主题，开展第29个全国"土地日"宣传活动，进一步引导社会公众牢固树立珍惜和合理利用土地的理念，增强全社会的土地资源忧患意识，进一步加强土地管理工作。

四 京郊农宅利用管理中存在的问题

（一）农宅利用管理体系不健全

1. 法律制度和管理机制不够完善

一是法律制度有待完善。土地管理法和一些地方出台的宅基地管理办法对农村宅基地的管理虽然做出了规定，比较宏观，但仅仅是在现有土地管理法和"国发28号"等文件规定范围内所做的具体规定，操作性不强，实际上某些方面还不够完善。如对闲置宅基地、多占宅基地处理、处罚没有做出具体的规定，对宅基地审批后长时间不动工建设如何处理也没有规定，其他如审批程序复杂漫长、宅基地流转程序流程等都处于探索阶段，还没有形成简单透明的制度，地籍管理和相关法律责任都需要进一步具体的规范。没有明确的政策依据，一定程度上也束缚了农宅利用管理和经营的创造性。二是地方法规滞后，难以有效监管。地方政府未能及时根据现行的相关法律法规政策，结合本地的实际情况，制定出台可操作性的农村宅基地管理办法，不能有效管理农村宅基地利用相关工作。例如，由于缺乏执法依据，民宿存在"规模小、分布散、管理弱"的特点，难以对其进行治安、消防、卫生、环保、食品安全等方面的规范管理。三是缺乏有效的部门协调机制。例如，民宿定义和标准无法明确界定，功能定位不清晰，绝大多数民宿行业处于无监管部门、无经营许可证、无法开具发票的"三无"状态，在消防和安全等方面存在一定的风险隐患；各相关部门之间未形成一套行之有效的协调机制，致使政府的扶植政策、优惠措施，乃至民宿的健康发展目标则极易落空。

2. 资源未有效整合，品牌建设力度不够

部分农村在宅基地利用方面，缺乏带动相关产业发展的资金，融资较困难；另有部分村庄的投融资机制不够多样和灵活高效，加上回收周期长，且收入来源单一，没有做到一二三产业融合发展，乡村旅游、民宿等产业链条短；部分农宅利用形式缺少民族和文化特色，同质化现象突出，民宿旅游相关项目的体验性和独特性没有相应地传递出来。由于部分民宿经营者不是当地人，不能很好地挖掘文化内涵，导致民宿服务质量不高，缺乏温度和品位，品牌建设滞后，创新创意不够；部分区尚未出台适合本地的旅游民宿业服务规范标准，也没有成立民宿行业协会组织开展质量评定与分级工作。

3. 村民对农宅利用的思想观念滞后

一方面，基层组织政策宣传不到位。由于基层乡镇政府对宅基地管理重视不够，且带有较大随意性，对农民建房的有关法律法规条文宣传不够，长期来只局限于一般号召而没有制定具体落实措施的做法。使得为数较多的村民缺乏与宅基地相关的法律意识，甚至认为自己对宅基地享有充分的和任意的使用权，且大多数村民珍惜土地资源的意识淡薄，未能充分认识违法占地建房和多占宅基地问题的严重性。另一方面，农民根深蒂固的思想禁锢的严重羁绊。村民受传统思想和封建迷信的束缚，认为老宅乃祖宗流传基业，他们宁愿住在功能已经完全衰退的旧宅基地之中，也不愿意将其合理流转，让出宅基地是大不孝和大不敬，这种想法在农村很普遍且难以改变，给推进宅基地流转利用工作带来很多阻碍。

（二）缺乏规划，区域发展不平衡

一是由于政府对农村宅基地用地缺乏长远规划，对相关产业发展格局缺乏宏观指导。例如，京郊地区大部分尚未出台针对民宿发展的相关规划，民宿产业发展无据可依，处于自我发展状态，有"遍地开花、一哄而起"的现象，未形成具有相当规模和较高知名度的民宿集聚发展区域，民宿分布零散，这种无序状态下建起来的民宿，多数不符合区域科学布局和合理适度发展的要求，致使民宿产业发展动力不足、收入不稳、前景不明。二是未对农宅利用项目的相关配套产品资源进行统一规划。有些地区民宿发展可配套的旅游资源较为零散，对游客的吸引力不大，仅靠单一住宿项目吸引客源能力有限，而有些地区选址在旅游资源丰富的地区改造民宿，依托附近特色资源条件，延长产业链条，实现农村一二三产业融合发展，对游客的吸引力很大。三是未对农宅利用项目配套设施进行统筹谋划。有些地区基础设施建设不齐全，公路、公厕、网络、市场、停车场、指示牌、供电供水等有待完善。而有些地区随着民宿的粗放型发展，游客的增多带来了大量的生活垃圾，提供食宿服务的民宿也增大了日常的排污量，对景区环境和乡村环境造成了巨大的压力。

（三）缺乏有效监管

1. 经营监管缺失

目前，国内民宿产业仍缺乏明确的概念界定和统一的管理标准。民宿是个外来概念，国际上没有统一的定义，国内也无统一标准。经营者本身讲不清楚，政府职能部门也无相关规定或说明，因此，无法将专业酒店、饭店等从民宿中区分开来，也易将农家乐、家庭旅馆、青年旅舍等等同于民宿。由于民宿定义和标准无法明确界定，功能定位不清晰，绝大多数民宿处于无监管部门、无经营许可证、无法开具发票的"三无"状态，在消防和安全等方面存在一定的风险隐患。

2. 服务质量标准缺失

行业最基本的服务标准（如环境卫生、治安、消防等标准）缺失使一些经营者在成本控制、能力有限等情况下，在硬件配置、相关用具清洁消毒以及配套服务上不能给消费者带来良好的消费体验。如果任由造成不良消费体验的农村宅基地经营泛滥，长久以往将给本地民宿的整体经营带来口碑差等不良影响，不利于行业发展。

（四）人才规模和素质偏低

1. 农村人才规模和素质较低

由于农村本土人才持续流出，且多为素质相对较高的青壮年劳动力，农业从业人员年龄偏大、素质较低，留乡务农的大多在60岁左右，初中及以下文化程度的占90%以上，现有人才队伍规模和素质难以带动农村相关产业的发展，依靠农村劳动者素质促进结构调整、产业升级十分艰难；部分村领导缺乏村庄整体发展规划思路，无法从根本上对村庄、农村的现实状况进行有效的规划管理和建设，导致村庄、农村出现布局结果混乱、各项资源不到位、规划管理滞后等问题。

2. 农村人才供给增长速度缓慢

农村人才流失严重，入不抵出。由于现阶段农村公共服务仍相对缺乏，创业创新环境较差，资金、风险保障、技术服务等配套设施支撑不足，农业农村的吸引力不强，农村外出务工人员持续增加，流入农村的人才相对较少。

3. 从业人员缺乏专业培训和指导

农宅开发利用的经营者虽有部分是较高学历、高素质的新一代经营者，但大部分还是以当地农民为主，未经过专业培训和指导，经营理念和工作方式相对较落后。例如，部分民宿经营者将民宿等同于传统的旅馆和招待所，因而仅仅为游客提供基本的饮食和住宿环境这种单调性的服务形式，并不能让游客对民宿项目所在地的风土人情、特色产品、文化内涵进行充分了解。另有部分雇用的工作人员由于没有经过系统的培训，服务意识较淡薄，服务不够规范，难以满足当前多层次民宿旅游消费者的服务需求。

五　建立科学农宅利用管理制度的政策建议

（一）完善农宅利用管理体系

在农宅利用管理体系中，法治保障了农村宅基地合理有序利用，是前提；行业自治明确了农村宅基地利用标准，是基础；德治推动了乡村和谐文明发展，是内在动力。建立部门法治、行业自治、村社德治"三治融合"的农宅利用管理体系，顺应新形势下农村宅基地发展的趋势，形成社会合力，有效发挥各自的作用，共同促进农村宅基地合理有效利用，推进新时代的美丽乡村建设和乡村振兴战略实施。

1. 部门法治

政府可通过出台农宅利用发展的扶持政策，加大专项资金扶持力度，形成一系列管理规范，组建工作领导小组，为行业健康发展提供充分的土壤、水分和阳光，将"野蛮生长"转为向集聚化、正规化、精细化、产业化方向发展。一是出台扶持政策。加大对民宿经济项目用地保障和政策扶持力度，优先安排民宿经济项目建设用地指标，并对有一定规模民宿经营户数的乡村建设旅游配套设施或游客接待中心等给予适当的补助，对资源禀赋较好、市场前景广阔的精品项目予以重点扶持，在金融、财政、税收优惠等系列扶持政策方面深入研究，通过开发"农宅贷""民宿贷"等特色金融产品、设立农房盘活招商奖励等，激发地方政府、村级集体经济组织、农户和民宿投资经营主体四方的积极性，促进农宅盘活和民宿发展。二是制定管理规范。建议因地制宜出台具体操作办法、农宅利用管理办法，从政府层面有序推动盘活闲置农宅工作的规范、有序、有效开展；还应出台相应的民宿服务评定标准，推动精品民宿评级制度，在大力推进全市民宿合法化发展的同时，引导民宿经济与乡村旅游向特色化、市场化、产业化、规模化、规范化、品牌化方向发展。三是组建领导小组。通过成立农宅利用管理工作小组，设立民宿管理办公室，协调处理农宅利用相关项目在经济发展过程中碰到的各种问题，积极学习国内外先进地区的经营管理方法和运作模式，并结合本地实际摸索出适合自身的宅基地利用发展新模式。四是引进社会资本，积极探索适合本地农宅利用发展的模式。鼓励企业或者个人租赁国有、村集体资产发展个性化民宿、规模化民宿，民宿电商化营销，特色乡村以合作社经营模式发展规模化民宿产业。

2. 行业自治

行业协会是行业的自我管理组织，应反映行业的市场诉求，维护行业相关人员的权利，应协同政府相关部门加强本行业的日常管理工作，如制定标准、分级评定、定期考评、职业培训、日常监管、对外营销、行业交流等，当好农宅利用相关行业发展的"领路人"。一是制定行业规范与标准。各区尽快成立专业的民宿、旅游等行业协会，制定相关行业准入标准及行业服务规范，发挥行业协会在行业标准制定、行业指南制定、第三方咨询评估等方面的作用，统一行业标准，提升行业发展质量水平，强化政府、行业协会和经营者的三方联合互动。二是组织活动，搭建交流平台，实现资源互通共享。可借助行业论坛、旅游推介会等会展平台以及多样化的旅游宣传活动，不断提升民宿旅游品牌的知名度和美誉度；搭建信息交流平台，有效实现监测调查、分析预测、市场导引、推介营销等功能；利用新媒体形式，举办各种宣介活动，或在报刊、电视、电台等传统媒体，或在网络、微博、微信等新媒体平台上进行本地区旅游业（可重点推介民宿业）整体形象的宣传和推介，树立典型示范项目，并扩大行业影响力。三是加强人员培训指导，提高从业人员素质。协会可自发成立民宿学院，定期组织针对乡村旅游点、民宿经营管理人才培训，持续推进品质提升和规范管理。此外，也应加强社区环境重整、文化遗产挖掘以及人文知识和生态环境解说等方面的培训。

3. 村社德治

德治在农宅利用管理体系中有着举足轻重的地位，对规范村民行为、调整农村社会关系、振兴乡村发展具有重要的作用。无论是法治还是自治，都要通过德治来体现和引导，才能有效破解在乡村治理中法律手段太硬、说服教育太软、行政措施太难等长期存在的难题。一是树典型，促文明。通过向村领导人、村民推介全国农宅利用及管理的典型案例，围绕探索宅基地利用模式、法制管理的新路径，创新村民德治方式等内容，选取具有代表性的案例，引导制定村规民约，摒弃落后观念及保守攀比思想，切实提高乡村德治水平，促进乡风文明。二是利用多种形式的活动发扬新风尚。村里可组织村民参与有关宅基地合理利用的文化宣传活动，或针对农村实际，通过各种形式的节目编演，表扬村民中的好人好事，批评村民中的不良习惯和不良风气；或开展党建活动，如党建展板、宣誓墙等宣传党的知识和政策。总之，采取各种有效形式激发农村传统文化活力，不断丰富乡村文化生活，使风清气正、向善向上的舆论导向推动自我教化，形成良好的村风民俗，发扬社会新风尚，为发展农村宅基地利用的相关产业项目创造良好的条件。三是注重环境保护，不占用新的地块，并要改善院落环境，做好基础设施建设工作，完善排水、排污系统。同时，禁止发展环境污染的产业。

（二）科学规划，引领区域发展

科学的规划是农村宅基地有效管理的前提，因而必须加紧制定农村宅基地管理规划，并采取有效措施推进各项规划的贯彻实施，形成目标明确、布局合理、定位科学、特色鲜明的宅基地利用发展规划。

1. 依法推进宅基地管理各项规划的制定

根据《城乡规划法》以及《村庄和集镇规划建设管理条例》等规定，镇应当制定镇规划，并积极推进乡规划和村庄规划的制定，而规划区内的乡、村庄建设应当符合规划要求。因此，宅基地管理必须规划先行，应积极推进农村宅基地管理中各项规划的制定，尤其是村庄规划的制定。对此，相关政府及其土地管理、规划与财政主管部门应该积极参与规划的制定，通过提供技术与人力支持以及安排专项资金等方式，支持集体经济组织和乡镇人民政府制定乡镇规划和村庄规划。

2. 坚持各项规划制定过程中的民主性和科学性

一方面，宅基地管理中的各项规划与集体经济组织成员的权益有着密切的关联，因此在各项规划制定的过程中，应确保程序的民主性，调动村民参与的积极性，征求和尊重民意，以确保规划制定程序的合理性；另一方面，应确保宅基地管理规划内容的科学性。在程序民主的基础上，还应保障内容的科学性。为此，应根据区位以及经济条件的不同，明确规划的不同内容，引导和鼓励村民建房向小城镇和中心村集中；应合理确定农村居民点的位置与规模，按照方便群众和适度集中的原则，确定居民点的选址和具体规模，合理调整乡村布局；应强化农村居民点生产、生活配套设施的建设，以改善村民生产生活条件，以此引导村民建房由分散型向集中型转变，实现规划管理的目的。

3. 保障各项规划间的协调统一

在土地利用总体规划编写过程中，应充分考虑农村宅基地建设用地的布局与规模，为制定各项村庄规划提供空间。而在村庄建设等规划的编制过程中，一方面应合理确定居民点以及生产生活设施的布局，使建设规划与土地利用规划相衔接，另一方面也应考虑乡村的合理布局，使村庄规划与区域规划以及乡镇规划相衔接，从而实现城乡协调发展的目的。

4. 开发地方特色的产业，并完善产业链

一方面，对各郊区现有农村宅基地发展进行摸底排查，并根据自然景观、人文环境、村庄条件等，研究制定全镇农宅产业发展的布局规划，明确重点发展区域，充分考虑产业布局、人口集聚、土地利用、生态环境保护等内容，深入挖掘文化底蕴，不搞同质化，形成目标明确、布局合理、定位科学、特色鲜明的产业发展规划，引入民间资本，以行业标准进行整片规划建设，开发具有独创性及深厚文化内涵的示范项目。另一方面，产品业态及功能布局上，以乡村民宿开发为纽带，引导开展多元业态经营，拓展共享农业、手工制造、农副产品加工、电商物流、养生养老、健康体育等综合业态，打造乡村民宿旅游综合体，形成规模集聚效应，完善产业链，拓展价值链，有效发挥乡村民宿带动效应。

（三）改进京郊农宅利用管理监管方式与手段

1. 摸清农宅底数，建立信息平台

摸清空闲农房的底数、掌握农民的意愿，是当前一项紧迫的任务，也是针对制定政策、推进分类施策的基础性工作。引进国内领先的大数据公司，建立"闲置农房云端平台"，深入农村实地收集闲置农房信息，构建空闲农房信息数据库，为有出租意愿的农民提供农房外租挂网服务；同时借助 GIS 与 VR 等新技术，将闲置农房可视化，使工商企业、城市居民等有租赁需求的群体，能够直观清晰地了解农房现况及周边情况。

2. 创新监管工作机制，加强日常监管

强化对存在治安消防安全隐患民宿的整改，积极主动地向民宿经营者宣传防火防盗等安全知识，并联合旅游、住建、公安、消防、市场监管、环保等部门加强对民宿的服务质量、安全管理、消防设施、食品卫生、环境保护等的监管，形成"经常性检查＋节假日突击检查"的工作机制，确保有序发展，实现规范经营。

（四）加强人才培养，提升服务质量

1. 探索吸引下乡人才的特殊政策

建设人才用房，优惠提供给返乡下乡人才使用，整理农村闲置宅基地后新增的耕地和建设用地，重点用于鼓励和支持乡村人才创业创新，鼓励和吸引返乡下乡人员以入股、合作、租赁、协作的方式，开发农村宅基地发展乡村旅游、休闲民宿、文化创意、农村养老等经营性活动。

2. 加强培训乡村规划及经营管理人才

一是针对领导干部，加强乡村规划管理能力的培训。强化乡村振兴规划引领，树立规划先行理念，培养乡村规划设计人才十分紧迫。要加强地方各级特别是乡镇村干部的规划知识和设计理念培训，明确乡村振兴规划和村庄建设规划的要求，提高科学谋划和组织开展规划编制的能力；二是针对经营者，加强经营管理能力的培训。要积极对接职业院校和培训机构，组织开展民宿业主和服务人员的经营理念、营销策划、管理服务技能、安全生产、法律法规等方面知识和技能的培训，提高服务质量和经营档次。切实帮助民宿经营者与当地公安、消防和医疗部门以及保险企业建立应急救援机制，提高安全防范意识和应急处理能力。

3. 营造有利于乡村人才成长和施展才干的良好环境

优良的制度环境、人文环境、社会环境是激发乡村人才成长和发挥作用的沃土，加强农村文化建设和法治建设，树立和强化尊重人才、珍惜人才的价值导向，营造和维护人才干事兴业的公平环境。

北京市乡村民宿发展现状与持续健康发展策略[*]

——以门头沟区为例

余 煌 丁雅沁 杜姗姗 陈建周[**]

摘要：乡村民宿在带动乡村旅游产业提质升级方面具有积极作用。北京旅游消费需求旺盛，乡村旅游已经成为当下北京"城市人"周末及节假日放松身心的重要方式。随着《北京市乡村振兴战略规划（2018—2022 年）》和文旅融合政策的实施，北京民宿业作为乡村旅游的组成部分和北京市推进文旅融合的重要抓手在快速崛起的同时，也面临着新一轮发展机遇和挑战。本文以门头沟区乡村民宿为例，通过建立门头沟区乡村民宿信息数据库，结合时空分析探究乡村民宿业的发展历程、类型划分、现状问题，从规划引领、业态融合、环境保护、管理体制、利益协调等多方面提出促进北京市乡村民宿持续健康发展的对应策略。

关键词：乡村民宿；发展策略；时空分析

一 引言

文化和旅游部在 2019 年全国乡村旅游（民宿）工作现场会上发布了

---

[*] 基金项目：北京联合大学北京学研究基地开放课题（项目编号：SK120202001、BJXJD - KT2020 - YB06）；北京学高精尖学科学生创新项目"京西乡村文化记忆空间的类型、格局及影响因素——以斋堂镇为例"的研究成果。

[**] 余煌，北京联合大学应用文理学院，硕士研究生，研究方向为乡村地理；丁雅沁，北京市海淀区苏家坨镇人民政府，研究方向为乡村地理；通讯作者杜姗姗，北京联合大学应用文理学院副教授，博士，研究方向为城乡规划、都市农业；陈建周，北京联合大学应用文理学院，硕士研究生，研究方向为文化遗产与区域规划。

《全国乡村旅游发展监测报告（2019 年上半年）》。报告显示，今年上半年全国乡村旅游总人次达 15.1 亿次，同比增加 10.2%；总收入 0.86 万亿元，同比增加 11.7%①。作为承接乡村旅游的附属产业，近年来由农家乐转型升级的乡村民宿业获得快速发展，在中国文化和旅游大数据研究院发布的中国首份民宿业大数据报告中指出，2016—2018 年，中国在线民宿房源数和房东数同比增长，单个房东拥有平均房源个数也从 2016 年的 2.5 个增长为 2018 年的 3.3 个，2018 年中国在线民宿房东总量达 32.5 万人，在线民宿房源数达 107.2 万个②。由此可见，民宿作为一种新型的旅游形态在快速崛起，从担任当代民宿业的候补力量到变成重要的民宿类型，成为乡村旅游的重要空间载体和乡村文化的体现形式。

北京作为全国乡村旅游发展的示范区，伴随着乡村振兴战略和文旅融合政策的实施，乡村旅游蓬勃发展，2019 年北京乡村旅游的游客量达 6000 万人次③。北京乡村旅游比例较往年大幅提升，乡村旅游已经成为当下北京"城市人"周末及节假日放松身心的重要方式。北京民宿数量在《2019 中国大陆民宿业发展数据报告》规模城市排名中位居全国前三。但目前北京的特色乡村民宿作为一种较新的业态，在推行建设过程中，北京京郊的民宿呈现质量参差不齐、"硬件"与"软件"都有待提高的局面，严重阻碍了乡村民宿业的进一步发展。2019 年 12 月，北京市文化和旅游局等 8 部门印发《关于促进乡村民宿发展的指导意见》（以下简称《意见》）的通知，《意见》指出到 2022 年，实现全市乡村民宿从规模到质量的全面提升，力争在全市推出一批乡村精品民宿，打造一批乡村民宿特色乡镇，提升全市乡村民宿接待能力和服务水平。因此，采取何种策略以充分发挥乡村民宿在建设美丽乡村，促进农民致富增收，带动乡村旅游产业提质升级的积极作用，实现构建"三产联动、多业融合"的民宿经济业态，成为促进北京乡村民宿持续健康发展的关键。

作为首都重要的生态涵养区，门头沟区生态环境良好、历史文化资

---

① 文化和旅游部：《全国乡村旅游发展监测报告（2019 年上半年）》，2019-07-28，http://m.people.cn/n4/2019/0729/c902-13002905.html

② 中国文化和旅游大数据研究院：《2019 中国大陆民宿业发展数据报告》，2019-11-09，http://www.sohu.com/a/355816428_120245454

③ 鲍聪颖：《2019 年北京乡村旅游的游客量达 6000 万人次》，人民网，http://bj.people.com.cn/n2/2019/1227/c233080-33667690.html

源丰富,把精品民宿作为推动乡村振兴的重要抓手和引擎,乡村民宿蓬勃发展,初见成效。门头沟区营业及在建民宿总体接待能力达到2000人左右,盘活闲置农宅300余套[①]并推出"门头沟小院"民宿品牌。乡村民宿的陆续加盟与门头沟区的发展相互影响、相辅相成,一方面门头沟区倚仗优美的生态环境、原住民朴实独有的生活习俗、较为便捷的交通吸引着乡村民宿的入驻,同时也为乡村民宿的发展创造了良好的环境;另一方面民宿的加盟也使门头沟区的内部基层人员开始有组织地带头帮助原住民改善生活品质、促进乡村多产业的融合、优化当地资源配置、加快基础设施建设等。本文以门头沟区乡村民宿为例,通过建立乡村民宿信息数据库,结合时空分析乡村民宿发展的阶段性、探索乡村民宿的主要类型以及不同类型民宿的空间分布特征及现状问题,提出相应策略,对科学促进北京市乡村民宿业的持续健康发展具有重要意义。

二 发展概况

在国家大力弘扬乡村振兴的战略背景下,2019年5月,北京将乡村民宿纳入了地区产业发展规划,并签署了精品民宿企业与精品旅游村合作协议,使之与新版《北京城市总体规划(2016年—2035年)》及国民经济与社会发展规划无缝衔接,将"一张蓝图绘到底"。门头沟区积极响应政府政策,开始重视发展乡村精品民宿并有意识地加大开发力度,各相关部门将重点放在有序盘活农民住宅、投资建设精品民宿、提供服务保障工作、对基础设施进行再开发和对配套服务的再升级上,为打造更多的乡村精品民宿提供基础保障。早在2017年年初,门头沟区的乡村民宿业发展就渐入佳境,形成了打造农家乐高端升级版形态的民宿热潮。截至2019年,根据飞猪旅行、艺龙网、途家网等线上住宿预订网站的数据统计分析后显示,北京门头沟区乡村民宿(含各级农家院、家庭旅馆及乡村酒店)共计397家,其中农家乐202家,家庭旅馆137家,乡村酒店21家,民宿37家[②],乡村民宿业整体发展势头良好,门头沟区相关负责人称未来该区会

---

① 刘圆圆:《北京门头沟:美丽乡村的新生机》,《人民政协报》,http://www.moa.gov.cn/xw/qg/202001/t20200113_6334825.htm

② 数据来源于2019年飞猪旅行APP、艺龙网、途家网等。

持续发力,大力支持乡村民宿业的建设,不断增强乡村旅游吸引力。

(一) 发展历程

将旅游地生命周期理论应用于民宿的空间分布特征研究,有助于优化乡村民宿业的选址、开发及发展。判断旅游地生命周期所处阶段可从日旅游人次、基础设施利用率、旅游地居民人均可支配收入、交通通达度等进行分析。门头沟区乡村农家乐兴起于20世纪90年代后期,在经过了无秩序自发性发展、数量激增后出现了盲目跟风哄抬物价、服务态度不好等一系列问题,导致回头客源少、文化内涵缺失,后经过20多年的整治改革,逐渐规范发展模式、提升旅游文化品位,农家乐逐渐形成可持续发展的态势;家庭旅馆在2014年横空出世,主要作为轰趴娱乐或朋友聚会的承接场所,到2018年年底北京地区已经发展到500多家,需求呈上升趋势;乡村酒店发展于21世纪初期,但较农家乐来说乡村酒店发展得更快,仅经过几年时间就迅速发展壮大起来。乡村酒店既有农家乐所拥有的优质乡村资源,又有星级酒店般舒适的基础设施和优等的服务质量,这种接待模式是市场经济下旅游产业发展繁荣的产物,同时优质的乡村酒店进行品牌连锁化也是其未来发展趋势之一。近年来响应国家"建设美丽乡村""绿水青山就是金山银山"等政策,北京市乡村民宿业发展速度与建设质量齐头并进,发展势头良好。

民宿作为门头沟区近年来的新兴热门产业之一,其发展轨迹有迹可循,自2012年民宿概念萌芽之后,乡村民宿业经历了几个发展时期,大致可以概括如下。

1. 萌芽出现期(2012—2015年)

这一时期民宿的需求特征是人们特别是城市居民生活质量相比过去大幅提升,在紧张的工作日之后,人们对休闲娱乐的需求增加,对外出旅游度假的需求也快速增长。节假日中,个人家庭的结伴旅游替代商务出行成为主流,追求更贴近大自然的高质量闲暇放松,较仅提供基础食宿的农家乐而言,人们更加倾向个性化或有独特主题的住宿,民宿应需而生,小规模零星的民宿经营者出现,人们开始关注民宿并逐渐喜爱上它,此时的民宿主要针对人们对回顾体验以往农村生活增长的需求,解决了农村乡野地区深度旅游观光时的住宿问题。

2. 爆发增长期（2015—2017年）

伴随着乡村中新旅游景点的开发，旅游资源的整合扩大，乡村旅游的配套设施——民宿迎来最好的发展时期。与此同时，民宿也在不断刷新人们对它的认识：从低端向高端发展，从大众化向个性化发展，逐渐成为开发者新的投资热点，专业性的资金投入也陆续开始注入此领域，各种资源包括资本、人才进驻，民宿经营也开始引入很多高科技的手段，如互联网APP、大数据分析等，各种定制旅游开始出现，迎合了不同人群的怀旧游、亲子游、情调游等不同的需求，人们不再仅考虑入住"冷"宾馆、"冷"旅店，而是对各种相对高端、个性、小众的"热"民宿抱有更多期待，因此乡村民宿需求陡增，迎来开业热潮，很多农家乐也开始主动升级转型。

3. 创新发展期（2018年至今）

乡村民宿业在经历了"大干快上"的爆发增长期后，新乡村旅游景点的开发速度增幅减缓，国内旅游产业逐渐趋于成熟稳定，前期乡村民宿业发展中的一些问题逐渐暴露，如开发选址的盲目、经营管理的粗糙、装修主题的雷同、部分设施的低端及老旧等问题。新型旅游形势的转变，民宿各种问题的出现，一些投资方的撤离，等等，使乡村民宿业发展进入一个相对停滞的时期。开发投资者、行业管理者和民宿经营者都意识到乡村民宿业必须要适应形势转型升级，才能获得创新发展。要在细分和高端市场上下足功夫，同时还要积极响应国家绿色中国、美丽乡村建设、扶贫攻坚等号召，建设更加资源节约、环境友好、发展绿色，更具人文特点和历史文化底蕴的乡村民宿业，满足人们更高的心灵需求。

其中农家乐和乡村酒店的初期发展持续时间较长，发展速度较缓，后期发展速度提高，民宿与家庭旅馆虽兴起时间晚，但其在短时间内成为投资热点，发展速度极快，因此在住宿行业中市场曝光度及占有率并不低于农家乐及乡村酒店。

表1　　　　　　　　　门头沟区乡村民宿发展历程及特点

发展过程	时间	住宿需求特征	热门旅游模式	乡村民宿业发展历程
萌芽出现期	2012—2015年	生活质量提升，旅游度假需求快速增长，倾向个性化或有独特主题的住宿	商务出行→个人旅游	对于民宿等个性化主体旅店需求大幅增加

续表

发展过程	时间	住宿需求特征	热门旅游模式	乡村民宿业发展历程
爆发增长期	2015 年	伴随新旅游资源的开发而诞生	打卡式景点游	投资热点,自发转型升级
	2016 年	民宿在线上住宿预定网站的搜索量呈井喷式增长,甚至超过"酒店"	情怀游、小资情调游	民宿与乡村酒店的关注度已经持平,但是曝光度还远不及乡村酒店
	2017 年	个性化、小众化需求明显,人们空闲时间愿意选择高端民宿感受乡村休闲生活	家庭亲子游、定制路线小众旅游	民宿迎来开业热潮,农家乐需求增幅较小
创新发展期	2018 年至今	注重"人情味儿",期望与民宿主人更多交流,得到身体与心灵上的双重休憩	情怀游、心灵休憩游	民宿行业稳步发展,但出现投资痛点及难点,民宿转型升级急不可待

资料来源:根据中国知网统计数据整理。

中华文明上下五千年,耕读传家的习俗源远流长,每个国人心中都有一个家国田园梦,而民宿就是旨在现时代为"城市人"打造一个拥有旖旎田园风光的生活场景,让"城市人"在身心疲惫时可以眺望田园牧歌的诗和远方。而从民宿发展的现状及阶段来看,尤其是在我国这样有着深厚田园文化的地方,乡村民宿业还有很大的发展空间。现在国家提出乡村振兴战略、美丽乡村建设以及扶贫攻坚等战略决策,都是有条件、有资源的地区发展民宿及乡村旅游的好时机,各地区应找准定位,把握时机,理性分析供需,充分利用资源,为区域经济发展、传统文化弘扬和优良历史传承发挥更大作用。

(二)主要类型

1. 乡村民宿类型划分

农家乐、家庭旅馆与乡村酒店在类型上均有较为明确的分类,农家乐多地处乡村,可以为住客供应有地域特色的家常菜及较为简陋的住宿条件,多为基础食宿型农家乐。家庭旅馆多位于城市近郊,多不提供餐食及额外服务,仅提供住客进行长期或短期的休憩,多为自给自足型家庭旅馆。乡村酒店多为品牌连锁,多为公务人员提供星级高档的住宿条件,拥有较齐全的基础设施及配套服务,多为高档连锁型乡村酒店。

民宿的分类一直以来都是相关学者进行探讨、总结的热点,但由于我国政府对民宿的具体管理细则方案尚未出台,学术界对民宿类型尚未有官方划分标准。民宿类型的划分一般以当地突出的文化要素为契机,在此基础上添加一些富有特色的创意、新颖的事物及深度的文化内涵,突出发展差异化民宿,同时注重游客的体验感与舒适度,形成不同类型的,拥有高辨识度、优良口碑的精品民宿以吸引游客持续高涨的新鲜感及满足感。目前民宿的分类大概有以下几种。

以位置作为划分依据,可将民宿划分为城市民宿、近郊民宿及乡村民宿。城市民宿多位于城市中心城区,凭借热门的城市景观吸引游客,其形式多以高楼林立的公寓或商品房为主,风格主要以现代简约为主;近郊民宿多出现于大中城市的郊区,是城市中心和乡村之间的中间连接点,可为身心疲惫的"城市人"提供小住的 Loft 复式别墅或普通公寓,多配有停车位,也更方便自驾游的出行,近郊民宿多拥有清新的空气、有机食物和纯净水,是"城市人"周末放松身心、踏青出游的不二首选地;乡村民宿多位于城市边缘地带或山区,这类民宿的形式通常是将四合院或小型院落打造成独一无二的住所,使舒适的住宿和乡村生活融合起来,可让住客享受返璞归真的农家生活乐趣。

以功能作为划分依据,可将民宿划分为仅住宿型民宿和拥有特色服务型民宿。仅住宿型民宿多为城市民宿及近郊民宿,民宿主人多将闲置住房装修重塑后短期出租给住客,特征是大部分主人不提供做饭服务,甚至在民宿内不可以自己做饭,房主仅在和住客交接房间钥匙或出现生活困难时才会出现;拥有特色服务型民宿多为乡村民宿,民宿主人更注重住客的乡村体验感,会带领住客体验当地农家生活,提供乡村美食招待住客,让住客感受到乡村风情的同时体验到乡村农家的温馨感。

按房屋所有权作为划分依据,可将民宿划分为传统自有型民宿和外包经营型民宿。二者区别在于传统自由型民宿是乡村原住村民在收到政府支持鼓励发展乡村民宿的信号后有意识地进行村落资源整合,将自有闲置住房打造成民宿,也可能由农家乐转型升级成为民宿,多以副业方式开展;外包经营型民宿是第三方公司出资新建住房,精装修后聘请村里居民代为经营,为游客提供住处,多以主业方式开展。

2. 乡村民宿主题划分

农家乐由于其较为低端、廉价的特点,一般主打原生农家生活型的主题,主题种类较为单一,多凭借农家乐周围的自然资源禀赋及社会文化资源吸引住客，再以地道的乡村家常菜留住住客，突出其乡村生活的原真性。乡村酒店是规范、标准的住宿旅店，主要以星级、高档的住宿条件吸引住客，主题主要设计为舒适住宿的公务型乡村酒店。

民宿从本质上来说就是百姓的自家住宅，房屋主人性格、喜好的不同造就了民宿主题的差异性，大致归类后有以下几种。

传统工艺体验型民宿。该类民宿多位于有深厚文化底蕴的古村落中，民宿主人通常掌握一定的工艺技巧，可带领游客进行艺术作品的创作，如剪纸、绘画、烧紫砂、捏陶土等，游客可亲自动手，感受传统文化的魅力。

主题运动、度假体验型民宿。该类民宿多位于滑雪场、冲浪馆等拥有特色活动的周边地区，凭借附近可以打造拥有特色主题体验性的自然景观吸引游客，可为游客提供其他地点无法体验到的特色活动。

优美风光欣赏型民宿。该类民宿多结合优美的自然景观或精心布局的人文景观，如季节性花海、海阔天空、风景园林、夜观天象及高楼林立的璀璨夜景等。

原生农家生活型民宿。体验乡村生活，如季节性收获、打谷子、磨辣椒粉等，感受返璞归真的乐趣。

特色主题型民宿。该类民宿拥有特定的主题，如二次元主题、温泉主题等，拥有特定的客源。

表2　　　　　　　　门头沟区乡村民宿（按主题划分）

乡村民宿业	主题	民宿名称
民宿	传统工艺体验型	槐井石舍精品民宿、北京韭姑娘
	主题运动、度假体验型	北京灵山苑避暑山庄、紫旸山庄
	优美风光欣赏型	灵居山景人家、北京国砚山庄、北京一瓢民宿、西山·欣忆府、隐北·半山、隐南隐北、北京向往拾光精品民宿、北京灵山观山民宿、淡庐
	原生农家生活型	北京有关民宿、灵山小苗家、呢喃山居、灵山木屋、北京土店儿、壹所·京西云海揽山别院、潭柘厚院、松苑小筑、莲顺客栈、游山客栈、阿芳嫂民俗客栈、灵山乡村小别墅
	特色主题型	北京思思雅墅特色民宿、爨舍精品四合院、椿舍四合院、《潭柘寺》雅韵四合院、凤凰栖梧、林夕织梦、北京创艺乡居精品民宿、静花缘·梦回古道民宿、潭柘寺景区内大悲坛四合院别墅、古源居、清水四合院、清庄民宿

续表

乡村民宿业	主题	民宿名称
农家乐	原生农家生活型	北京第一家农家院、北京捷报家园、门头沟朋多农家民宿、北京邓爱红农家院、潭柘寺农家院、小时代民宿、古石贵客栈、宝然居舍、杨淑龙农家乐民宿、灵山琦琦农家院、北京张雨农家院等
乡村酒店	舒适住宿公务型	忠良书院、普拉托休闲度假小镇、北京观山小筑主题酒店、斋韵山庄、好再来农庄、北京门头沟大量客栈、灵山避暑山庄、格林豪泰酒店等

资料来源：飞猪旅行APP、艺龙网、途家网等线上网站。

在乡村民宿业进入创新发展期后，高端民宿之间竞争愈发激烈，民宿的个性化和主题类型是影响住客选择民宿的重要因素，门头沟区民宿种类繁多，其中原生农家生活型民宿12家，主题特色型民宿12家，优美风光欣赏型民宿9家，传统工艺体验型民宿2家，主题运动、度假体验型民宿2家。同时以槐井石舍精品民宿、北京土店儿为代表，部分"高精尖"民宿更是将2—3个不同的主题融合起来形成了优质乡村综合型民宿，不但为住客带来更加舒适的精神体验，更是为整个乡村民宿业立起了行业标杆。

（三）空间分布

1. 总体格局分析

北京门头沟区乡村民宿业共计397家，其中农家乐202家，家庭旅馆137家，乡村酒店21家，精品民宿37家[①]，其空间分布大致可概括为东多西少、南多北少，整体布局依托交通干道G109呈带状分布（见图1）。东部靠近北京市区，家庭旅馆多分布于此，为城郊提供旅途暂歇之所。

泰森多边形分析法是衡量空间分布是否呈均匀分布态势的常用方法，本文以397个住宿点作为质心，生成门头沟区乡村民宿业泰森多边形图，通过ArcGIS运算后得出（见图2），门头沟区乡村民宿业非随机或均匀分布，而是呈聚集态势，沿交通主干道线性分布，分布不均。

---

① 数据来源于2019年飞猪旅行APP、艺龙网、途家网等。

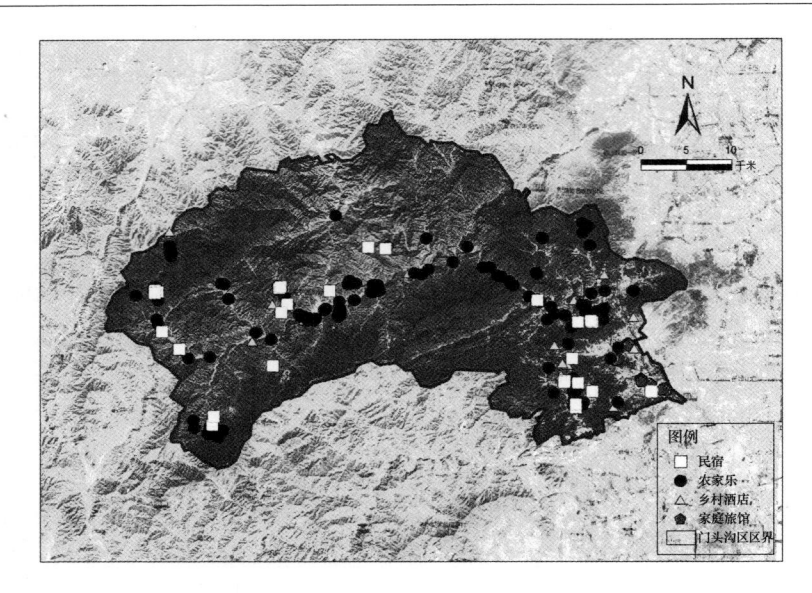

图 1　门头沟区乡村民宿业分布示意图

（资料来源：飞猪旅行 APP、艺龙网、途家网等线上网站）

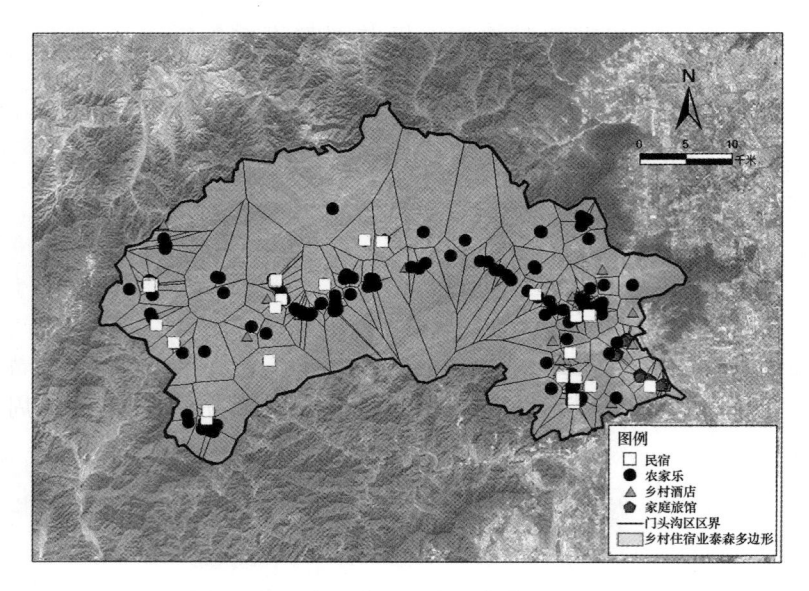

图 2　门头沟区乡村民宿业泰森多边形图

（资料来源：北京市门头沟区人民政府网）

空间核密度分析是判断空间聚集指向的空间分析方法，通过对397个住宿点进行核密度分析后，可知门头沟区乡村民宿业空间分布主要集中于西东两极，西部较东部数量更多，但东部聚集程度更高，从南北两部来看，门头沟区民宿因受到多重因素影响，多集中于中部，沿交通主干道呈线性分布，在较为知名景点如百花山、潭柘寺周围住宿业的集聚程度也较高。

2. 空间集聚分析

乡村民宿趋向依托旅游资源集聚分布。乡村旅游有无发展前景最重要的判断依据就是其旅游资源是否与城市旅游资源有差异。"城市人"平日里为生活奔忙，身心疲惫，在有空闲时间时很多"城市人"愿意走出城市走进乡村享受慢节奏的田园生活，他们最希望可以欣赏到与城市的高楼林立不一样的乡村景观，因此旅游地的旅游资源禀赋等级、质量、数量及其空间分布等都会对乡村民宿业的选址及其空间格局产生很大影响。

门头沟区地处西山脚下，远离城市，拥有独具特色的生态环境和资源禀赋，拥有4A级景区2个，3A级景区6个，2A级及以下景区51个[①]（见图3），京西太平鼓、皇家琉璃烧造、妙峰山庙会等12项国家级、市级非物质文化遗产异彩纷呈，门头沟区旅游资源丰富且随着该区域日新月异的发展形成了底蕴深厚的历史文脉，也为门头沟区发展精品民宿打下了坚实的基础。

考虑到门头沟区不同景区等级不同，设定4A级景区缓冲半径为8000m，3A级景区缓冲半径为5000m，2A级及以下缓冲半径为3000m建立缓冲区（见图4），与乡村民宿业空间分布图叠加分析后发现门头沟区多数乡村民宿位于景区缓冲区内，贴近自然资源禀赋较好的景区，可结合其周围优质的自然资源发展景区特色旅游，可以举办有奖擂台赛、篝火晚会等交互性较强的娱乐活动，或举办探险赛事、骑行比赛等特色周年活动，发挥景区旅游的带动作用。另有9家乡村民宿位于景区缓冲区之外，30家乡村民宿位于景区缓冲区边缘地带，说明门头沟区大多数乡村民宿为近景区型乡村民宿。

乡村民宿沿交通干线和居民点集聚分布。灵活便捷的公路交通是人们

---

① 数据来源于北京市门头沟区人民政府网，http：//www.bjmtg.gov.cn/bjmtg/zjmtg/lyxx/mtgq/index.shtml

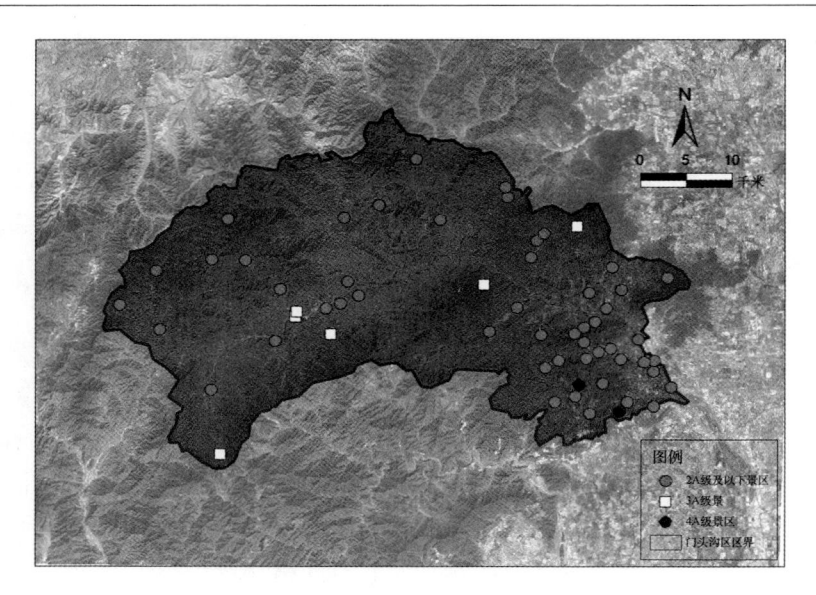

图3　门头沟区景区分布示意图

（资料来源：北京市门头沟区人民政府网）

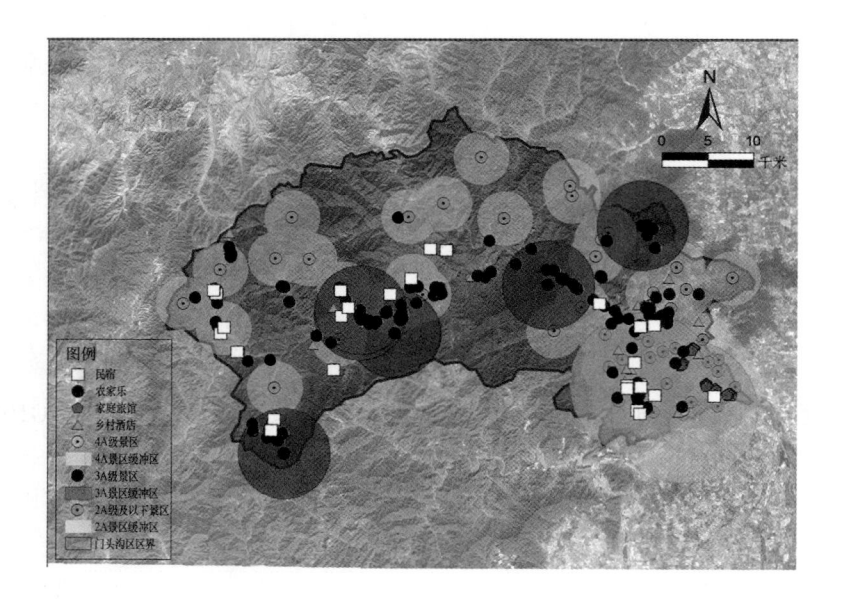

图4　门头沟区景区缓冲区叠加乡村民宿业示意图

（资料来源：飞猪旅行APP、艺龙网、途家网等线上网站及北京市门头沟区人民政府网）

经常采用的出行方式，等级较高的公路及道路的建立对提高乡村旅游地的经济发展水平和促进旅游发展具有重要意义，对旅游地的规划开发、旅游游客量等均产生直接影响。门头沟区 G109 国道贯穿东西，其他主要交通干线分布于区域东部、北部，南部且多为三级以下道路（见图 5），公共交通系统并未全部深入到村落及民宿，游客若乘坐公共交通出行需进行多次交通方式的变更，交通廊道有待优化建设。

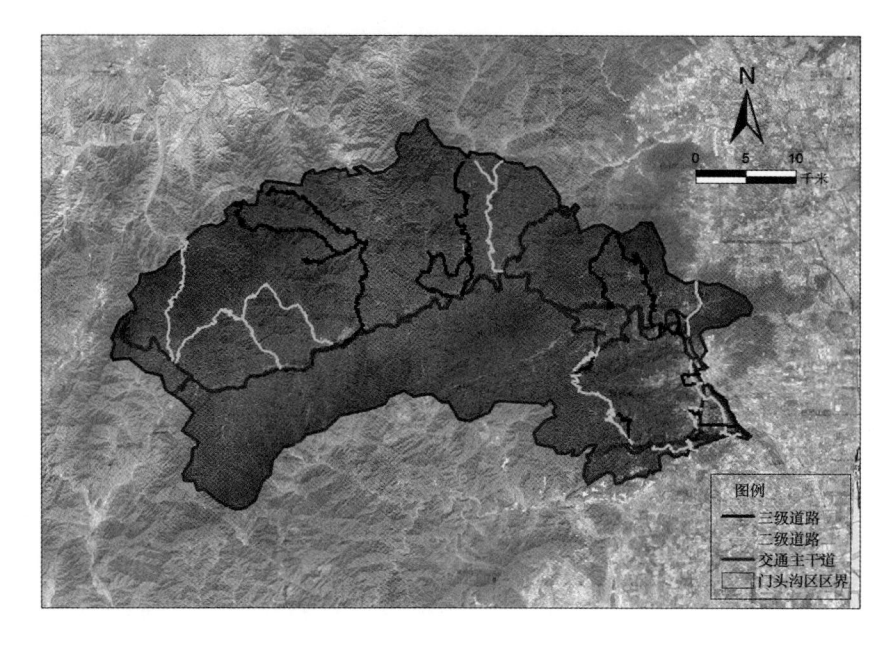

图 5　门头沟区公路交通示意图

（资料来源：高德线上网站）

考虑到公路交通拥有较好的通达性，对门头沟区交通主干道 G109 国道设置以 2000 米为最大缓冲半径建立缓冲区，二级道路设置以 1000 米为最大缓冲半径建立缓冲区，三级道路设置以 500 米为最大缓冲半径建立缓冲区，与乡村民宿业空间分布图叠加分析后得出（见图 6），397 家乡村民宿业中的绝大多数均位于公路交通缓冲区内，贴近交通干道，交通较为便利，仅有 23 家住宿业位于公路交通缓冲区外，该种乡村民宿业可将情况上报乡镇政府，争取集资修建等级较高的公路，使住客节省出行的时间和金钱成本，享受舒适的乡村之旅，增加好感度，提高复住率。

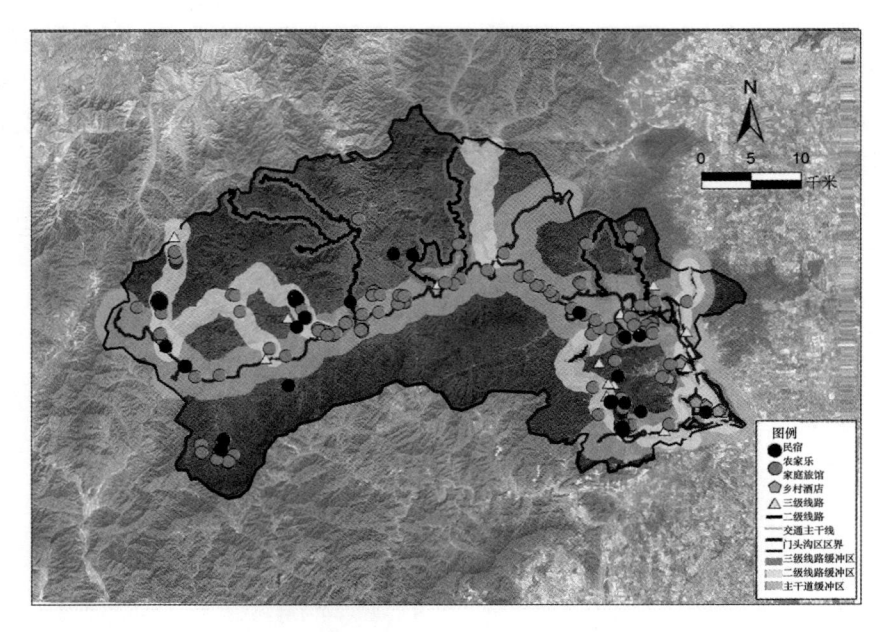

图6　门头沟区公路交通缓冲区叠加乡村民宿业示意图

（资料来源：高德线上网站及北京市门头沟区人民政府网）

三　存在问题

门头沟区作为北京乡村民宿发展的一个重要区域，其反映出来的问题具有典型性及代表性。近年来，门头沟在乡村民宿业的开发与兴建方面已获很大进展，从2012年至今经历了萌芽出现期、爆发增长期和现处的创新发展期后，乡村民宿业总量突飞猛涨，但也逐渐暴露出一些突出问题，如周围乡村旅游资源过度开发、生态环境恶化等。乡村民宿业发展前景被看好，部分乡村民宿业在数量上得到了大幅的提高，但空间布局无序，配套设施等条件也未跟上发展，乡村民宿业出现效益不佳、低端化集群分布的现象，不利于充分发挥乡村民宿促进乡村旅游，推动乡村振兴的作用，本文将乡村民宿存在问题归纳为六个方面。

（一）空间布局无序，区域差异拉大

在旅游资源禀赋、交通条件多种因素的综合推动作用下，乡村民宿的空间布局存在无序性。北京市乡村民宿的市场不断扩大，民宿数量大幅增加，

空间分布态势却不容乐观。一是民宿为保留乡村原真性，普遍基于村落开展，这种布局大幅依赖村落建设发展，不同等级村落发展水平参差不齐，基础资源如停车场、空旷地的配置各有不同，存在优化上升空间。二是部分乡村民宿距景区或交通主干道有一定距离，建成后由于其住宿竞争力、文化吸引力较弱，游客直接以之为目的地的热情本就不高，再加之公共交通不便利，导致出行困难多、效率低、阻碍大，部分乡村民宿业无人问津。三是一些低端的农家乐多依赖周围自然资源禀赋，通常扎堆集中分布，受季节性淡旺季影响，淡季房屋空置率较高，供过于求，旺季床位不足，甚至出现"一屋五床"等不合理、不合规的情况，导致民宿的入住率并不高。这种供需间的不均衡与乡村民宿在空间分布上的不均衡存在很大关联。乡村民宿空间布局的无序在拉大区域发展差异的同时，进一步引发配套资源的失衡与浪费。

（二）服务水平不高，消费体验同质

通过分析门头沟乡村民宿业的构成，发现乡村民宿业中低端农家乐数量过于庞大，只有零星的其他种类住宿业，导致想要享受高端服务或高档配套设施的人群选择余地小，在供不应求时只能退而求其次选择低端住宿业，降低好感度，乡村民宿业服务水平不高对重住率影响较大。乡村民宿缺乏完善的服务体系，行业的服务质量相对较低，民宿消费产品的设计单一，层次较低，品牌意识淡薄；内部设计装修相互模仿、相互抄袭的现象较普遍，地域文化内涵挖掘不够，经营理念落后，缺乏市场竞争力，同质化导致经营利润水平相对较低。

（三）周边生态恶化，乡村遗产受损

优美的环境是乡村民宿得以吸引游客居住的重要竞争力，乡村民宿的持续健康发展的关键是要处理好民宿与环境之间的关系，具体表现在两个方面。一是生态环境方面，民宿建设选址靠近水源与自然风景区，而这些区域多处于生态脆弱区，有的甚至在生态保护红线内。许多民宿建设之前缺乏对周边生态环境承载力的有效评估，破坏生态平衡。建成之后由于管理不当，造成水污染等问题。二是遗产环境方面，不少北京民宿为了更好吸引游客，选择布局在传统村落中。在经济利益的驱动下开始大规模地进行乡村民宿及其旅游接待设施建设，由于部分民宿经营者并非原居民，缺乏对于当地传统居住建筑历史价值的深刻认识，导致历史时期的老宅院与

古寺庙破损较多，村落原来的自然风光与古式建筑遭受破坏，导致乡村文化遗产失去部分原真性，原有乡村景观历史风貌整体性遭受破坏。

（四）安全隐患突出，管理体制欠缺

伴随着游客需求的多元化，乡村民宿的经营范围不断扩大，包含住宿、娱乐、餐饮等，其存在的安全、消防、卫生和社会矛盾隐患也不断增加。不少乡村民宿由乡村老建筑改造而成，在改造过程中存在违章搭建带来的消防风险和破坏房屋结构稳定性的安全风险；目前乡村民宿在进行实名住宿登记时主要通过在线端进行，身份造假空间较大，存在民宿实际入住人和线上订单人员不符的漏洞和风险，进而引发公共治安问题；民宿住客的卫生、个人隐私和财产安全也缺乏保障。目前多数乡村民宿为个体化经营，缺乏完善的管理体制，政府对经营范围、配套设施、消防安全、治安管理、卫生标准、服务项目等都没有明确的规定。民宿经营者缺乏经营管理方面的系统培训和学习，服务水平和从业素养低下，不少营业条件极不成熟的民宿已经进入市场。监管依据的缺失和监管部门的模糊使得相应的行政处罚实施不到位，进而导致乡村民宿的经营做不到流程标准化、卫生透明化、管理规范化，严重影响住客的消费体验。

（五）社会资本主导，村民权益弱化

社会资本是国民经济中异常活跃的元素，乡村民宿是投资兴业的热土。社会资本的下乡对解决政府资金有限且难以持久而农民实力又不足这一问题的作用显著，能够带动老乡发展，但在乡村民宿的发展过程中逐渐出现社会资本代替老乡发展的问题。农民作为民宿利益分配中的弱势群体，在乡村民宿建设初期受教育水平和信息获取手段的制约，在了解与其合作的社会资本信息和进行民宿未来收益预测方面存在不足；在乡村民宿经营过程中，农民又缺乏与社会资本展开谈判和争取自身利益的能力，容易被社会资本侵占既得利益，农民在社会资本主导的乡村民宿建设中存在失去土地和房屋的风险。

四 对应策略

北京市乡村民宿作为一种新兴的可持续发展业态，对优化乡村基础设

施、挖掘乡村深厚底蕴、融合乡村自然与人文资源有重要作用，在其蓬勃发展过程中存在着诸多亟待解决的焦点问题。本文针对这些问题提出五大对应策略，以期为发挥乡村民宿在建设美丽乡村、促进农民致富增收、带动乡村旅游产业提质升级的积极作用，促进北京乡村民宿持续健康发展提供一定借鉴意义。

（一）编制发展规划，引导资源配置

乡村民宿的合理空间分布有利于调整供需关系，提升整体发展水平。应当在遵守城乡规划、城乡建设等各项法律法规的要求下，借助空间分析和地理信息系统技术，识别北京市乡村民宿重点区域空间分布和主要结构特征，结合区域资源禀赋、发展定位编制北京市乡村民宿发展规划。各区应当基于规划科学确定乡村民宿发展的布局、目标，按照规划时序扎实推进。统筹协调支撑乡村民宿发展的基础资源配置，依据各区域乡村民宿发展规模配套相应基础设施。通过调整交通及公共设施、商业服务网点设施、文化、医疗服务和餐饮服务等资源建设布局，优化乡村民宿空间结构，推进整体发展。

（二）构建多元体系，融合新老业态

目前，乡村民宿体系发展不完善，存在服务水平参差不齐、乡村民宿业体系混乱、民宿档次配比不均、经营效益不高等问题，应尽快根据区域已有的乡村民宿业类型，进行科学规划、合理配比，结合"美丽乡村建设"，调整乡村民宿业供给结构，形成合理的乡村民宿业市场结构。降低区域内家庭旅馆本身数量，进行升级优化，形成科学配比，发展不同档次、多种类型、特色化民宿，形成"精品民宿＋乡村酒店＋家庭旅馆＋农家乐"的多元化乡村民宿体系。针对民宿消费体验同质化问题，应当注重新老业态融合。突出地域文化和乡村风貌，深入挖掘京郊传统文化和乡俗风情，与农产品销售、手工品制作、农耕文化体验等相结合，推进乡村一二三产业融合发展，形成一批主题类型分明、文化韵味浓厚、体验活动多样的精品化、品牌化民宿。

（三）优先生态保护，彰显遗产魅力

乡村民宿持续健康发展离不开对"两山理论"的深入理解，应当强调

生态优先，绿色发展。设立乡村民宿建造与运营标准，在乡村民宿建设之前展开生态环境承载力评估，建设过程中要求民宿经营者采用低碳环保材料，妥善协调好发展乡村民宿与山水环境保护的关系。在建成运营阶段遵照要求处理好产生的垃圾、污水等，尽到劝导游客文明旅游、低碳环保旅游的义务。乡村民宿的建设中存在损坏乡村文化遗产、破坏乡村历史风貌的现象，应当充分认识到乡村遗产的价值以及与民宿发展相辅相成的关系，乡村民宿有助于活化乡村遗产，乡村遗产有助于增添乡村民宿历史底蕴和文化韵味。在乡村民宿建造前应先进行遗产认定工作，在建造过程中切实保证乡村遗产的完整性和真实性；鼓励住宿业经营者与乡村居民共同参与乡村民宿片区环境营造设计，形成具有地域特色的民宿片区。引导农村进行保留乡村原有风貌、体现地域文化的景区化建设，提升乡村旅游服务设施建设水平。

（四）设立经营条件，建立管理体制

乡村民宿在发展中出现的安全问题和管理乱象归根结底是缺乏行业准入制度和清晰管理体制。急需设立经营条件，规范民宿经营，改进民宿的硬件设施功能，提高软性服务水平。政府应当出台相应法律法规对乡村民宿经营的营业执照、公共场所卫生、食品经营、入住信息采集系统、收费标准、住客须知和公共安全提示等方面做出明确细致规定。创新乡村民宿管理体制，加强组织保障，建立市、区、镇（乡）三级工作机制。市级层面建立乡村民宿发展协调小组，统筹协调、宏观指导乡村民宿管理过程中涉及的全局性、政策性问题；区级层面按照市级要求积极落实乡村民宿管理制度和实施细则，明确乡村民宿建设和运营管理事务处理机制和相应机构；镇（乡）级要切实完成乡村民宿的审核申报、日常服务及属地监管。此外，应当建立乡村民宿联合体开展经营者培训、管理经验推广、审核监管等工作，确保乡村民宿管理有效。

（五）强化政府引导，坚持农民主体

乡村民宿建设归根结底是为了助力乡村振兴、带动农民发展，出发点和落脚点应当放在提升农民群众获得感、幸福感、安全感上。应当强化政府在驱动机制、鼓励政策、利益协调等方面的作用，遵循市场在资源配置起决定性作用，在此条件下，牢牢把握农村土地集体所有制，充分发挥各

地各部门指导作用,引导农村集体经济组织、村委会统筹农民和社会资本共同参与乡村民宿经营建设。坚持农民主体,乡村民宿经营要注重结合农民的生产生活与乡村民俗文化资源,满足农民的物质和精神需求,提高农民的参与度和基层覆盖率,充分发挥农民群众的智慧和力量,让农民真正成为乡村民宿收益的主角。通过发展乡村民宿产业,带动农民多渠道增收,确保乡村民宿发展的成果能够为当地农民所享。

农村垃圾分类"辛庄模式"的调研报告

李小环[*]

摘要：近年来，我国加速推行垃圾分类制度，全国垃圾分类工作由点到面，逐步启动，成效初显。本文研究分析了北京市昌平区兴寿镇辛庄村的垃圾分类模式，在探索"辛庄模式"主要做法的基础上，针对农村垃圾分类工作总结出镇村高度重视、社会力量积极参与、提高村民自觉、加大宣传引导和增强资源化利用五点经验，努力解决好乡村垃圾分类难题，整治好农村人居环境。

关键词：农村；垃圾分类；"辛庄模式"；人居环境

建设生态宜居的美丽乡村，农村垃圾处理是必须解决的难题。做好垃圾分类是破解这一难题的有效抓手，农村的垃圾分类不能照搬城市方式，应因地制宜地探索符合乡村实际的分类方式。昌平区兴寿镇辛庄村从2016年开始，逐步摸索形成了一套接地气、易操作、可推广的农村垃圾分类"辛庄模式"，现已在全镇13个村庄推广。具体情况如下。

一 基本情况

辛庄村位于昌平区兴寿镇中部，村域面积2617亩，以草莓种植为主要产业。村人口构成多元，既有本地居民，又有艺术家、企业家及从城里过来陪读的家长（村内有一所民办学校）等外来人口。2019年，常住514户，常住人口1575人。2016年4月，在7位陪读妈妈的倡议下，村"两

---

[*] 李小环，北京市委研究室郊区处干部，经济学硕士。

委"同环保志愿者共同发起"净塑环保、垃圾不落地"活动，借鉴日本经验，在村内推广"两桶两箱分类法"（两桶：厨余垃圾桶、其他垃圾桶；两箱：可回收物箱、有毒有害箱）。经过三年多的时间，辛庄村从垃圾不落地到现在能够有效进行垃圾分类，垃圾减量达到70%左右，村民参与率达到95%。

二 "辛庄模式"的主要做法

一是全村动员从宣传教育抓起。2016年4月，在决定实施垃圾分类后，村"两委"干部与志愿者、环卫工人一轮一轮地沟通，制定垃圾分类方案，多次组织召开村党员会和村民代表会，统一思想，达成共识，并在启动前充分评估问题、做好预案。然后用了一个多月的时间，共讲了32次环保课，让每位村民、外来的"新村民"都了解垃圾分类的重要性，掌握基本的分类方法。2016年6月，村里利用端午节策划了传统文化与垃圾处理相结合的启动会。在启动会上，村民和"新村民"通过捐款的方式，为村里购买了四辆用于回收垃圾的三轮车。

二是垃圾不落地从"净村行动"干起。启动会后，村"两委"动员全村人对辛庄进行大扫除，捡拾村内的垃圾、清理乱堆乱放；环保志愿者号召更多的环保公益人士参与其中，最多的一次有上千人在辛庄村开展"净村行动"。整个行动持续了10天，清走了170车垃圾，整个村子焕然一新。同时，村里的17个垃圾堆放点也全部撤除。

三是源头分类从"两桶两箱分类法"分起。垃圾堆放点撤除后，村里为每户居民发放两个垃圾桶（厨余垃圾桶、其他垃圾桶），村民自己准备两个纸箱（可回收物箱、有毒有害箱），按照"两桶两箱分类法"在家做好分类。全村被划分为四个片区，利用村民共同捐资购买的四辆三轮车，每天早晚两次边放着村歌《辛庄人》，边在片区内挨家挨户上门收垃圾，村民依照"桶对桶、箱对箱"的方式分类投放，实现垃圾初分类。

四是培养习惯从村"两委"干部带头做起。开始阶段，村"两委"干部和环保志愿者都是戴上手套、拿上钳子跟车入户，把村民分类不正确的垃圾挑出来，重新归类，手把手帮助村民熟悉掌握垃圾分类的方法。有位村民有抵触情绪，不分类就要扔到环卫车里，被拒收后把垃圾带回家。村党支部书记到这位村民家中赤手把垃圾倒在地上，逐一分类后放到相应的桶箱里，用实际行动教育了这位村民，消除了抵触情绪。

五是形成自觉从村规民约管起。辛庄村把"提倡爱护大环境、保护小环境，做好垃圾分类和垃圾不落地的协助工作"纳入村规民约，在村里随处可见"乱投垃圾可耻，垃圾分类光荣"的标语和"垃圾投放，依规守时，违者罚款200—500元，或者跟车分拣垃圾一周"的告示牌。村里还把垃圾分类作为评选"五好家庭"的重要指标，并与过年过节的一些奖励挂钩。

六是垃圾减量从"净塑行动"减起。村里要求村内所有商户、小卖店、市场禁止提供塑料袋，所有餐馆不得使用一次性塑料制品。村委会给每家每户发放两个环保袋，鼓励村民重复使用现有购物袋，出门自带"五宝"（水杯、筷子、手绢、环保袋、饭盒）。联系原北京二商集团在村内售卖散装酱油、醋等调味品。这场"净塑行动"使得全村日均减少塑料制品使用200—300个。

七是绿色生活从二手物品换起。村里的几位陪读妈妈成立了"净公益"环保公益组织，鼓励村民重复多次使用物品，通过设置二手物品交换区，让村民能够免费交换闲置旧物。2017年4月开始，辛庄村在每个月的第一个周六定期举办环保市集。与其他市集不同，环保市集鼓励参与者拿出闲置物品来交换，或者分享给其他有需要的集友和摊主。此外，市集还有专门的垃圾分类讲解，对自带环保袋和瓶子的买家，摊主还有优惠甚至免费赠送，进一步宣传绿色生活方式和理念。

八是环保意识从娃娃教起。环保志愿者到幼儿园、小学开展"垃圾分类 我们一起来"进课堂活动，给孩子们上了一堂堂生动有趣的环保课。孩子们回到家就会对家长不正确的垃圾分类方式进行纠正，通过"小手拉大手"形式，推动垃圾分类更加有效的开展。

九是变废为宝从堆肥还田循环起来。农村垃圾与城市垃圾最大的不同在于农业废弃物占比很高，以辛庄村为例，高峰时，农业废弃物占垃圾总量的50%—60%。2019年，辛庄村从垃圾分类的前端宣传教育转到了后端的厨余堆肥，将部分厨余垃圾和粉碎后的农业废弃物加入菌种就地制作堆肥，经露天有氧高温发酵成肥后制成堆肥，以村民自愿为原则，提供给村民使用，改良土壤。

三 "辛庄模式"的经验与启示

农村的"慢生活""大空间"和"熟人社会"的特点，让村民有时间、有条件去做好垃圾分类，既可以变废为宝、减少垃圾处理量，还能改善村容村貌，进而提升乡村治理水平。总结"辛庄模式"，做好农村垃圾分类应重点把握以下五点。

一是镇村两级高度重视是前提。乡镇党委政府应加强指导和培训，结合村庄实际，因地制宜、"一村一策"地开展垃圾分类，不能搞一刀切。从辛庄村的经验看，只要村党支部书记有决心，"两委"班子够团结，垃圾分类完全可以在农村有效开展。村"两委"特别是村党支部书记应从思想上充分认识垃圾分类工作的重要性、必要性和紧迫性，当好带头人，带领全村党员身先士卒，争做垃圾分类的模范，做给群众看、带着群众干，共同建设美丽乡村。从辛庄村的实践看，垃圾分类后，不可回收的垃圾由环卫中心运走，可回收的垃圾需要建垃圾分类站临时堆放。但目前的村庄规划中公共服务设施用地主要是用于建设养老和医疗设施，没有考虑垃圾分类设施的建设需求，建议从市区两级层面对农村垃圾分类站选址进行明确。

二是社会力量积极参与是保障。从辛庄村的经验看，垃圾分类离不开社会力量全程参与和专业指导。同时自发于辛庄村的净公益等公益团队也面临着身份尴尬、没有办公场地、缺乏经费支持等难题。应结合昌平区创建社会组织创新发展示范区的契机，首先在昌平区探索支持农村环保公益团队发展的可行路径，引导更多的社会力量参与进来，推动农村垃圾分类更加科学有效地开展。

三是村民自觉是根本。垃圾分类能否长期坚持最终还是要充分发挥农民的主体作用，让垃圾分类成为农民的生活习惯和自觉行动，解决好农村垃圾处理"最初一公里"问题。应发挥好村民自治机制，把村"两委"干部包户责任制、环卫工作流程、垃圾细分规范、村民奖惩机制等纳入《村民自治章程》，使垃圾分类有规可依。还应成立监督小组，组建专门的志愿者队伍，确保垃圾分类有人管、管得好。

四是宣传引导是关键。既要考虑宣传面的广泛度又要注意宣传工作的接受度，尽可能做到通俗易懂、易于理解。应建立多元化的宣传机制，如通过宣传栏、宣传彩屏、入户宣传、"致村民的一封信"等多种形式，让垃圾分类知识、绿色生活理念深入人心。同时，还应开展民俗文化节、庙会、市集等活动，传播环保理念，引导更多农民群众参与进来。

五是资源化利用是趋势。利用农业废弃物、厨余等易腐垃圾沤肥还田是农村地区传统的生产生活习惯。应鼓励探索更多农业废弃物资源化利用的技术模式，变废为宝，以有机肥替代化肥，既让资源循环起来，又促进化肥减量，治理农业面源污染、提升农产品质量安全。

（注：本文所用数据均为调研所得）

推进帮扶农村残疾人就业增收

戎维兵　田晶晶[*]

摘要： 本文从助残基地建设现状、建设主体、帮扶对象、扶持政策四个方面梳理了北京农村助残基地的现状，针对问题和不足，建议打通建设助残增收、帮扶就业两类基地，做强做优助残帮扶基地，发挥其主平台作用，集聚各类扶持政策和资源，深入推进农村低收入残疾人长期稳定就业增收。

关键词： 农村；低收入残疾人；就业增收

一　基本情况

农村低收入残疾人是我市脱低攻坚的重点。截至2018年年底，全市农村户籍残疾人20.5万人，其中劳动年龄内残疾人72821人，已就业45891人，未就业26930人，就业率63%；现有农村低收入残疾人3.2万人，其中劳动年龄内2.1万人，是农村未就业残疾人的主体。近年来，我市大力推进残疾人帮扶就业基地和农村助残增收基地建设，为农村残疾人就业、增收发挥了重要作用。但仍存在农村助残基地建设总量少、帮扶功能弱、建设主体动力缺等问题，还难以满足农村残疾人特别是低收入残疾人就业、增收需求，亟须研究完善助残基地政策，加大基地建设力度，推进帮扶农村残疾人增收取得更大成效。

---

[*] 戎维兵，北京市政府研究室农村发展处调研员，经济学学士；田晶晶，北京市政府研究室农村发展处干部，法律硕士。

二 存在问题

（一）从助残基地建设现状看，缺乏硬性要求和建设条件，基地覆盖面还不够、帮扶功能还不强，亟待"提质扩面"

以市残联部门主推、各区主责，市财政、民政、人力社保、农业农村等部门联合推动的覆盖农村残疾人就业、增收基地主要有两类。一是助残增收基地。北京市从2000年开始建设助残基地，2000—2009年建设92家，扶持残疾人0.6万余人；2009年年底出台了全市扶贫助残基地扶持管理暂行办法，2010—2016年，共建设助残基地172家，扶持残疾人11374人。2017年，我市出台助残增收基地扶持管理办法，将扶持对象聚焦到低收入残疾人农户或低收入村中的残疾人，当年新建32个助残增收基地，扶持农村低收入户残疾人1066人；2018年，运行32个基地，扶持农村低收入户残疾人1054人、人均年收入1.7万元，高于农村低收入线5800元。2019年，全市保有37个助残增收基地（含退出和新建），扶持农村低收入户残疾人1072人，覆盖9个远郊区，36个低收入村（大兴区有1个村建有2家基地，通州区没有申请建设助残基地），占全市低收入村总数14.2%。二是帮扶性就业基地。2018年，面向服务全市残疾人、突出针对"三类重度残疾人"就业问题，主要依托职康站、温馨家园等基层残疾人服务机构和从事公益的企业，建设了127家帮扶性就业基地。其中，职康劳动型96家，公益劳动型31家，辐射服务残疾人约1.5万人，安置残疾人就业2337人。其中，安置智力残疾、精神残疾、重度肢体残疾1097人，约占全市未就业"三类重度残疾人"总数的3.8%。帮扶性就业基地覆盖78个乡镇，占全市涉农区182个乡镇总数的43%，吸纳农村低收入户残疾人就业1659人；其中，安置人数低于10人的有97家，占比76%，安置最少的只有2人；安置人数超过30人的有24家，占比不到20%，安置最多的有143人。

实地调研中发现，对各区建设帮扶性就业基地、助残增收基地数量和服务覆盖低收入村户残疾人没有硬性指标要求，助残增收基地建设资金主要由区级承担，有的区资金投入使用不足；有乡镇领导反映助残基地建设难，除已建基地的村外，其他村残疾人数量少，缺少企业、集体经济组织、职康站等建设主体支撑。更有甚者，通州区北辛店村干部反映本村残疾人没有一人就业。

（二）从助残基地建设主体看，投入产出不匹配，企业、集体经济组织动力不足，公益性基地总量偏少，有待"激励扩容"

目前帮扶性就业、助残增收两类基地的建设主体主要有四类，问题的侧重点不同。一是企业建基地顾虑较多。经残联部门多次沟通协调，2019年小米、普华永道分别安置了20名、11名残疾人就业，发挥了示范作用；百度、华为、京东、我爱我家等企业，担心安置残疾人可能给企业管理带来难度、留下隐患，宁愿以捐款形式支持，不愿直接安置残疾人就业。二是集体经济组织承建弱。农民合作社等农村集体经济组织本身经营能力不强，大都考虑经济收益问题，愿意吸纳二级以上残疾人（1人相当2名三级以下残疾人）以获取更多扶持资金；一些农村合作社因补贴资金不到位不及时、垫付资金压力大，大棚房拆除等原因退出运行。三是公益机构承建有待挖潜。全市现有职康站449家，建有助残就业基地的占20%，另有温馨家园等基层残疾人服务机构400多家，扩容潜力大。四是公共单位类基地占比偏低。国家法规政策要求所有企事业单位都要支持残疾人就业。目前，依托残联部门、乡镇政务服务中心、社区服务中心、敬老院、村委会等基层单位建设帮扶基地约20家，占现有帮扶就业基地的1/5。

（三）从助残基地帮扶对象看，部分残疾人劳动意愿不强，残疾人就近就业、增收岗位受限，社会保障难以兼顾，需要"强化引导"

一是补贴政策对残疾人劳动就业有冲击。目前在基地劳动的残疾人平均月收入1400元左右，大体上与享受低保和三项补贴的残疾人收入持平。现行政策规定，残疾人进入基地有劳动收入之后就不能再享受低保、生活补贴等待遇，客观上造成一部分残疾人不愿进基地通过劳动就业实现增收。调研中发现，在就业、增收比较好的低收入村，残疾人普遍愿意从事力所能及的工作，感到"自己挣钱花的敞亮"；而在残疾人就业、增收不好的低收入村，残疾人既想工作挣钱、创造更好生活，又感到茫然、没地方挣钱，于是安于现状。二是农村残疾人就业面窄。全市现有37家助残增收基地，从事果树、鲜花、蔬菜、中草药等种植的占28家，从事深加工的3家，营销、旅游的各2家，养殖、手工艺品的各1家。产业附加值高、收入相对高的岗位还比较少。从业人员多为20世纪50、60年代出生，难以纳入社会保障。三是村内就近就业占主体。以大兴区长子营镇小黑垡村为例，全村130名残疾人，其中外出就业29人，企业按比例安置就业24人；在本村两个助残增收基地劳动66人，村里公益岗位7人，纳入低保4人，在本村劳动就业、增收的合计占77%。村内就业的残疾人，主要从事保洁、监控值守、快递收发、平原造林巡察看护等岗位，村里实行统一打卡上班，按80元/日计算工资，允许其他人为残疾人从事替代劳动，保证残疾人稳定收入，平均年增收2.4万元。

（四）从助残基地扶持政策看，申请建设仍有门槛、资金申请使用不便、政策缺乏长远设计，需要"整合优化"

一是残疾人进基地仍有政策门槛。帮扶性就业基地不设人数限制非常好，但助残增收基地项目要求必须有残疾人农户10人以上，人口相对少、残疾人分散居住的村难以申报建设助残基地。二是政策资金使用不尽合理。基地扶持资金由区级财政负担，资金从筹措安排、申报申请到下达拨付，环节较多，基地反映申请使用不方便。公益性帮扶性就业基地还没有资金补贴。三是政策预期还不明确。现行扶持政策明确限期到2020年，助残增收基地负责人存有担心和疑虑，不知道政策到期后该何去何从，基地申报还存在短期行为。四是政策服务还不到位。各级政府各部门人力、物力资源受限，动员社会各界联动发力不足；对残疾人跟踪服务不到位，还需要"精准对接"。

三　对策建议

针对以上问题和不足，建议打通建设助残增收、帮扶就业两类基地，做强做优助残帮扶基地，发挥其主平台作用，集聚各类扶持政策和资源，深入推进农村低收入残疾人长期稳定就业增收。

（一）增强"公益性"，统筹加大助残就业、增收基地建设，推进帮扶农村低收入残疾人由"带动部分"向"覆盖全员"拓展

一是压实主体责任，大力推进"四类主体"建基地。进一步明确区级政府推进助残基地建设的主体责任和建设指标要求，并纳入绩效考核。进一步完善政策举措，深入动员和服务企业、农村集体经济组织、残疾人服务机构、乡村公共服务单位，加快建设助残增收和帮扶就业基地，逐步推进各区助残增收和帮扶就业基地辐射服务到全市农村残疾人，直接帮扶逐步覆盖所有农村低收入残疾人。基地扶持政策不要受脱低任务的影响，脱低不脱政策，要长期实行，持续解决农村残疾人增收和就业问题。

二是优化专项资金使用，完善直拨直付机制。目前，各区扶持资金投入约占残保金总额的1/4—1/3，且各区残保金征收额度相差较大。建议，各区以不低于残保金1/3的总额专项用于助残基地建设；同时采取市级统筹方式，对资金压力较大的区给予支持、对基地建设成效好的区给予奖励。同时，通过"财政预算资金+社会捐助"的方式建立专项基金，实行残联部门主责、多部门一次联审，实现项目申报即拨付、年度考评补差、逐年滚动实施，推进扶持和奖励资金直拨经济组织、企业、乡镇残联和村，直联残疾人一卡通，更好调动各方积极性。

三是统筹两类基地建设，取消人数门槛限制。对于残疾人少于10人的村，可依托村级职康站、温馨家园等申请建设助残基地或邻近村共建基地，通过企业一对一结对帮扶与低收入村合作共建等方式，实现低收入村"一村一基地"或"一中心村一基地"。

（二）着眼"持续性"，制定完善助残基地建设规划和扶持政策，推进帮扶农村低收入残疾人由"短期脱低"向"长期增收"转变

一是制定实施助残基地发展规划。统筹城乡残疾人帮扶就业政策和低收入农村残疾人增收支持政策，制定与全市残疾人事业发展规划相衔接、与乡村振兴发展需要相匹配、与残疾人个体需求相吻合的基地建设中长期规划，明确发展目标、任务、路径和政策举措，稳定政策预期。突出解决好"三类重度残疾人"和低收入残疾人稳定就业、超过劳动年龄段和不适宜正规就业残疾人稳定增收问题。

二是大幅提升助残劳动补贴标准。提高扶持资金标准和考核标准，在确保农村经济组织和企业收益的前提下，力争实现农村低收入残疾人平均收入不低于当年农村劳动力平均收入，使申请建设助残基地的经济组织和企业真正获得经济收益；让劳动就业的农村残疾人收入远高于仅靠福利补贴的收入。同时对于组织申报的乡镇和村，给予适当奖励资金，解决干不干、干多干少一个样。

三是优化基地建设管理长效机制。完善与事权财权相适应的乡镇申请、区审批、市核准的建设管理运行机制，将助残基地建设审批权限全部

下放到区级，各区做好基地资格审核、项目资金审核及拨付、已扶持项目跟踪和监督检查等工作；乡镇负责组织各类建设主体申报，做好助残基地日常管理和服务工作；市、区联合督导、考核，市级残联部门统一核准、挂牌，每年通报考评情况。

（三）针对"特殊性"，突出就近就地、居家就业创业，推进帮扶农村低收入残疾人由"劳动增收"向"稳定就业"迈进

一是实施灵活就业政策。统筹推进建设两类基地，明确助残基地增收、就业双重功能。现行条件下，区分基地内残疾人就业年龄、就业能力等具体情况，采取易就业则就业，签订劳动合同，纳入社会保障体系；易增收则增收，采取项目扶持方式，主体建设单位支付工资收入，社会保障部分由专项资金解决，逐步实现农村低收入残疾人长期稳定就业。

二是创新基地建设模式。强化宣传发动和对接服务，支持引导国有企业、互联网企业、电商企业、乡村休闲旅游企业、绿色生态农业企业申请建设助残基地。对于同一企业申请跨村、跨乡镇、跨区建设助残基地，可采取"一基地多村点""一基地多地域"、跨区"多基地"申报，采取一区主审其他区认同等模式，支持企业建基地覆盖到每个低收入村，实现"一村一企、一村多企"，助力低收入残疾人"不落下一人"，农村残疾人就近就地或居家就业。

三是挖掘岗位定制就业。结合乡村治理、平原造林等工作，开发适应农村残疾人需求的工作岗位和新业态，探索建立农村残疾人就近就业指导目录。区分不同年龄、不同文化基础、不同伤残情况，积极开发农村电商接转站、手工艺品制作、休闲农业等新岗位，现行乡村残疾人岗位由兼职转向专职，创新以训代工、以活动代工、公益挂靠等残疾人"特殊就业"方式，引导和激发农村残疾人劳动就业增收主动性。

四是支持残疾人个体申报基地。经乡镇和村两级考察，确有能力进行创业的农村残疾人，允许以个体名义申报或联合申报建设助残基地，同时享受创业支持政策。

（四）突出"精准性"，健全多部门多层级联动机制，推进帮扶农村低收入残疾人由"项目扶持"向"个性服务"延伸

一是强化政策随人走。突出将扶持政策与残疾人直接挂钩，而不是以项目带动，防止政出多门衔接不到位情况，既增加成本，又影响政策效果和覆盖面。以特惠政策为引领，经政府统一认定符合政策的残疾人可以直接进入基地，由个人直接享受政策。在政策与人一对一挂钩的基础上，逐步探索低收入残疾人帮扶政策集成，实现帮扶残疾人一政到底、一视同仁、受用一生。

二是强化基地综合服务。近年来，我市先后出台了《北京市残疾人精准帮扶专项行动计划（2018—2020年）》《关于进一步促进本市残疾人就业工作的若干措施》等政策措施。建议针对政策落地的"最后一公里"，采取政府采购公共服务的方式，将残疾人托养、康复、就业等公益性服务打包给助残基地，既节省行政成本，被帮扶人也省心省力，同时促进政策服务落到每个村、每名农村低收入残疾人。

三是强化部门联动和乡镇统筹服务。建立完善以各级政府主管领导牵头，残联部门发起，人力社保、民政、财政、农业农村、统计等部门共同参加的联席会议机制，定期会商解决问题，研究制定政策，推进信息共享和协同发力。注重发挥和强化乡镇统筹服务职能，实现对建设主体、帮扶对象的动态管理，实现精准帮扶农村残疾人"一个也不能少"。

问策基层，问计群众
扎实推进农村"厕所革命"

戎维兵　买年昊[*]

摘要："厕所革命"是农村人居环境整治的重点之一，是实施乡村振兴战略、决胜全面建成小康社会的重要组成部分。针对农村户厕改造问题，课题组组织到通州、大兴等地区进行了调研，梳理了农村户厕改造四种典型模式，收集整理了基层干部群众反映的问题和意见建议，研究提供初步对策建议。

关键词：厕所革命；户厕改造

一　户厕改造四种典型模式分析

（一）传统三格式（无管网）改厕——通州区于家务乡北辛店村

该村针对乡村环境整治拆除的不合规厕所、旱厕进行了改造，第一批改厕34户。

从组织实施看，区验收、乡监理、村实施。区农业农村局统筹，区卫生健康委负责技术指导、验收把关；乡新农办、环卫所统一组织改造和工程监理，村具体组织施工，工程队垫资改造。

从资金投入看，政府管院外、管改造，村民管院内、管维护。院外包括修建化粪池、铺设管道等，户均投资3680元。院内包括村民购置便器、马桶等用具，少数村民进行卫生间改造等，开支500—2000元。两项合计户均投入4200—5700元。村民清污费用户均1200元/年（见表1）。

---

[*] 戎维兵，北京市政府研究室农村发展处调研员，经济学学士；买年昊，北京市政府研究室农村发展处干部，法学硕士。

表1　　　　　　　　　　传统三格式厕所改造调查成本

区分	项目	经费	户均投入
院外改造	购置三格玻璃缸化粪池	1100元	3680元/户
	购置管道、排气管、井盖等	730元	
	制作水泥盖、铺设化粪池底	700元	
	挖掘土坑及清运泥土	250元	
	其他人工费	800元	
院内配套	购置便器、马桶、水箱等，卫生间改造	500—2000元/户	
维护	清掏污水垃圾	每年1200元/户	

从群众反响看，村民普遍肯定，但不愿意多花钱。村民宗西亮说："共产党好，户厕改造是好事，村里是我带着乡干部和施工人员到每家做工作的，关键是要公平。我家卫生间花了1500多元，平时就老两口用，白天去村里公厕。"村民刘兴文介绍："我家卫生间没做装修，花钱购置了蹲坑式便池、移动式塑料马桶等，总计不到500元，能用就行。化粪池每月掏一次，一次100元，希望接入排污管道，省得花钱清掏了。"

从优缺点看，三格式改造成本相对较低，便于组织实施和推广应用，基层干部群众普遍认可；缺点是由于没有接入污水管道，需要定期清掏化粪池沉积的垃圾和溢满的污水，粪便倾倒处置不便。

（二）三格式+重力管网改厕——大兴区礼贤镇龙头村

该村作为重力管网改厕试点，整村改厕311户、410座（含一户多厕）。

从组织实施看，区验收、区镇共同投资、全村统一施工。区农业农村局统筹，区水务局、区卫健委负责技术指导、验收把关；区、镇两级财政投资，镇政府组织招标和监理，村委会具体组织企业施工。

从资金投入看，建设管理维护一体实施，政府统建院外设施、村民负责卫生间改造。院外包括每户新建三格式粪池142万元，户均4570元；建设污水收集主管、户管、检查井等管网873万元，户均2.8万元；配套建设小型污水处理站79万元，户均2540元；三项合计投资1094万元、户均3.52万元。村民改造卫生间、购置用具开支1000—3500元，全村每年污水、粪便处理需6.72万元、户均216元（见表2）。

表2 三格式＋重力管网改造调查成本

区分	项目	经费	户均投入
院外改造	三格式化粪池	142万元	3.52万元/户（1094万元）
院外改造	重力管网	873万元	3.52万元/户（1094万元）
院外改造	小型污水处理站	79万元	3.52万元/户（1094万元）
院内配套	配套用具、卫生间改造	1000—3500元/户	
运行维护	污水、粪便处理	每年216元/户	

从优缺点看，重力管网解决了农村污水收集处理问题，改善了农村人居环境，群众反响好；缺点是一次性投入成本过高，工程施工对地形地貌有一定要求。此种模式适宜短期难以接入村外截污管网的平原地区村庄。

（三）真空排导技术改厕——大兴区魏善庄镇李家场村

目前，全市仅有此一例，全村180户统一改厕。

从组织实施看，区验收、镇村组织、企业施工。区政府部门验收把关，镇政府投资、组织工程招标和工程监理，村委会具体组织村民申报和改造院内卫生间，专业资质企业具体施工。

从资金投入看，院内院外一体施工，建设管理维护一体实施。主要投资包括购置设备252万元，工程建设216万元，配套污水及有机废弃物综合治理一体化项目189.8万元，三项共计657.8万元、户均3.65万元。按照一户一厕标准，村民家庭增加一个厕位交2000元改造安装费用。全村每年污水和废弃物处理运行费用5.14万元，户均286元（见表3）。

表3 真空排导技术改造调查成本

区分	项目	经费	户均投入
统一建设（180户）	真空厕所、真空灰水箱、真空工作站设备	252万元	3.65万元/户（657.8万元）
统一建设（180户）	工作站泵房、真空污水管网等工程建设	216万元	3.65万元/户（657.8万元）
统一建设（180户）	污水及有机废弃物综合治理一体化项目	189.8万元	3.65万元/户（657.8万元）
院内配套	增加厕位	2000元、4000元/户	
运行维护	电费及人工费	每年286元/户	

从群众反响看，村民普遍满意，大多愿意花钱提升厕所品质。实际察看了 5 户村民，均为原有卫生间，4 户在房间内，1 户在院内。村民王月玲表示："我很满意，全家 6 人，内外间装了 3 个厕位，向村里交了 4000 元。"

从优缺点看，真导排导技术可节水 90%，防冻，施工难度小；资源化利用改造在村内形成一体化循环体系，可彻底解决农村治污问题。缺点是一次性投入大，农村地区应用还不成熟、有一定风险。此种改厕模式适宜地形地貌较为复杂、缺水的地区。

（四）生物一体化技术改厕——大兴区安定镇杜庄屯村

全村现有村户 248 户，示范改厕 8 户，全部是家里房屋带有卫生间且不用改造的。

从投资建设看，全部由企业垫资改造，户均投资 7650 元，包括粪水收集处理设备、安装施工、地面硬化、绿化等。每年运行维护用电 150 元/户（见表 4）。

表 4　　　　　　　　生物一体化技术改造调查成本

区分	项目	经费	户均投入
整体改造	挖掘机掘土、垃圾清运	400 元	7650 元/户
	管道、井盖、配电箱等	750 元	
	回填土+人工费	1500 元	
	一体化设备	3500 元	
	硬化、护栏、绿化	1500 元	
运行维护	电费	每年 150 元/户	

从群众反响看，群众没有拿钱，满意度高。实地察看 3 户村民，卫生间均设有马桶和蹲坑，整体条件较好。村民田俊明说："我家一分钱没有花，以前每年需要淘粪池，现在不用了，更干净了"，问："如果让你拿钱，愿意吗"，答："自家卫生间改造可以花点，几百块可以。"

从优缺点看，生物降解技术能够对厕所、洗浴、洗衣、厨房等生活污水一体化处理，达标排放直接用于村民家门口绿化灌溉；广泛适用于单户、联户、室内、室外、平原、山区等，便于推广应用；改造投入、运行成本低。缺点是污水量大时，可能出现不达标排放；街巷比较窄时，施工有一定难度。

综合分析，三格式改造成本最低，便于组织实施；生物一体化技术综合效益最优，适用性广；运用重力管网、真空排导技术改造，建设、管理和运行维护一体实施，能够彻底治理污水，可结合农村污水管网和处理站建设统筹实施。（见表5）。

表5　　　　　　　　农村户厕改造四种典型模式对比

区　分	户均成本	优点	缺点
传统三格式 （北辛店村）	0.57万元 （含卫生间）	成本最低 便于实施	粪污 需处理
三格式＋重力管网 （龙头村）	3.52万元 （不含卫生间）	建设管理运维一体	一次性 投入大
真空排导技术 （李家场村）	3.65万元 （不含卫生间）	建设管理 运维一体	一次性 投入大
生物一体化技术 （杜庄屯村）	0.76万元 （不含卫生间）	成本较低 生物降解	不明显

二　基层反映的困难及问题

（一）政策补助标准、范围尚待进一步明确

基层干部主要反映了四个问题：一是新的补助资金标准"是多少"。2019年5月下发的《北京市农村户厕改造工作方案》规定按照1000元/户进行补助，约为三格式实际改造资金的1/6；目前新的补助标准没有正式明确，基层顾虑资金花出去后，与补助资金相差较大，难以支付和平衡资金。二是挂账外已改的户厕"怎么办"。于家务乡干部反映"2019年已实际改厕了13个村、660户，其中挂账外560户，挂账外已改造的户厕资金从哪里来、如何支付，缺少明确的政策依据。"三是非农户籍居民户厕"改不改"。大兴区安定镇干部反映"现在村里还有很多非农户籍的户厕也有改造的需求，但由于不在市级台账里，不享受政策补贴；希望市里能调整政策，扩大政策覆盖范围"。四是需求数远大于挂账数。目前市级挂账仅统计未参与改造、现状不符合卫生厕所条件的，并给予政策补贴支持。通州区纳入市级台账户厕数为19448户，但上一轮改厕过的户厕因损坏、

更换，已不符合卫生户厕要求，按照"应改尽改"要求统计，通州区户厕新建和改造提升需求为85683座，是挂账数的4.4倍。

（二）户厕改造与农村治污等任务统筹推进不够

农村户厕改造与村庄规划实施、农村污水治理等缺乏具体统筹。基层干部反映，污水管网铺设、道路景观提升、户厕改造等任务落到具体村庄，容易出现"挖了填、填了挖"重复施工问题，需要从立项审批、资金投入、项目时序等方面，加强多层级、多部门工作协同。全市农村污水治理明确到2020年完成55%；全市挂账户厕改造明确到2020年无害化卫生户厕普及率达98%，这两项任务需要紧密统筹推进。

（三）户厕改造总体进度不快，担心赶进度影响质量

按照国家考核要求，2019年北京市农村无害化卫生户厕普及率达到95%，基层干部感到时间紧、任务重、压力大。大兴区卫健委干部反映"全区挂账改厕近6.7万户，截至2019年7月底，改造完成4491户（占总任务6.7%）。虽然有决心按时完成任务，但质量会有所下降，建议是否可以适度推迟验收时间或是降低验收合格比例"。2019年，全市农村户厕总数为111.652万户，挂账改造任务213274户，占户厕总数19.1%；截至7月底，已累计完成改造11303户，占挂账任务的5.3%。

（四）对新技术应用缺乏激励

李家场村村支书说："真空排导技术克服了地形困难，但投入比较大，建议纳入补贴政策。"魏善庄镇副镇长说："真空排导、生物一体化新技术我们都做了试点，实际改厕效果不错，村民反映也很好，希望提供补贴来推动新技术改厕。"

（五）农民主体作用发挥不够

中央农办等八部委联合下发的《关于推进农村"厕所革命"专项行动的指导意见》明确，坚持政府引导、农民主体的原则，不能大包大揽，不替农民做主，不搞强迫命令。实际调研中，群众还习惯于依赖政府，少数群众认为厕所改造是政府的事。因此还需要加强对农民的教育引导，发挥农民主体作用。

三　有关对策建议

（一）明确"1+3+1"政策规定，解除基层后顾之忧

尽快明确全市新的户厕改造补贴政策，将挂账外与挂账内户厕纳入1套补贴标准，进一步摸清全市农村户厕改造底数。将挂账外已改造的、非农户籍的、运用新技术改造的3类户厕统一纳入政策补贴范围，差异化确立补贴标准。在统一技术标准和资金补助范围内，允许农户较少的行政村自主招标施工。比如，于家务乡对30万以上项目进行招标（共有3个村），厕所数量相对少、资金量低于30万的村，由村里确定施工方，纳入乡政府统一监理。

（二）突出"四先两优"，分步分类统筹推进

坚持村庄规划已审批的1081示范村先行，农村污水管网已铺设到村外、能够接入污水管网的先行，已展开试点的先行，群众意愿明确的先行，通过先行示范，引领带动全面推进。鼓励以实用为主，优先支持三格式改造、优先支持生物降解技术改造。统筹落实户厕改造与农村治污，户厕改造与村庄规划实施、农民危房改造、村容村貌提升、公共服务体系建设一体推进。

（三）强化区、乡（镇）主体责任，加快推进重点区户厕改造

截至2019年7月底，全市无害化卫生户厕覆盖率为82.1%，低于当年底覆盖率95%的有8个区，其中房山区、大兴区任务最重，卫生户厕覆盖率仅有64.6%、55.7%；怀柔区需改户厕5615户，还没有一户改造完成。对此，需进一步严明各级责任，强化区政府"统进度、统资金、统项目、把验收"，乡镇政府"管组织、管招标、管监理、控质量"，发挥村"两委"具体组织作用，加快挂账任务落实。

（四）建设管理、运行维护一体实施，突出新技术应用和消纳粪污

区、乡镇政府精准测算和合理分配资金，坚持公开公平使用。鼓励有条件的村庄，采取真空排导、重力管网、生物降解等新技术，彻底解决农村治污问题。对三格式改造等需要定期清掏、处置的粪污，鼓励利用绿化造林就地掩埋或资源化利用。探索建立村民自建自管自维的农村户厕长效管理机制。

(五) 充分发挥群众主体作用,深入推进农村"厕所革命"

抓培训,发挥村支书第一责任人作用,发挥村干部党员和积极分子作用,以村为单位现场组织户厕改造政策培训。强监督,让群众参与招标、施工和资金使用,接受群众监督。明责任,政府管院外、村民管自家卫生间改厕模式,群众普通接受。尊意愿,对愿意自家改厕的,明确标准和验收合格后,将补贴资金直接发给村民;对暂时不愿改厕的,通过先行试点、挂牌示范户等措施,让群众切实感受到好的成果、主动改厕。

(注:本文所用数据、资料,均系作者调研所得)

城乡文化保护与发展篇

北京"三个文化带"建设推动京津冀自然与文化生态协同优化

王泽卉　高彩郁　王玥　逯燕玲**

摘要： 梳理近三年北京"三个文化带"建设项目进展情况，从"三个文化带"沿线文化遗产保护与利用、文化内涵的挖掘与传承、核心文化元素的影响力、带动周边环境整治等方面分析"三个文化带"建设现状，以及推动京津冀自然与文化生态协同发展，并分析"三个文化带"建设存在的问题，提出推动京津冀自然与文化生态协同优化的建议。

关键词： 三个文化带；全国文化中心；京津冀

一　北京统筹推进"三个文化带"建设的背景

（一）环绕北京老城的三条文化纽带

北京城的自然地理位置和交通地理位置非常独特，北宋文学家范镇在《幽州赋》中就有描述：燕京之地"虎踞龙盘，形势雄伟。以今考之，是邦之地，左环沧海，右拥太行，北枕居庸，南襟河济，形胜甲于天下，诚天府之国也"。长城北京段始于北齐，大规模修建在明代，从东到西途经平谷、密云、怀柔、延庆、昌平和门头沟六个区，在京内蜿蜒于燕山、太

---

* 基金项目：北京全国文化中心建设评价指标体系研究（18JDLSB002）。

** 王泽卉，北京联合大学地理学硕士研究生，研究方向为地理信息科学、大数据分析；高彩郁，北京联合大学地理学硕士研究生，研究方向为地理信息科学、大数据分析；王玥，北京联合大学文化遗产区域保护规划硕士研究生，研究方向为城乡文化遗产保护规划；通讯作者：逯燕玲，北京联合大学应用文理学院教授，主要研究方向为数据分析、文化遗产感知与计算和GIS软件工程。

行山两大山脉间520.77公里，不仅揭示了农耕和游牧交错地带的民族冲突与交流并存的文明与文化特征，伴随着古都北京三千多年的建城史和八百多年的建都史，更蕴含着中华民族生息发展的丰富文化和生态资源。长城是人类历史上宏伟壮丽的建筑奇迹和无与伦比的中国古代文化遗存，饱含中华民族勤劳和智慧的精神象征。长城在北京地区呈半环状分布，从山海关直插过来进入北京市界的长城，穿过将军关沿山脊向北，司马台—金山岭—古北口长城气势雄伟，砖包墙为主的城墙墙体大都完好，是北京地区长城城台最密集的地方。沿密云水库西岸向南，经慕田峪—箭扣长城—黄花城，城墙的最大特点是墙体两侧均为垛口，不仅有北京地区唯一保存的典型过水建筑，而且在枢纽式城墙"北京结点"，长城纵横交错，尽管有些墙体、城台严重损坏，呈断壁残垣，但景色格外壮观。再往西南土石结构的城墙时有时无，经十三陵北面连续不断的土石结构墙体，到八达岭—居庸关长城，城墙高大宽厚，上部女墙、垛口齐全，是北京地区长城的精华。1987年12月，长城被列入世界文化遗产，吸引了无数中外游客，"不到长城非好汉"是无数登长城领略祖国大好河山的旅游者发自内心的抒怀之语。北京长城文化带所含文化资源种类多样，包含世界遗产、不可移动文物、非物质文化遗产、历史文化街区、历史文化名镇名村、传统村落等6类，共计624处，是中华民族宝贵的财富。

大运河北京段全长82公里，自昌平县白浮村神山泉，经瓮山泊（今昆明湖）沿高梁河（长河）至积水潭、中南海，自文明门（今崇文门）外向东，在今天的朝阳区杨闸村向东南折，至通州高丽庄（今张家湾村）入潞河（今北运河故道），从北到南横跨昌平、海淀、西城、东城、朝阳、通州六区，沿线分布着不同时期的运河河道、运河城镇、庙宇、桥梁、仓储设施、码头、船闸、堤坝等众多的历史文化遗址，文物等级高、分布密集、时代跨度长、类型丰富，既是明清北京城连接西北部园林的纽带，也是古代中国连接南北方的大动脉，现在还是连接北京中心城与副中心的项链，地位重要。通州是京杭大运河孕育的一座历史名镇，是大运河北端一颗璀璨明珠，向称京门，水陆要会，为都城之左辅雄藩，经济命脉，曾为首都建设、繁荣、稳定发挥重要作用。

西山北起昌平区南口关沟，南抵房山区拒马河谷地；永定河从河北怀来县幽州村南流入北京市，经门头沟、石景山、丰台、房山、大兴，自大兴崔指挥营村东出市境域。西山永定河文化带不仅拥有以周口店龙骨山猿人遗址、琉璃河西周燕都遗址为代表的考古文化，以清代"三山五园"为代表的特征鲜明的皇家园林文化，以潭柘寺、大觉寺、八大处等为代表的历史悠久的宗教文化，以妙峰山为代表的传统民俗文化，以景泰陵为代表的陵墓文化，以清华、北大为代表的高等教育文化，以长辛店、香山双清别墅等革命史迹为代表的红色文化，以曹雪芹、纳兰性德故居为代表的名人文化，以贝家花园、圣琼佩斯故居、林迈可小道为代表的中外交流文化，还有以永定河为代表的山水生态文化，以及传统村落古道文化、园林古建文化、军事防御文化、民族融合文化、农业休闲文化等。文化资源层级高、意蕴深、类型多、发展潜力大，多元文化形态交织共存，折射出北京文化蕴含的恒久魅力。

这三条文化带内既有丰富的文化遗存，又与自然景观交织连接在一起，形成人文、自然、生态的线性文化遗产，环绕或穿过北京老城，是北京历史文化名城的灵魂与核心，像三条文化纽带串联起丰满、厚重的北京城市文化[①]。京津冀文化相近、血脉相亲，北京"三个文化带"建设融入京津冀协同发展中，可以打破京津冀行政区划的界限，创新区域协同保护与发展模式[②]。

（二）"三个文化带"与北京全国文化中心建设的关系

北京全国文化中心建设是落实四个中心城市战略定位、推动区域转型与文脉传承、推动国际一流和谐宜居之都建设的重要战略。2015年11月25日，中共北京市委通过的《关于制定北京市国民经济和社会发展第十三个五年规划的建议》（以下简称《建议》），为着力建设全国文化中心，传承弘扬优秀历史文化，明确提出"制定实施北部长城文化带、东部运河文化带、西部西山文化带保护利用规划，促进旅游文化产业发展"。2016年1月22日，北京市第十四届人民代表大会第四次会议批准的《北京市国民经济和社会发展第十三个五年规划纲要》（以下简称《纲要》），对"三个文化带"保护利用规划提出了挖掘区域文化遗产整体价值、推进区域文化遗产连片成线保护利用的具体要求。2016年6月3日，北京市正式发布实

[①] 李建平：《"三个文化带"与北京文化中心建设的思考》，《北京联合大学学报（人文社会科学版）》2017年第4期。

[②] 王长松：《北京三个文化带的文化精髓与保护传承创新》，《人民论坛》2017年第34期。

施《"十三五"时期加强全国文化中心建设规划》（以下简称《规划》），《规划》针对"两轴、两核、三带、多点"的历史文化名城保护格局提出"发挥京津冀地域相近、文脉相亲的地缘优势，统筹推动长城文化带、运河文化带、西山文化带建设，实现历史文化遗产连片、成线整体保护"，明确了"三个文化带"是全国文化中心建设的重要环节。

2017年8月18日，北京市委书记、市推进全国文化中心建设领导小组组长蔡奇在推进全国文化中心建设领导小组第一次会议上强调，"建设全国文化中心，要集中做好首都文化这篇大文章，重点抓好'一核一城三带两区'，即以培育和弘扬社会主义核心价值观为引领，以历史文化名城保护为根基，以大运河文化带、长城文化带、西山永定河文化带为抓手，推动公共文化服务体系示范区和文化创意产业引领区建设，把北京建设成为弘扬中华文明与引领时代潮流的文化名城、中国特色社会主义先进文化之都"。2017年9月27日中央批复的《北京城市总体规划（2016年—2035年）》中又提出构建"四个层次、两大重点区域、三个文化带、九个方面"的历史文化名城保护体系。

二 "三个文化带"保护发展规划的精华

（一）长城文化带保护发展规划

长城是世界历史文化遗产，是中华民族的精神象征，具有特殊的历史文化价值。《北京市长城文化带保护发展规划（2018年至2035年）》是《北京城市总体规划（2016年—2035年）》的"长城文化带"专项规划，是北京市推进全国文化中心建设重要成果，2019年4月16日公布。这个"长城文化带"专项规划，坚持保护为主、抢救第一，严格落实《长城保护条例》，推进长城抢险加固，优先抓好有坍塌风险的点段，加强对未开放点段的保护，拆除压占长城的违章建筑。严守生态保护红线，严控生产建设活动，抓好生态修复、村庄整治、环境治理，杜绝新增贴边违建，打造"生态长城"，构建"一线五片多点"的空间保护格局。规划不仅将北京长城文化带的文化资源点进行梳理，还将文化带内的生态资源涵盖其中，遵循了文化遗产保护与生态涵养并重原则，为北京市长城保护传承提供重要遵循。

"长城文化带"专项规划得到各地区纷纷响应，并先后在分区规划中提出合理化建议，为长城文化带的进一步发展助力。平谷区注重文化带的整体协调发展，将逐步构建红石门主景区、将军关景区和黄松峪景区共同组成的展示利用格局。密云提出要更好地发挥其长城文化遗产资源数量最多、分布最广、类型最丰富的优势，梳理沿线文化资源点，形成多种文化资源相互融合，历史环境与绿水青山交相辉映的新景观，让秀美的自然风光与浓厚的长城文化都得以充分发掘，最终带动该区域的整体发展。怀柔分区规划中提出，对于长城文化带的发展，要坚持保护为主、抢救第一、合理利用、加强管理的方针，始终把最小干预原则放在首位，在最大程度保障长城原始风貌的前提下进行修缮和保护。延庆地区拥有中国乃至世界最著名的长城之一——八达岭长城，具有巨大的发展潜力，在新的分区规划中，延庆地区提出将基于八达岭长城的优势，打造长城文化金名片的目标，同时加强周边地区的空间管控和旅游发展，为八达岭景区分流。昌平区历史文化底蕴深厚，是大运河、长城、西山永定河三条文化带交汇之地，是北京历史文化建设的重要组成部分。在接下来的发展中，昌平区进一步推进区域内文化带组团建设，在对文化资源整合修缮的基础上，争取再现关沟七十二景昌平段景观。门头沟分区规划于2019年11月正式批复，成为门头沟接下来一段时间的发展指南，规划强调要重点围绕沿河城—天津关—燕家台—梨元岭打造西关长城文化精华区，展现长城作为重要军事防御系统的历史文化及景观价值。

（二）大运河文化带保护发展规划

2018年3月，北京市委常委会审议通过了《北京市大运河文化带保护建设规划》和《北京市大运河文化带保护建设五年行动计划（2018年—2022年）》（以下简称"行动计划"）。大运河文化带以元明清时期的京杭大运河为保护重点，以元代白浮泉引水沿线、通惠河、坝河和白河（今北运河）为保护主线。"行动计划"把任务项目按照遗产类、挖掘类、环境类、水系类、文创类等不同类别，按照轻重缓急分类推进、重点突破。遗产类重点要抓白浮泉、万寿寺、延庆寺、什刹海、通惠河、玉河故道及古闸、通州古城核心区、西海子公园、八里桥等重点区域重要文物的腾退、保护和修缮。水系类要采取治水、引水等方式，保护好现有运河河道；创造条件部分恢复玉带河故道、明清通惠河、北运河故道三条古河道，以及运河沿岸古码头；加紧推进京津冀三地通航工程。加快大运河沿线景观提升和生态修复，抓好北运河、通惠河、萧太后河的环境整治，打造滨水景观；严控沿线建设用地，促进景观提升。在大运河通州段流域内彰显蓝绿交织、水城共融的城市特色，规划建设好路县故城遗址博物馆等文化设施，打造标志性文化品牌。

2019年12月5日，北京市召开新闻发布会正式发布《北京市大运河文化保护传承利用实施规划》（以下简称《实施规划》）和《北京市大运河文化带保护建设五年行动计划（2018年—2022年）》，《实施规划》从2025年、2035年和2050年三个阶段，对大运河文化保护传承利用的中长期目标进行了安排，涉及文物、生态、旅游、景观、协同等多个方面。展望2050年，大运河文化带将成为"服务社会主义文化强国战略、全国文化中心、世界文化名城的示范工程，成为满足人民日益增长的美好生活需要的民心工程"，成为建设国际一流的和谐宜居之都、京津冀世界级城市群、"千年运河"中华文明金名片的标志工程。

（三）西山永定河文化带保护发展规划

《北京市西山永定河文化带保护发展规划（2018年—2035年）》以生态文明建设为基础，以统筹保护好、传承好、利用好西山永定河文化带的绿水青山和历史文化遗产为目标，打造文化与生态并重的"西山永定河——北京人的精神家园"文化名片。按照文化遗产连线成片整体保护思路，构建"四岭三川、一区两脉多组团"的空间发展格局，深入挖掘文化内涵，更好传承历史文脉。细化分解重点任务，抓好生态保护，实施西山永定河生态保育工程，强化文化科技融合，提升"三山五园"地区整体环境。做好与分区规划、各专项规划的衔接，推动文化带区域协同发展。

三 "三个文化带"建设成效

（一）长城文化带建设重点项目

自长城文化带的概念提出以来，北京市就开始采取一系列的方针政策来响应文化带的建设要求。2017年，北京长城文化带建设项目取得显著进展，比较典型的就是箭扣长城的保护和修缮。通过工人们的努力，箭扣长城重点修复段"天梯"和"鹰飞倒仰"两段均已宣告完成并通过验收[①]，

---

① 王淑娇：《北京"三个文化带"建设与利用》，《城乡建设》2018年19期。

更于2018年6月开始箭扣长城的二期修缮工程，进入长城的全面修缮施工阶段，2019年7月初，箭扣长城二期修复工程顺利竣工，整体面貌焕然一新，并在合适区域设置警示牌和充电桩等基础设施，在尽可能不损害文物的前提下保障游客的生命安全。2019年3月，怀柔区启动箭扣长城东端的修缮工作，预计将在1年内完工。八达岭长城景区设立八达岭长城站，并于2019年12月30日正式开通，两周内发送游客即达到5600人次，大大提高了景区的交通通达程度。延庆累计投资2.8亿元，计划利用5年时间提高各类长城的修缮率，使沿线古村落、城堡、烽火台的险情得到较好的控制。平谷区筹划红石门"一脚踏三省"长城景区，对外开发地区进行抢险修缮。与此同时，丰富多彩的文化活动也围绕文化带的建设而相继展开，2017年七夕，北京慕田峪长城举办首届"慕田峪长城古风文化节"，有力地向民众传播了中华民族优秀的传统文化。2018年9月16日，滦平县旅游文化节在金山岭长城盛大启幕，期间举办长城论坛、长城大展、金山夜话等一系列活动，在充分展现长城文化的同时，带动了该地文旅产业的快速发展。2019年8月16日，北京长城文化节在慕田峪长城脚下顺利开幕，活动期间通过多种多样的文化形式，呈现出博大深厚的长城历史文化和雁栖湖畔的民族交融与国际交流。2019年10月19日，"2019北京八达岭长城文化节"在八达岭长城望京文化广场盛大开幕，吸引了来自社会各界的专家学者参与其中，节日期间更是举办多场长城文化主题活动，进一步诠释了长城精神，发展了长城文化。除此之外，主题各异的研讨会也相继展开，但不同的会议始终围绕着相同的主旨，即如何更好地进行长城文化的保护和传承，如何更好地传播和发展长城精神。2019年12月，中共中央办公厅、国务院办公厅通过长城国家文化公园建设方案，预计2023年年底基本完成任务，从此，长城文化带将按照国家文化公园的统一要求进行标准化管理，从而进一步提升文化带的整体形象，这无疑是一个重要的发展机遇。

（二）大运河文化带建设重点项目

2017年9月，占地规模初定为5.6平方公里的大运河源头——白浮泉遗址公园已启动征集设计方案，将按照"一泉三庙一楼、两山两水两村"的构想，建设大运河源头遗址公园，再现"龙泉漱玉"景观。2017年12月29日，昌平区政府与祥龙公司正式签订《北京龙山度假村有限公司移交协议书》，大运河白浮泉遗址的保护传承利用工作迈出了实质性的一步，同时启动文物修缮工程、遗址考古等工作。2018年8月启动大运河白浮泉遗址围墙、碑亭抢险修缮工程，2019年1月启动非文物建筑拆除工程，2019年8月对大运河白浮泉遗址基础设施进行维修升级，将全面提升大运河白浮泉遗址的接待环境。

2017年大运河文化带开展了通州区三庙一塔、颐和园、北海、玉河故道遗址等保护工程，启动汉路县古城遗址保护规划编制和遗址公园建设工作，与通州区共同编制《北京城市副中心2018年—2020年文物专项行动计划》。2018年，市文物局将联合相关部门启动白浮泉遗址、延庆寺、万寿寺东路、永通桥（八里桥）等文物腾退及保护工作。

2019年7月，位于烟袋斜街广福观内的什刹海文化展示中心正式落成，六大展厅共展出百余件图片和展品，把该地区散落的历史遗存、人文积淀和文化资源汇集起来，集中展示了什刹海的历史文化、王府民居、漕运码头、商贾作坊，以及万宁桥和闸口的修建，讲述了什刹海与元代京杭大运河之间的重要关系。

（三）西山永定河文化带建设重点项目

西山永定河文化带建设推动落实了涵盖文化遗产保护、生态涵养保护、文化内涵挖掘、文化旅游生态四大类重点任务。2017年启动的西山文化带规划编制提出建构"一体两翼两轴五片区"体系，计划在"十三五"期间在文化带涉及的6个城区中完成绿化建设14.7万亩，改造低效林43.1万亩，封山育林44.5万亩，林木抚育114.5万亩；并计划对西山文化带区域内的所有景点与景区进行统一标识，实现区域内一体化的文物保护与利用，将文保工作与生态保护、旅游开发、环境整治有机整合起来，在实现交通路线便利、旅游服务设施和内容齐全的基础上将西山文化带打造成为吃住、游玩、娱乐为一体的综合文化服务区。2017年北京市陆续开始总长度约为190公里，包括京密引水渠绿道、南水北调绿道、清河绿道、小月河绿道、昆玉河绿道在内的5条绿道的建设工程。2017年西山永定河文化带主要实施了黑龙潭行宫院倒座房及龙王庙碑亭等修缮及局部修复工程，完成了北法海寺遗址保护工程。

2018年继续推动北法海寺保护工程（二期）、石景山古建筑金阁寺等修缮工程，并将双清别墅、来青轩等革命文物的保护作为西山永定河文化带重点项目，全力推进。此外，香山二十八景之芙蓉坪、森玉笏、昭庙等保护工程也被提上2018年的日程。

2019年将利用戾陵堰、车厢渠、金口河等水利遗址资源，保护修缮十八磴古石堤等水利设施遗址遗迹，研究并创造条件恢复永定河水系古河道，挖掘戾陵堰、车厢渠等古代水利遗址的历史地位和文化价值，探索镇水牛、刘娘府、柳林庄由来等永定河传说的非遗内涵，整理提炼永定河水利文化内涵，留住永定河母亲河风采记忆，全面展示北京古都历史水环境风貌。2019年全年，北京市文物局和北京市园林绿化局共同推进西山永定河文化带建设各项任务。全力保障"中共中央北京香山革命纪念地"文物保护修缮工程，完成对双清别墅、双清别墅东侧平房、来青轩、小白楼、思亲舍、丽瞩楼、多云亭、镇南房镇芳楼八处文物修缮保护工作。完成颐和园福荫轩院、知春亭、北法海寺遗址二期保护、健锐营演武厅瓮城修缮和河道抢险，长辛店二七大罢工旧址——劳动补习学校旧址，云居寺断龙桥抢险加固等重点文物保护修缮工程。加快推进琉璃河遗址董家林、黄土坡两村搬迁腾退及安置房建设，模式口大街东段（法海寺路口—模式口东口）、模式口中医院两侧沿街外立面修缮改造。

四 "三个文化带"建设存在的问题

（一）文化带定位与发展目标清晰，但缺乏统筹协调、整体推进

从2016年北京市提出"三个文化带"保护建设开始，三年来不断深入挖掘"三个文化带"丰富的历史文化资源，陆续确立"三个文化带"的保护建设规划，给出了"三个文化带"建设的顶层设计，使"三个文化带"建设有了清晰的定位与发展目标。但目前"三个文化带"建设缺乏统筹协调、整体推进，各行政区在着力盘活文化遗产资源，打造或升级各个零散的文化景区，各个资源点独立发展，带状资源群的优势没有充分发挥出来。如长城文化带建设现状，长城周边地区的关隘堡寨、民俗村落等同样隶属于文化带的资源并没有得到很好的保护和发展，且明显存在着周边环境的治理水平远低于文物本体的修复程度的问题，更有地区忽略文化资源与城市发展的关系，使得修缮好的资源"独立"于城市和社会生活之外，成为难以继续发展的"死物"，这都是没有从整体出发统筹文化资源带来的后果。长城旅游仍然主要停留在几处城墙的简单观赏上，缺少统一

的规划和管理，使得很多文化遗产资源得不到有效的保护与利用。

（二）京津冀三地环境治理联动机制渐趋形成，但缺乏文化生态研究

京津冀三地联合加强水资源管理，加大区域外调水力度，积极论证打造水上通道和沿岸自然与人文景观，逐渐形成跨地区、跨部门自然环境治理的联动机制。北京市多措并举，率先推进大运河文化带保护利用，已经得到相关区域的响应。如京津冀三地同步治理北运河，共同建设5.5万亩潮白河大运河国家湿地公园；天津市积极建设武清区的北运河郊野公园，红桥区的北运河桃花堤，南运河"天子津渡"遗址公园、西青区御河景观、静海区陈官屯运河文化博物馆等；河北省沧州市启动沿4.2公里运河河道打造古韵河景，并在安陵闸所建设"大运河吴桥杂技生态城"。可以说，京津冀三地联动机制在大运河文化带治理体系和治理能力得到集中体现，但长城文化带和西山永定河文化带建设还缺乏文化生态研究。人类创造的文化与其生存空间的环境及其变化相依相伴，文化带建设需要自然环境和自然资源的可持续支撑能力，更要研究人与自然共同繁荣、文化与环境耦合的文化生态整治①。长城文化带、西山永定河文化带的保护与建设还远远不够，一些长城的城堡与村落和西山永定河文化带上的文化遗产保护与利用都呈点状发展，各个文化旅游资源与周边环境治理相互之间的协同发展也相对欠缺，未能形成文化带的带状文化生态。

（三）注重挖掘文化带的文化精髓和象征，但宣传和推广力度不够

"三个文化带"与北京老城是一个生命共同体，蕴含着北京文化的历史源流，共同呈现北京这座伟大首都的文化精华和恒久魅力。"三个文化带"保护建设对北京建设全国文化中心和世界文化名城有着全面、系统并且是决定性的支撑作用，更是传承北京城市文脉、构建城市景观格局、提高城市文化实力和影响力的重要推手②。在对"三个文化带"的历史文化资源深入研究、挖掘文化内涵的基础上，明确了"三个文化带"在京津冀协同发展和首都北京新发展中的战略方向和定位，"三个文化带"保护与

---

① 崔明昆：《文化生态学的理论方法与研究》，《云南师范大学学报（哲学社会科学版）》2012年第5期。

② 胡九龙：《北京三大文化带影响力比较分析》，《前线》2018年第10期。

建设规划相继出台，突出顶层设计。但"三个文化带"的文化内涵对市民文化遗产保护和生态文化的教育引导作用并没有显现出来，除了旅游景观的热度，公众的文化遗产、生态环境保护意识和对"三个文化带"的情感关注度、实践参与度还不高。有关"三个文化带"的文创作品不仅少，受众面也不够广，宣传和推广力度都不够。

五 推动京津冀自然与文化生态协同优化的建议

（一）突出重点、统筹协调、整体推进"三个文化带"的保护利用

以长城、大运河国家文化公园建设方案和"三个文化带"保护建设规划为指导，建立健全统筹实施"三个文化带"保护利用体制、机制，明确各级政府职责，加强各区、各部门的统筹联动，统筹协调各方、形成合力，确保"三个文化带"保护利用的效能提升、效果提高。构建分级管理、分段负责的工作格局，强化实施重点突出、一体发展、共建共享战略，点线面结合，跨区域统筹协调，为全面推进国家文化公园建设创造良好条件。

（二）加大宣传和推广力度，推动京津冀自然与文化生态的协同优化

充分利用现代信息技术和新媒体资源，如电视、网站、微博、微信等，建立公开的"三个文化带"公众文化信息渠道，通过构建载体、拓展渠道、活化等手段，加大向海内外的推介交流力度，使"三个文化带"的文化遗产在良好氛围和宽松环境中得以保护和传承，切实发挥文化遗产在弘扬民族精神、增强民族凝聚力等方面的重要作用。运用现代数字化技术手段对"三个文化带"的文化遗产进行创造性转化和创新性发展，共同摹绘一幅幅富于时代气息和审美情调的文化景观，为京津冀民众提供对"三个文化带"的认同感和文化自信心，进一步推动京津冀自然与文化生态的协同优化。

北京长城文化带建设对京郊旅游的辐射带动作用研究[*]

高彩郁　王泽卉　王　玥　逯燕玲[**]

摘要：长城文化带建设是近几年北京市的重点规划项目之一，目的在于梳理长城及其周边的历史文化资源，保护长城文化，弘扬长城精神，更好地传承北京城市文脉，增强城市文化软实力以及京郊地区旅游目的地的核心竞争力。作为一个线性文化遗产，长城文化带对周边地区的辐射带动作用不容忽视，但如何最大限度地发挥辐射带动作用，促进周边地区长城文化的保护和开发是文化带保护发展规划的重点。本文简单梳理了长城文化带提出以来各项目实施进展情况，同时结合游客长城文化感知现状，得出文化带建设中存在的问题并对此提出建议，为长城文化带以及京郊旅游业的发展提供借鉴意义。

关键词：长城文化带；文化建设；辐射带动

一　引言

文化是民族的血脉，是人民的精神家园，是城市发展进步的灵魂。习近平总书记在2014年2月视察北京时就提出了要建设全国文化中心的方针和要求，足以证明文化在民族振兴中的重要地位。北京是一个拥有悠久

---

[*] 基金项目：北京全国文化中心建设评价指标体系研究（18JDLSB002）

[**] 高彩郁，北京联合大学地理学硕士研究生，研究方向为地理信息科学、大数据分析；王泽卉，北京联合大学地理学硕士研究生，研究方向为地理信息科学、大数据分析；王玥，北京联合大学文化遗产区域保护规划硕士研究生，研究方向为城乡文化遗产保护规划；通讯作者：逯燕玲，北京联合大学应用文理学院教授，主要研究方向为数据分析、文化遗产感知与计算和GIS软件工程。

历史的城市，置身其中，不需要太过刻意就可以时时刻刻感受到浓厚的历史文化氛围，但是要更好地发挥北京对全国文化建设的示范作用，建设历史文化名城，打造全国文化中心，就必须要加强文化自信，鼓励和引导文化产业的发展。作为文化交流的纽带，长城既是中华民族历史悠久的文化遗产，也是串联北京众多历史文化资源的纽带，发展好长城文化对文化的保护和传承甚至整个北京文化的建设都具有重要意义，是建设北京全国文化中心的具体目标和任务。

早在2015年，北京市文物局便提出了长城文化带的概念，长城文化带内有丰富的自然资源以及人文资源，连接到一起可以形成一条资源丰富的线性文化遗产，但其实更准确地来说，它是一个条带状的立体的文化资源集合，不仅仅包括各个长城景点，其城墙周围的很多古村落、古堡以及零散文化遗产也都是文化带的一部分，是历史文化的载体，也是长城文化带建设中需要保护和传承的重要内容。建设长城文化带，一方面旨在梳理长城及其周边地区历史文化资源，保护长城文化，弘扬长城精神，让长城文化与新时代接轨，重新焕发生机与活力；另一方面旨在发挥长城文化带的辐射带动作用，促进京郊地区旅游业的发展。

二 长城文化带建设进展

长城文化带的概念提出以来，长城旅游便不再仅仅代表各个独立景点的旅游活动，其周边民俗村、民俗文化的参观游览也都纳入长城文化带的旅游发展规划中，对京郊旅游的发展也起到了一定的辐射带动作用[1]。长城文化带横跨多个区县，不同地区采取了不同措施助力文化带的发展。古北水镇是京郊地区仿照乌镇建造的旅游小镇，它紧邻司马台长城，在不断的发展建设中逐渐形成了小镇与长城融合协同发展的新格局。文化带提出以后，司马台长城景区加大力度对长城进行修缮和保护，截至2019年11月，该段长城中包括司马台东段8—9号敌台在内的部分抢险项目工作已完成竣工，为进一步进行长城文化的挖掘与展现创造了基础条件。古北水镇依托文化带建设的有利背景，创新发展长城文化，不断丰富长城文化内

---

[1] 胡建兵：《划定"长城文化带"利于全面保护和科学利用》，《中国旅游报》2019年4月刊。

涵，将"长城+水镇"作为景区的最大卖点，创造性地提出夜游长城等游览项目，使得司马台长城成为全国唯一一个开放夜游的长城，在提高了景区竞争力的同时，促进了京郊旅游业的兴盛①。

慕田峪长城度假村早在 20 世纪 70 年代末就已经开始，随后在长城文化带提出后步入快速发展的新时期。慕田峪长城景区致力于联合周边村落进行协同发展，最大限度地保留民俗村落的自然风貌，让游客能够体会到最原汁原味的长城文化。现如今慕田峪长城周围的民俗产业已经初具规模，结合丰富多彩的长城文化活动，每年可以带来巨大的经济效益，带动了当地旅游业的成长。在今后的规划建设中，慕田峪长城将尽力打造优质 IP，在提升景区服务水平的基础上深入挖掘长城文化，做到讲好长城故事、传承好长城文化、发展好长城旅游。

当然不只以上两个景区，文化带所在地区都提出了很多具体措施来促进长城文化和旅游业的发展。无论是长城遗产的保护和修缮，还是长城文化的挖掘和梳理，都取得了巨大成果。截至 2019 年 12 月，箭扣长城一、二期修复工程基本完成，"天梯"和"鹰飞倒仰"两段重点工程均已竣工；八达岭长城安装 300 多个摄像头对景区内部实时监控，有利于对游客行为进行监管②，种种项目都体现了长城文化带提出以来，各地区都采取了更加积极严格的措施保护长城，为进一步的开发创造条件。在保护的前提下进行合理的旅游开发，促进长城文化的创新和发展是长城文化带提出的目的之一，因此，丰富多彩的文旅活动也是文化带发展不可少的内容。金山岭长城开展音乐节，吸引了众多电音爱好者前来参与，使金山岭长城赚足了年轻群体的关注度；八达岭、慕田峪等长城举办各色各样的长城文化节，创造了巨大的客流量，极大地带动了景区以及长城周边地区旅游业的发展；黄花城水长城发挥自身优势，形成了以拓展训练为主的"体验式"长城旅游模式，带来了不错的客源，逐渐在北京长城旅游市场中占据一席之地。

总而言之，长城文化带的提出对京郊旅游业的发展起到了积极的作用，各个景区和部门纷纷响应号召，助力文化带的发展，但归根结底，一切方针政策的制定都要以人为本，如果制定措施后人们并没有感受到变化，游客并没有提升对文化带的理解，那这些政策就是不合适的，需要修

---

① 袁媛：《让北京长城文化带"亮起来"》，《北京观察》2019 年第 5 期。
② 王淑娇：《北京"三个文化带"建设与利用》，《城乡建设》2018 年 19 期。

改的，对此，笔者收集了 2015—2018 年游客对长城文化带的感知数据，以期看出文化带建设推行以来带来的成效。

三　长城文化带感知研究

文化感知是人们对某种特定文化的感觉和认知，它以人为主体，通常表达一个人的主观感受。国外游客行为感知研究起步早、发展快，时至今日，已经在游客出游动机、空间行为、消费偏好、旅游感知与满意度等方面取得了显著性成果；国内的旅游感知研究领域与国外相似，但由于起步较晚，研究方法不够丰富，研究深度也有待加强，相比于国外学者喜欢研究小尺度的游客个体行为感知，国内更倾向于探索大尺度范围的游客群体感知特点，长城文化带游客感知研究即为典型的宏观感知研究。探索长城文化带游客感知现状可以更好地看出文化带建设以来游客的反响情况，对于及时发现现存问题、修改建设方案具有重要意义。

（一）数据来源与采集

笔者收集各大旅游网站的文字游记和图片游记作为研究数据。根据 Alexa 网站上显示的旅游网站总体排名，最终选择访问量最高的三个网站携程、马蜂窝、去哪儿旅游网作为数据来源地，筛选 2016—2019 年关于北京长城文化带的游记共 1000 余篇，剔除纯图片形式的游记、流水账游记、广告性质很强的游记以及纯旅游攻略等与研究内容不符的内容，最终得到 152 篇网络游记。其中携程 69 篇，马蜂窝 25 篇，去哪儿旅游网 58 篇[①]。

表 1　　　　　　　　　　网站排名

网站排名	全球排名	访客排名
携程	677	816
马蜂窝	1559	1939
去哪儿	2800	3417

注：数据来源为 Alexa 网站 2019 年排名。

---

① 邹娟娟、王晶晶：《基于游客感知的娄底市旅游形象提升研究》，《经贸实践》2018 年第 17 期。

（二）数据处理

1. 游记文本数据处理

使用 ROST 内容分析软件对网络游记进行分词和词频统计，手动删去无实际意义的连词、介词和歧义词，并过滤掉常用但与本研究无关的词语，同时进行关键词的合并，最终确定 18 种、205 个游客高频感知词。将 18 种感知关键词通过聚类分析分为三大类，分别为"长城文化"类、"长城景色"类、"游客情怀"类，如表 3 所示。

表 2　　　　　　　　　　游客感知特征词提取数据表

分类	感知特征词	频次	小计
长城文化	文化历史	80	420
	城墙	104	
	关城	36	
	城楼	89	
	烽火台	45	
	长城位置	66	
长城景色	雪长城	4	391
	自然风光	81	
	美丽	65	
	雄伟	67	
	陡峭	61	
	蜿蜒	61	
	奇特	21	
	完好	31	
游客情怀	沧桑	17	53
	满足	5	
	坚持	9	
	骄傲	4	
	震撼	2	
	豪迈	6	
	热情	10	

注：词频数据提取于 2016—2019 年携程、马蜂窝、去哪儿旅游网与长城相关游记文本。

情感分析也是文本内容分析的一部分，在进行情感态度分析时首先要做的是确定该词的情感色彩，如"愉快""高兴""快乐"这一类词语表达了正面的感情倾向，而"糟糕""拥挤""无聊"等词语则表达了负面的感情倾向。运用 ROST 软件进行情感倾向分析，手动补充词汇表并启用过滤词表，得到网络游记的游客情感分布统计结果如表 3 所示。

表 3　　　　　　　　　　　情感特征统计结果表

情感特征	积极情绪	中性情绪	消极情绪
所占比例	54%	36%	10%

2. 游记照片信息提取

照片信息提取是一种比较新兴的信息提取方法，因此，在现有的研究成果中尚未出现明确和统一的提取规范和理论依据，但随着感知研究的不断深入，照片信息提取开始逐渐出现于国内外许多课题之中。本篇论文即借鉴这些学者的研究方法对关于北京长城文化带的游记中所包含的 715 张图片进行信息提取，主题确认采用专家打分法，提取图片信息反映的主题关键词语 19 个，并将 19 个关键词进一步分为三类，分别为"长城文化"类、"长城景色"类和"长城人物"类，如表 4 所示。其中 19 个感知关键词语中，"夜景"包含了照片中的"晚霞""夜晚""夜景"，"植物"包含了照片中的"花""草""树木"等。

表 4　　　　　　　　　　　照片信息提取表

分类	感知特征词	频次	小计
长城文化	城楼	6	534
	城墙	252	
	敌楼	106	
	烽火台	32	
	黄土	41	
	岩石	27	
	碑文	33	
	纪念碑	24	
	雕塑	13	

续表

分类	感知特征词	频次	小计
长城景色	山	259	629
	植物	239	
	山间小路	8	
	动物	9	
	水	43	
	雾	19	
	雪	18	
	夜景	34	
长城人物	与长城文化结合	116	135
	与自然景色结合	19	
合计			1298

注：词频数据提取于2016—2019年携程、马蜂窝、去哪儿旅游网与长城相关游记照片。

（三）感知分析

1. 游记文本数据分析

根据统计结果绘制图表，生成游客感知特征词词频统计图，如图1所示。观察图表可以看出，在"长城文化"类中"长城构造"的相关词汇出现的频率最高，说明游客对长城中随处可见的城墙、城楼等事物的感知程度较高，其次，"文化历史"出现的频率也不低，说明游客对长城文化的感知度也处于一个较好水平，长城丰富多彩的历史文化给游览者留下了深刻的印象；在"长城景色"类中，游客感知度最强的关键词是"自然风光"，其次是"雄伟"和"美丽""陡峭""蜿蜒"，说明雄伟壮观是大多数游览者来到长城的第一感受；而"游客情怀"类中占比最高的感知词为"沧桑"，结合实际不难解释，作为一座历史悠久的物质文化遗产，长城承载了千千万万个历史故事，见证了无数的时代变迁，自然充满了无限沧桑之感。

运用ROST大数据分析软件对游记进行情感分析，根据情感分布图（图2）可知，大多数游客对北京长城的情感态度是正面积极的，其中正面情感词占比为54%，中性情感词占比为36%，而负面情感词占比为10%，总的来说占比较小。观察表6可以看出，在积极情绪分段统计中，高度积极情绪占比为26.92%，处于一个较高的水平，说明大部分人来到

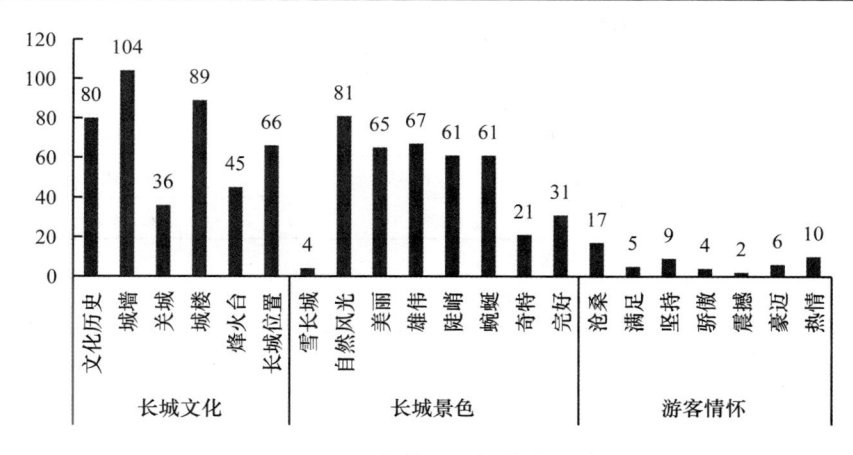

图1 网络游记词频统计图

长城文化：文化历史 80、城墙 104、关城 36、城楼 89、烽火台 45、长城位置 66
长城景色：雪长城 4、自然风光 81、美丽 65、雄伟 67、陡峭 61、蜿蜒 61、奇特 21、完好 31
游客情怀：沧桑 17、满足 5、坚持 9、骄傲 4、震撼 2、豪迈 6、热情 10

长城的心情都非常愉悦。进一步分析正面情感词统计结果表可以看出，"独特""美丽""美好""壮观""完好"等词语排名较高，其中"独特"指的是长城文化独树一帜、别具一格，不仅有秀丽的自然风光，更有其他地区所感受不到的民俗历史文化，让人不虚此行。中性情感词对研究的意义不大，因此不予分析。负面情感词占比小于正面情感词，但这并不意味着长城文化带的发展没有问题可言，"拥挤""破坏"等游客关注的焦点就应该成为文化带亟待解决的关键问题[①]。

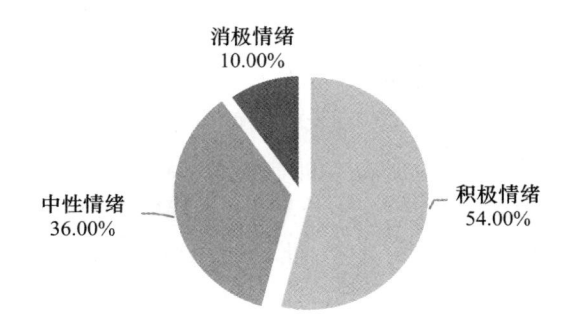

图2 情感态度分布图

消极情绪 10.00%
中性情绪 36.00%
积极情绪 54.00%

（注：根据表3绘制）

---

① 李春萍、张简：《基于网络文本分析的国内外游客旅游目的地形象感知差异研究——以西安回民街为例》，《旅游论坛》2017年第10期。

表6　　　　　　　　　积极情绪分段结果

积极情绪分段	游记条数	所占比例
一般（0—10）	48条	16.78%
中度（10—20）	33条	11.54%
高度（20以上）	77条	26.92%

表7　　　　　　　　　消极情绪分段结果

消极情绪分段	游记条数	所占比例
一般（-10—0）	12条	4.20%
中度（-20—-10）	1条	0.35%
高度（-20以下）	0条	0.00%

2. 游记照片数据分析

根据统计结果制作照片信息提取词分布图如图3所示，可以很清楚地看出，在"长城文化"分类中出现频率最高的感知词是"城墙"，多达252次，其次是"敌楼"，这不难理解，毕竟长城最主要的构造就是城墙和敌楼，游客对这两样事物的感知最强烈也不足为奇；在"长城景色"类中"山"出现的频数最高，说明长城所在地区绵延不绝的山脉同样使游览者产生了深刻印象。在图像信息提取过程中，本文将长城远景照全景照统一归结到了"山"这一分类当中，这也导致了该分类的词频数量远高于其他感知词，同时长城多地处郊区，植被茂盛环境优美，因此"植物"在游记中出现的频率也很高，是游客感知程度很强的事物之一；在"长城人物"分类中，"与长城文化结合"的照片明显高于另一个感知关键词，很少有仅与长城周边的景色合影，而长城沿线的雕塑石碑等文化遗产则是游客合照的焦点，这也说明了游客来到长城多是为了感受长城文化，而非长城周边的风景。

长城历史文化悠久，不仅自身为著名的物质文化遗产，沿线的自然以及人文景观资源也十分丰富，无论是造型精巧的亭台庙宇，抑或是古色古香的民俗村落，都是祖先留给我们的宝贵精神财富。北京长城文化带建设方案提出以来便得到了各界人士的积极响应，但这些方针政策有没有被贯彻落实、有没有取得成效还是需要游客的检验，游客感知程度越好，则说明官方的政策成效愈发显著，文化带建设愈发成功；反之，则说明成效不

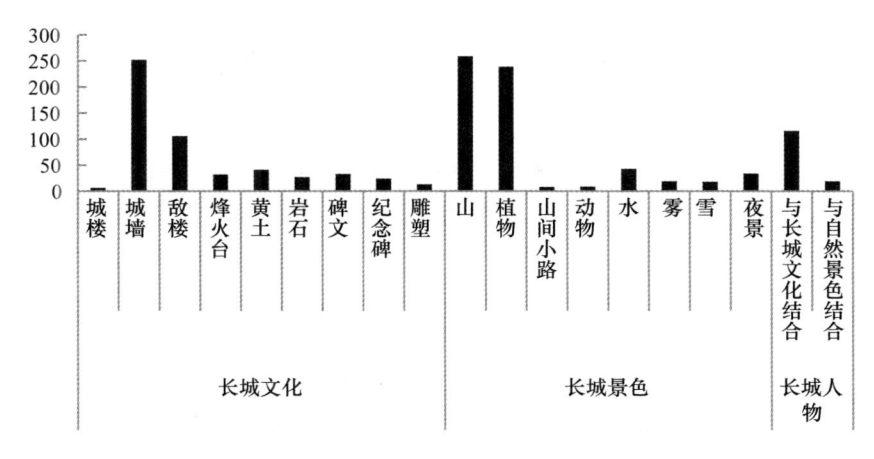

图3 照片信息提取特征词分布图

（注：根据表4绘制）

显著。根据统计结果可以看出，游客游记中的感知关键词十分具体和琐碎，但多为对长城某一个景点的感知与体会，如"城墙""烽火台"和"高兴""美丽"，而忽视了对长城周边各种单体建筑如敌台、马面、水关、关堡和相关非物质文化遗产的感知，显然，游客对长城文化带的理解不够深入，旅游行为也仅限于景点的简单游览，这违背了文化带建设的真正目的，即长城文化带整体的建设和发展。一般来说，比起在网络上发表各种观点的自媒体博主，普通游客的感知情况反而更能代表当今文化带发展的现状，因此，游客对文化带内涵的理解不够深入，对各种沿线文化资源感知程度差，旅游模式单一没有创新，是现如今长城文化带发展过程中不得不重视和解决的问题。

四 存在的问题

长城是一种符号和标志，实质上反映的是地理、经济、政治、文化等多方面与之有关的文化因素。发展长城文化带，不仅要发挥其延展作用，更应该发挥其辐射带动作用，带动景点周边乃至整个京郊地区旅游业的繁荣，显然，如今的文化带建设不尽如人意。总的来说，北京长城文化带建设方案提出以来，文化带的建设已经小有成就，但同时又存在很多的问题和不足。首先，管理上缺乏统一的规范和部署。从各个县区的规划方案中可以看出，不同的景区没有统一的标准进行长城文化的保护和发展，导致各个地区相对独立，没有形成完整的带状文化遗产发展模式；其次，长城旅游形式单一，对游客的吸引力有限。文化带提出以来，虽然各地区各部门都提升了长城景区的服务水平，但旅游方式大部分仍然仅限于攀爬长城，难以促进长城文化的创新以及周边地区民俗文化资源的发展；最后，长城文化游客感知程度较低，文化带的文化内涵挖掘有待进一步加强。根据长城文化带游客感知结果不难看出，现如今，游客对长城文化的理解较为浅显，印象深刻的多为景区内的长城本体，而对周边地区的民俗风貌感知甚微，这是与文化带的发展要求相背离的。总的来说，长城文化带的提出一定程度上促进了京郊地区旅游业的发展，但其更应该发挥的辐射带动作用显然并没有达到预期，需要我们进一步的努力。

五 总结和建议

（一）完善管理机制，实现多区多部门协同发展的新格局

通过调查，发现长城文化带的建设存在规范不统一、标准参差不齐的情况，阻碍了文化资源的梳理和保护，对此，可以考虑建立统一的领导机构进行统筹规划，从而从整体角度，合理地分配各部门人员，协调各地区情况。现如今，《长城文化带保护发展总规》已经出台，各县区也纷纷响应号召，在分区规划内对长城文化带进行更有条理的计划和部署，足以说明北京市政府越来越重视对文化带的整体规划，但要让规划顺利进行，还需要不断完善监督机制，提升工作人员的管理能力，保证各个环节有序推进[①]。

（二）创新旅游发展模式，形成新的旅游"卖点"

现如今攀爬长城几乎就是长城游玩的全部内容，大大限制了长城景区的可持续发展。作为中华民族的瑰宝，长城文化带内有丰富的自然资源和人文资源值得我们探究，但这些多元文化在景区中并没有得到系统的体现，游客自然难以感知。推进长城文化带建设，就不应把重点仅仅放在各

---

① 汤羽扬、刘昭祎、张曼：《区域协同发展框架下的"北京长城文化带"建构初探》，《北京建筑大学学报》2016年第3期。

个景区的文物本体保护开发身上，而是应该深入挖掘长城以及周边地区长城遗产所蕴含的文化、军事、科学知识与价值，创新旅游模式。考虑打造依托长城景点的特色文化小镇，让游客在游览长城之后，可以来到小镇进一步游玩参观。小镇要突出对长城文化的展现，深化、活化游客的文化体验，合理利用当地长城遗存进行文化的传播和创新，提升自身的旅游吸引力，从而带动旅游业的发展。

（三）打造长城文化精品 IP，突出不同组团发展特色

从整体上进行文化带的协同发展并不意味着每个长城段都要贯彻完全相同的发展规划，而是要在整体协同发展的基础上，根据各地实际情况，因地制宜地打造最适合的开发策略。目前来看，长城文化带的各个组团并没有形成各自的旅游特色，缺乏对各地长城文化内涵的深入挖掘与理解，不利于文化带的长远发展。之所以要将文化带确立为五个组团，就是因为各个组团具有不同的文化特色，各景区部门要在今后的发展中加强对各自区域内民风民俗、历史故事、精神价值等非物质文化遗产的传承和创新，依托独特的文化资源打造长城文化精品 IP，从而提升组团的知名度和旅游吸引力。

总而言之，长城文化带的建设是拉动京郊旅游业发展的重要途径。深入推进文化带的发展，在保护和修缮长城遗产的基础上创新文化旅游产业，大力发挥长城文化带建设对周边地区的辐射带动作用，提升京郊地区的经济发展水平，是长城文化带建设方案提出的目的之一。

开展街区更新，推进历史文化街区保护复兴

——以北京市东城区为例

金 晖[*]

摘要： 本文以东城区街区更新实践为研究对象，全面总结了习近平总书记对首都保护复兴方面的一系列重要指示精神，阐述了开展街区更新、推动历史文化街区保护复兴的必要性和现实意义，首次从理论上探讨了街区更新的内涵、特点和目标，剖析了开展街区更新要解决的统筹能力建设、制度保障等方面的问题，最后提出了通过开展街区更新推动历史文化街区保护复兴的对策建议，将为首都乃至其他历史文化名城的保护复兴提供有益的借鉴和助力。

关键词： 街区；街区更新；多元治理；保护复兴

2019年2月1日，习近平总书记在视察北京老城时强调："一个城市的历史遗迹、文化古迹，是城市生命的一部分。文化底蕴毁掉了，城市建得再新再好，也是缺乏生命力的。要把老城区改造提升同保护历史遗迹、保存历史文脉统一起来，既要改善人居环境，又要保护历史文化底蕴，让历史文化和现代生活融为一体。老北京一个显著特色就是胡同，要注意保留胡同特色，让城市留住记忆，让人们记住乡愁。"北京是一座有着3000多年建城史和860多年建都史的享誉世界的历史文化名城，首都核心区是全国政治中心、文化中心和国际交往中心的核心承载区，是历史文化名城保护的重点地区，是展示国家和首都形象的重要窗口地区。站在新时代首

---

[*] 金晖，东城区委副书记、区长，理学博士。

都治理现代化进程的新起点上,建设"政务环境优良、文化魅力彰显、人居环境一流"的首善之区,是核心区肩负的神圣使命和责任担当。当前老城历史文化街区的保护与更新存在着亟待解决的突出问题,东城区经过实践与探索认为,街区更新是推动历史名城保护与复兴的有效策略,对提高首都城市治理水平具有十分重要的现实意义,对全国其他地方的历史名城保护工作也具有启示意义。

一 历史文化街区保护与复兴亟待解决的问题

东城区有70%以上的面积在老城区,如何在城市发展中强化"首都风范、古都风韵、时代风貌"的城市特色,"让老胡同的居民过上现代生活"是首都核心区城市治理肩负的重要使命。近年来,东城区委、区政府以习近平总书记视察北京重要讲话精神为根本遵循,紧紧围绕疏解非首都功能、推动京津冀协同发展这条工作主线,坚持疏解、整治与提升并举,在落实城市战略定位、推动老城风貌保护、完善城市基础设施、实施街巷胡同美化亮化、改善居民居住条件等方面持续发力,取得了阶段性成效。但在推动老城保护与复兴方面,仍然存在以下问题。

(一) 系统谋划与统筹实施能力不足

现代城市管理是一个包含多主体、多环节、多管理层级的复杂的巨型系统,这决定了其本身的复杂性、系统性和综合性。而老城的保护和更新是在存量的基础上进行更新,面临更为复杂的环境条件,首都的特殊地位又赋予历史文化街区更高的保护标准和要求,必须加强系统谋划和统筹实施能力建设。老城驻区单位较多,历史文化街区内大量的文物建筑和历史建筑产权分散,维护、使用、管理缺乏政策的支持和资金的保障;城市管理体制上条块衔接不紧密,治理重心下沉不到位,工作末端不聚焦,在街区层面实施碎片化,造成解决城市问题的"最后一公里"跟不上;在行政决策上,重视显性问题和硬件环境的改善提升,却忽视深层次问题,对街区功能的提升和文化的传承延续不到位,街区多元性、包容性和便利性不足;在治理方式上,习惯于运动式的整治,长效机制不完善。

（二）实施精治的制度保障不足

依法治理是现代城市治理的基本方式和治理现代化的主要特征，越是超大城市，越需要以完备的制度标准作为治理的依据和保障。作为元明清三朝皇城遗址所在地，东城区开展街区更新的重点是更加注重首都历史文化保护，尤其是历史文化街区保护，但仅仅依靠一般性的城市规划保护古都风貌是远远不够的，历史街区胡同肌理、四合院空间格局需要保护规划的具体指导，以及精细化的导则规范，城市的人居环境、产业功能、服务配套、绿化美化等均需要具体的标准与技术支撑。此外，保护与管控方面的制度尚不完善、制度执行不到位，也是老城乱象难以根治的主要原因。

（三）城市治理多元主体的作用发挥不充分

越是超大城市，越要在共治上下功夫，充分发挥多元主体的作用。但在城市治理中，作为领导力量的政府发挥作用的边界仍不清晰，缺位、越位情况时有发生；居民、自治组织在城市治理中处于提意见的角色，作为建设、管理主体的角色意识、责任意识还不强；多元参与渠道不通畅，社会组织、专业机构参与历史文化街区保护的平台和机制还不完善，市场主体参与历史文化街区保护更新的政策渠道不畅通，参与积极性不高。共治共建共享的多元治理格局还没有形成。

（四）文物保护与利用的路径不通畅

保护、传承和利用好宝贵的历史文化资源是东城区肩负的神圣职责。据不完全统计，全区文物中不合理使用的有150余处，占全区文物总数的43%。部分文物保护单位和一些具有较高历史遗产价值的传统院落，或居住密度高，或占用单位重视不足，导致协调产权单位和政策难度大，房屋产权人和承租人参与历史文化保护的意识不强；历史文化资源的内涵挖掘和利用不充分，历史建筑老化失修、文物安全隐患多，保护状况堪忧。文物腾退所需的资金量巨大，而且有关文物开放使用的政策对文物利用限制过多，特别是腾退空间再利用的政策不明确，涉及的用地性质、用途调整还有不通畅之处，造成腾退后利用难、资金平衡难等情况，资金投入仍以政府投入为主，社会资金投入积极性不高。

二 街区更新的背景与理论内涵

(一) 开展街区更新,推进历史文化街区保护复兴的必要性及现实意义

党的十八大以来,习近平总书记多次视察北京并对北京工作发表重要讲话,深刻阐明了"建设一个什么样的首都,怎样建设首都"这一重大时代课题。他强调,要紧紧抓住疏解非首都功能这个"牛鼻子",着力提升首都核心功能,做到服务保障能力同城市战略定位相适应,人口资源环境同城市战略定位相协调,城市布局同城市战略定位相一致;要更加精心地保护好北京历史文化,凸显其整体价值,强化"首都风范、古都风韵、时代风貌"的城市特色;要构建超大城市有效治理体系,加强精治共治法治,既要管好主要大街,又要治理好背街小巷,让老胡同居民也过上现代生活。这些重要讲话和重要论断,为新时代开展街区更新、推动老城保护复兴指明了前进方向。

建设和管理好北京是国家治理体系和治理能力现代化的重要内容。习近平总书记多次就坚持和完善中国特色社会主义制度、推进国家治理体系和治理能力现代化做出重要论述。党的十八届三中全会明确指出,全面深化改革的总目标是完善和发展中国特色社会主义制度,推进国家治理体系和治理能力现代化。党的十九大报告将实现国家治理体系和治理能力现代化作为建成社会主义现代化强国的一个重要目标,明确到2035年基本实现国家治理体系和治理能力现代化,到21世纪中叶实现国家治理体系和治理能力现代化。党的十九届四中全会进一步描绘了国家治理体系和治理能力现代化的各阶段目标,并提出了明确要求。这些重要论断和会议精神为推动首都核心区城市治理现代化指明了前进方向,也为街区更新明确了目标任务。

作为首都核心区,东城区是北京文物资源最丰富、分布最集中、历史文化街区最多的城区,其中北京老城33片历史文化街区中有18.5片在东城,东城总面积的70%以上在老城。历史文化街区承载着古都风貌和厚重文脉,是老城保护复兴的核心所在。近年来,在市委、市政府领导下,东城区坚持以疏解非首都功能、推动京津冀协同发展为主线,下大力气治理"大城市病",取得了阶段性成效,但老城平房区人口资源环境之间的矛盾依然突出。老城街巷胡同基础设施存在短板,再加上大多数房屋建于20

世纪五六十年代,房屋破旧、人口密度过高、居住拥挤、交通出行不便,传统院落规制和风貌受到侵蚀,历史文化街区的吸引力和活力仍然不足,街区品质整体水平还不高,无法满足居民对现代城市生活的新要求,与大国首都形象极不相称,老城已经进入了新一轮城市维护更新周期。

北京市委书记蔡奇曾强调,"老城复兴的关键在于街区更新"。近年来,东城区在北京市率先开展街区更新,探索符合老城特点的历史文化街区保护复兴之路,这是贯彻落实习近平总书记视察北京重要讲话精神和市委、市政府有关决策部署的战略举措,是落实新版北京总规各项要求、加快疏解非首都功能、提升"四个服务"水平的内在需要,是传承文脉、留住乡愁、打造首都历史文化"金名片"的迫切需要,是推进城市治理现代化、破解"大城市病"、促进人口资源与环境承载相协调、进一步改善民生的必然选择。

(二)街区更新的源起与理论内涵

街区更新源自西方的城市更新运动。在20世纪50年代到70年代,西方国家的城市更新运动受现代主义思想影响,城市规划主张将城市历史建成区推倒重建,大搞公共设施、基础设施建设及大规模的城市开发,营造宽阔大道、高楼林立的现代化城市形象。这种做法从20世纪60年代开始遭到质疑,许多西方学者对大规模改造为主的"城市更新"方式进行了深刻反思,重拾对城市个性与历史文化遗存的尊重,强调城市发展的连续性与渐进性,强调小规模改造更新的意义,强调公众参与,强调空间规划与社会发展的相互联系,并涌现出一批以城市更新模式研究为主题的著作,如L.芒福德的《城市发展史》(1961)、J.雅各布斯的《美国大城市的死与生》(1961)等。自20世纪80年代以来,西方国家的城市更新转向了渐进式、小规模的再开发阶段,并从物质空间的更新逐渐拓展到全方位综合处理城市问题的渐进式、合作式更新。

1994年,吴良镛院士在《北京旧城与菊儿胡同》一书中提出了"有机更新"理论,开启了西方城市更新理论本土化之路。他提出,要在保留城市整体性、延续地区文脉、不破坏地区原有特征的前提下,循序渐进地实现更新,成为长期以来指导北京城市更新工作的核心理念,对我国历史文化街区的保护更新研究产生了重要影响。此后,我国历史文化街区方面的研究成果逐渐丰富,代表性著作有:《历史文化名城保护理论与规划》

(1999)、《现代城市更新》(1999)、《当代北京旧城更新：调查·研究·探索》(2000)、《南锣鼓巷》(2015)等，这些论著为当前开展街区更新提供了直接的理论支撑。

街区是城市有机体的基本细胞，也是城市治理的基础所在，与人民群众日常生活密切相关。街区更新概念属于城市更新范畴，是以东城区近年来城市有机更新实践为基础，吸收借鉴国内外城市更新理论、城市治理理论和新发展理念等最新成果，结合老城保护要求提出来的城市更新的一种创新模式。街区更新中的"街区"是指由城市道路所包围的、具备相对完整城市功能的、一定面积的空间区域，也是城市生活的有机组成单元；"更新"的内涵十分丰富，不仅是对街巷环境、基础设施、房屋建筑、道路停车等狭义的物质要素的改善提升（Renewal），而且是着眼于整个街区未来的城市更新与发展的功能定位，涵盖了经济发展、城市精神、文化活力、社会生活诸领域的全面再生（Regeneration）。

总之，街区更新以街区为单元聚焦发力，通过综合考虑政治、经济、文化、社会、生态等因素，对存量的城市空间进行整体规划和综合改造，系统解决老百姓身边的问题，推动历史文化街区的保护复兴，营造更加宜居、宜业、宜游的街区空间。

（三）街区更新模式的特点

街区更新既不同于城市大规模的改造，也不同于"微更新"模式，是以街区为实施单元开展的小规模、渐进式、可持续的更新改造模式，具有以下特点。

一是街区更新贯彻创新、协调、绿色、开放、共享发展理念，遵循城市发展规律和城市工作的内在要求，注重从城市治理的系统性和整体性分析和解决问题，注重对城市功能、人口、资源配置与环境承载的再优化和整体安排，注重街区更新规划的引领作用，突出了属地街道的统筹地位和能力建设，为从根本上破解"大城市病"、实现减量集约和高质量发展找到了有效路径。

二是街区更新注重保护街区的历史真实性、风貌完整性和社会生活延续性，加强城市功能修补和生态修复，挖掘街区独特历史文化要素内涵，注重对居民生活和交往空间的建设，注重打造反映街区特质的文化地标，提升街区文化品位和活力，繁荣社区文化，真正让文化可触摸、可体验和可传承，传承文脉，留住乡愁，不断彰显城市的温度和厚度。

三是街区更新从城市生活的多元性、包容性和便利性出发，着眼长远，注重街区更新的深层次目标，注重更新目标的全面性、可持续性和均衡性，突出以党建为引领，一体推进功能优化配置、历史风貌保护、产业高端发展、生态修复、民生改善、社会和谐稳定等在内的街区全面复兴，以便满足人民群众对美好生活多样化、个性化的需要。

四是街区更新坚持以人民为中心的发展思想，注重构建共治共建共享的社会治理格局，实施方式上改变了过去政府自上而下对人、财物大包大揽的外部推动方式，注重激发市场、社会和居民参与的内生动力，对不同的街区进行分类施策，发挥政府、社会、居民等多元主体的协商共治作用，不断提升精治共治法治水平。

（四）街区更新的目标

街区更新是城市更新模式的创新，是提升城市治理水平的有效策略。对接十九大确定的"两个阶段"战略安排以及十九届四中全会确定的国家治理现代化总目标，对接北京新版总规确定的各阶段发展目标，确定东城区街区更新的近期目标（2019—2022年）是：健全街区更新工作机制，形成清晰的顶层设计，完善规划管控体系，组织实施一批街区更新项目，持续深化非首都功能疏解，推出一批样板街区，实现"一保护"（保护老城传统风貌）、"双提升"（提升老城功能活力、提升老城环境品质）、"双改善"（改善居民生活条件、改善交通出行条件），"大城市病"治理取得新进展，"四个服务"能力明显提升。街区更新的远期目标（2023—2035年）是：国际一流的和谐宜居之都首善之区初步建成，非首都功能疏解任务全面完成，"大城市病"基本消除，政务服务保障充分，基础设施完善，街区环境品质全面提升，成为展示首都形象和古都魅力的文化高地，成为经济高质量发展的标杆地区，以及城市治理现代化的标杆地区。

三 开展街区更新、推动历史文化街区保护复兴的思路建议

站在新时代推进首都治理现代化的新起点上，在中央和市委、市政府领导下，东城区坚持以习近平新时代中国特色社会主义思想为指导，学习借鉴浙江、上海等先进地区的城市治理经验，深入探索街区更新可推广的

实施路径，注重历史文化保护、注重织补空间、注重改善居住条件、注重多元参与、注重加强统筹，着力推动城市治理创新，破解短板问题，更好地满足首都人民群众美好生活的需要。

（一）完善规划体系，夯实城市治理的制度基础

习近平总书记指出，"城市规划在城市发展中起着重要的引领作用"。开展街区更新，就要完善规划体系，突出历史文化保护，坚决维护规划的权威性和严肃性，推动城市治理的法治化和规范化。

在城市总体规划和核心区控制性详细规划的指导下，要创新街区规划编制方式，坚持开门搞规划，做到自上而下和自下而上相结合，制定街区更新规划编制技术导则，划定一、二级更新单元，摸清底数，明确街区功能定位和特色，分类编制好街区更新规划。编制各类管控导则，落实好北京历史文化街区风貌管控与更新设计导则，明确老城"不能做什么"，对重点街区的城市景观视廊、公共空间、建筑高度和色彩、广告牌匾、步行道等进行动态控制和引导，突出首都城市特色，注重人居环境改善和文明传承、文化延续。探索建立适合历史文化街区特点的老城房屋修缮、市政设施更新、公共服务配套等技术标准，补齐城市功能不足的短板。落实"老城不能再拆了"的要求，综合施策，严格控制人口规模和建筑规模，切实做到减量减负，促进人口资源环境与城市战略定位相协调，从根本上逐步破解"大城市病"。

法令行则国治。开展街区更新，最终要建立以法定规划为根本，以城市设计导则为补充，以责任规划师制度为保障，以城市体检评估为反馈的规划管控体系，完善城市治理的制度基础，充分发挥规划的引领作用和刚性约束力，依法解决城市治理的各种问题，最大限度地保护老城历史文化的整体价值。

（二）加强统筹，提升街区治理的系统化精细化水平

一流城市要有一流治理，开展街区更新必须遵循城市工作规律，把握城市工作的综合性、系统性和整体性要求，加强统筹能力建设，在科学化、精细化、智能化上下功夫。

建立完善区级统筹、街道主责、社区协同参与的街区更新工作机制，优化组织领导体系，统筹好部门街道、专家学者、实施企业、社会组织、

居民等多方面力量，深入开展街区更新技术路径与保障机制的研究，统筹好更新单元的道路交通、绿地等重要系统和社区配套服务、视线通廊控制等空间要素，系统谋划，抓好街区更新编制及组织实施，并根据实际情况变动及时做到技术策略的动态调整。深化街道大部制改革，完善"街道吹哨、部门报到"机制，加强街道作为街区更新实施平台的统筹能力建设，将资源配置、指标平衡的权力交给街道，将人力、财力向街区聚焦，给街道社区赋能放权。发挥街道的属地作用，聚焦主责主业，强化服务职能，时刻做到"民有所呼、我有所应、接诉即办"，集中力量解决好群众家门口的事情。

习近平总书记强调，"既要善于运用现代科技手段实现智能化，又要通过绣花般的细心、耐心和巧心提高精细化水平，绣出城市的品质品牌"。东城区作为网格化管理的发源地，要通过街区更新创新城市治理理念、制度、机制、方法等，将精细化的要求贯穿城市工作全链条，充分依托大数据、云计算、物联网、人工智能等现代信息技术及手段，加快智慧城市建设，构建大数据中心，整合全区数据资源和工作平台，将网格单元管理与街区更新单元更好地结合起来，创新公众参与方式，拓宽公众参与的平台和渠道，着力破解各种难题，提高城市治理的精细化、智能化水平，努力打造"城市网格化服务管理模式"的升级版，让城市治理更智慧，让人民群众的生活变得更美好。

（三）坚持以文化城，提升街区活力和城市魅力

街区更新要着力保护历史文化遗产，挖掘历史文化资源的内涵，以文化城，传承文脉，繁荣城市文化，提升发展活力，擦亮古都历史文化"金名片"。

街区更新的重要任务，就是保护、传承和发展首都丰富的历史文化资源。发挥历史文化名城保护委员会作用，构建老城保护工作平台，统筹风貌保护和修缮管理技术性工作，健全多元主体参与院落修缮保护的政策，认真落实控规和街区更新规划要求，加强城市设计，保护好胡同肌理、传统四合院规制。落实中轴线申遗保护规划，加快推进不合理占用文物的腾退，细化街区文物古建恢复性修缮、传统四合院恢复、天际线控制、视线通廊控制、整体风貌控制等各项任务，建立项目库，以工匠精神有序实施更新，尤其要对历史文化街区精心雕琢，让每一处院落、会馆、门楼、影

壁、砖雕都亮起来，让文化活起来，传承文脉，留住京味儿，重塑中轴线壮美的空间秩序和迷人的古都风韵。

在保护历史文化遗存及传统风貌的同时，街区更新更注重满足人民对城市美好文化生活的需要，全面提升街区活力。从满足居民社会生活入手，做好公共开放空间的改造提升，开展绿化美化，恢复历史水系，改善提升市政基础设施，补齐便民服务设施，优化交通出行，让街区更有人情味。落实"崇文争先"要求，推动文化与其他产业融合发展，探索引入社会投资，有效盘活利用老旧厂房等工业遗存，植入"高精尖"产业，加快文化等主导产业高端发展，推动"老字号"企业转型升级，不断提升街区发展活力。坚持以文化城，注重挖掘街区的历史文化资源和特色，将特色文化元素融入城市整体形象设计，传承弘扬非物质文化遗产，讲活胡同文化故事，繁荣社区文化，增强市民情感归属感和认同感，彰显首都核心区的文化影响力和魅力。

（四）厘清政府、市场和社会关系，充分发挥多元主体作用

街区更新要实现近期的"一保护""双提升""双改善"等目标，以及远期目标，都离不开市场力量的推动和多元主体的作用发挥。

通过在街区空间层面的组织实施，进一步厘清政府与市场、社会的关系，明确街区更新的任务清单和权责划分，发挥市场机制作用，搭建政府、企业、社会、单位、居民等多元主体参与街区更新的平台，完善多渠道投融资运营机制，推动政府、企业、产权单位、居民等主体共担更新责任，共享发展成果，既弥补财政资金的不足，又增强参与主体的社会责任感和积极性，形成与城市共生共荣的情感纽带。

鼓励、引导多元主体参与房屋保护更新，在平房区积极探索"统规自建"的更新模式，鼓励产权人自主更新；稳步推动"申请式腾退"的住房改善机制，鼓励平房区房屋产权人和公房租住居民自主申请腾退，引入企业参与更新改造以及就居民腾退后的修缮保护和房屋经营管理，打造建筑共生、居民共生、文化共生的"共生院"模式。制定相关政策，鼓励企业在街区更新规划的指导下，开展商业、养老等便民服务。探索腾退房屋、趸租房屋的特许经营机制，以及国有企业特许经营和日常业态管理的弹性管理办法，保证公共资金投入的公益性。加强资金运营管理，提高盈利空间，增强公共财政资金投入的可持续性。加强文物使用、工程监管、日常

管理等方面的长效管理监督机制，适度鼓励公众参与，推动文物开放，发动街区力量共建共享。

（五）坚持人民城市人民建，完善多元协商共治的街区社会治理格局

街区更新，人人有责。街区更新本身就包涵着多元共治的理念，是厘清政府、市场和社会之间的关系，解决政府缺位、越位问题的有效抓手，通过街区更新可以更好地推动基层社会治理创新，不断增强人民群众的获得感和幸福感。

开展街区更新要始终贯彻以人民为中心的发展思想，紧紧抓住新时代人民群众的"七有"要求和"五性"需要，将社会治理体系和城市空间管理体系有机结合起来，全方位推动社会治理现代化。坚持党建引领、共建共享，强化社区居委会的自治主体作用，完善小巷管家、"小院议事厅"等协商议事平台，推动成立大杂院、老旧小区院落、小区业委会，促进社区治理与居民参与的有机结合，引导居民通过有序参与、制定居民公约等途径，妥善解决老旧小区自治管理、胡同停车、环境卫生等难题。引入专业组织和技术力量进社区，在准确把握街区规划、导则以及相关法律规范基础上，作为协商机制中的技术参谋和法律支持，把握协商方向，为居民提供有效的服务，如街区责任规划师制度的建立就是一个典型范例。居民协商共治模式的重点是建立系统化投入决策机制、均衡性投入计划，有序推动各类街区、街巷胡同、院落建筑的均衡提升与改善，在公共服务布局中明确重点投入和普惠投入关系，有效防止计划管理、指标管理等过程中的投入不均导致的配置失衡问题。通过广泛参与，有效提升居民对街区治理的责任感和主人翁意识，街区治理成效更容易被群众认可，有利于形成人人有责的共建共享良好氛围。

（注：本文数据、资料均系作者调研、汇总所得）

北京农业文化遗产保护利用的现状、问题及对策研究[*]

陈建周 杜姗姗 邱 茜 陈京雷 吉 阳[**]

摘要：农业作为基础性产业，是人类在历史长河中适应自然条件而形成的生产及生活方式。中华民族农耕文化源远流长，孕育了诸多璀璨的农业文化遗产，是中华民族优秀传统文化的重要组成部分。如今在乡村振兴建设实践中，农业文化遗产被作为北京推动全国文化中心建设和乡村振兴战略实施的重要抓手，然而北京农业文化遗产的保护、传承与利用也面临了诸多问题，亟须探索出适合本土农业文化遗产发展的路子。鉴于此，本文通过梳理当前北京农业文化遗产的发展条件及现状，诊断其保护利用中存在的问题，依托国内外优秀经验与实践提出优化策略，以期促进北京的农业文化遗产在乡村振兴的应用价值与作用发挥。

关键词：农业文化遗产；乡村振兴；区域发展；城乡融合；北京市

农业生产为人类社会经济发展提供了粮食和商贸交换的基础，是人类适应复杂自然条件的生产及生活方式。在悠久的历史发展进程中，中华民族创造了诸多具有重要价值的农业知识和农业技术，为中华民族的形成与

---

[*] 基金项目：北京联合大学北京学研究基地开放课题（项目编号：SK120202001、BJXJD-KT2020-YB06）；北京学高精尖学科学生创新项目"基于农业文化遗产视角的京郊乡村旅游发展"的研究成果。

[**] 陈建周，北京联合大学应用文理学院硕士研究生，研究方向为文化遗产区域保护规划；通讯作者杜姗姗，北京联合大学应用文理学院副教授，博士，研究方向为城乡规划；邱茜，北京联合大学应用文理学院，研究方向为地理学；陈京雷，北京联合大学应用文理学院学生，研究方向为地理学；吉阳，北京联合大学应用文理学院学生，研究方向为地理学。

发展奠定了坚实的物质基础。时至今日，这些宝贵的农业文化遗产成为现代农业发展的基础和源泉。城市化进程的加快和工业化进程的推进，使城市的土地空间利用方式发生了翻天覆地的变化，农业文化遗产的生存空间受到了严重的威胁和破坏，亟待反思原有的经济发展方式，通过保护和发展意识的转变推动农业文化遗产保护利用的改善与调整。

作为一座具有三千多年建城史和八百多年建都史的国家历史文化名城，如今北京已成为世界上拥有数量最多的世界遗产的城市之一，在文化遗产层面形成了极具北京特色的文化遗产保护利用实践经验。相较而言，对于本土农业文化遗产的关注较少，仅仅从2012年才开始实施农业文化遗产普查等保护项目和措施。学界目前仅关注了京西稻[1]、北京油鸡[2]、大兴西瓜[3]等个别案例，农业景观[4]、农事节庆活动[5]等类别及大兴区[6]等具体区域研究，缺乏对本土农业文化遗产的系统深入研究，亟须加强对北京农业文化遗产的保护利用研究。鉴于此，本文从北京农业文化遗产的发展条件出发，通过回顾北京农业文化遗产发展的现状，剖析其现存问题，并提出相应对策，以期从农业文化遗产视角促进北京乡村地区的保护发展。

一　北京农业文化遗产的发展条件

农业文化遗产的形成与发展离不开自然与经济社会条件，梳理北京农业文化遗产的发展条件有助于探析其发展基础，以此基础有助于做出问题诊断及提出针对性策略。

---

[1] 赵润泽、杜姗姗、罗红玉、蔡建明：《京西稻农业文化遗产价值及保护利用研究》，《北京农业职业学院学报》2019年第3期。

[2] 李阳、雷进、李甘乔、李华：《北京油鸡文化遗产保护与发展分析》，《农业生产展望》2019年第9期。

[3] 周绪宝、孟凡乔、欧阳喜辉：《乡村振兴背景下农业绿色与高质量发展的思考——以北京市大兴区西瓜和昌平区草莓为例》，《农产品质量与安全》2019年第6期。

[4] 聂紫瑾、李琳：《基于农田景观的北京休闲农业发展现状与对策研究》，《天津农业科学》2020年第1期。

[5] 李艳婷、王琪：《北京郊区农事节庆活动发展的困境与对策研究》，《北京农业职业学院学报》2018年第1期。

[6] 李梅、苗润莲、张惠娜：《农业文化遗产保护与开发的几点思考——以北京市大兴区为例》，《农业考古》2015年第1期。

（一）优渥的自然环境条件

1. 地形地貌特征

早期的农业生产活动受到自然环境条件的影响较大，丰富多样的地形地貌、充足的水源和水利工程设施奠定了北京农业发展的基础，使其形成悠久的农业发展历史，尤其是形成了多种类型的经济方式，从而孕育了丰富的农业文化遗产类型。最主要的是地形地貌对农业活动的布局影响。北京地区地貌类型复杂，拥有平原、台地、丘陵、山地等多种地形地貌。浅山、深山等山地自然条件适合建立果园或果粮间作，从而孕育了林果复合农业文化遗产。北京湾内河流众多、水系复杂，永定河、通惠河、潮白河等河流蜿蜒而过，历史上多次修缮水利工程设施，故而能提供充足稳定的灌溉水源，对农业发展和城市形态结构等产生了重大的影响。

2. 气候条件特征

农业生产活动除了需要适宜的地形条件外，还需要优渥的气候条件，水热条件也是对农业生产活动及农作物生长产生重要影响的因素，北京复杂多样的自然气候环境为农业生产活动提供了优良的生产环境，为形成丰富多样的农业文化遗产类型奠定了基础。北京地区为典型的温带季风气候，冬春季节较为干旱，夏秋季节较为湿润多雨，为农业文化遗产的形成与发展提供了优良的水热条件。除了水热条件外，北京地区存在大面积的山地地貌，由于地形地貌的复杂性，本区域亦受到垂直地带性的作用和影响。同时，北京各区域水文、土壤、气候条件也有所差异，为多元农业文化形成奠定了基础。

（二）优越的社会经济条件

1. 经济发展水平

良好的社会经济发展水平为农业产业链的延长及拓展提供了坚实的基础。2019年，北京市农林牧渔业总产值281.7亿元，第一产业比重比上年下降5.1%；高效益品种占设施农业产值的比重为34.5%，比上年上升6.4%；种业收入增长21.3%；观光园和民俗旅游人均消费分别增长5.7%和9.5%[1]。目前，北京市现代农业生产朝着高质量和精细化的方向

---

[1] 《2019年北京经济运行平稳 发展质量稳步提升》，北京市统计局官网，2020年1月20日。

发展，形成了以观光休闲园、设施农业、乡村旅游等为支柱的产业类型，出现了一二三产业融合发展的局面。农业文化遗产蕴涵的多重价值，使其成为现代农业高质量发展的重要空间载体，发掘农业文化遗产丰富的内涵与价值，对农业文化遗产的保护、传承与利用具有重要的意义。

2. 科学技术水平

北京建城历史悠久，曾是元明清三代都城，是世界闻名的千年古都和国家历史文化名城。长时段作为全国的政治文化中心，北京在农耕社会一直保持着先进的农业技术优势，为农业文化遗产的形成和发展奠定了良好的基础和条件。时至今日，北京科技创新中心建设也为农业生产带来了技术革新，科学技术的发展对现代农业生产活动产生了巨大的影响，高新技术在农业生产活动的应用越发明显，改变了原有的农业生产方式，对农业文化遗产的活化保护与传承也产生了巨大的作用。因而，摸清北京农业文化遗产的谱系，使高新技术在农业文化遗产保护传承中增加可能性，也为农业文化遗产的保护利用提供了更加丰富的思路。

（三）多元文化的共生互补

北京区位条件优越，东邻渤海，南接中原，西近太行，北连朔漠，优越的区位优势使农耕文明和游牧文明在本区域交汇融合，以此形成了特色鲜明的北京地域文化。在此基础上发展的多元文化为北京农业生产活动和农业类型奠定了丰富多样的特性，为农业文化遗产的形成与发展提供了丰富多元的文化发展条件。

（四）优良的政策氛围条件

1. 国家战略要求

2012 年以来，从中央和地方的层面来看，农业文化遗产保护与传承的地位愈发重要。受联合国粮农组织实施的"全球重要农业文化遗产"项目影响，中国于 2012 年开始了首批"中国重要农业文化遗产"项目申报和发掘[①]。2016 年，中央一号文件明确指出"开展农业文化遗产普查与保

---

① 《农业部关于开展中国重要农业文化遗产发掘工作的通知》，农业农村部官网，2012 年 4 月 20 日。

护"①，将农业文化遗产的发掘和保护工作提升到前所未有的高度，为农业文化遗产的保护发展提供了纲领性文件。截至2020年1月，农业农村部陆续开展了五批中国重要农业文化遗产项目遴选工作，共遴选出了106项中国重要农业文化遗产项目②，成为农业文化遗产保护与传承的示范窗口。

2. 北京发展需要

《北京城市总体规划（2016年—2035年）》提出北京"四个中心"建设③，其中农业文化遗产是北京建设全国文化中心的重要组成部分，是弘扬优秀传统文化的重要内容，是建立文化自信的重要抓手，对农业文化遗产的发掘和保护是"擦亮文化遗产金名片"的重要一环。为推进农业文化遗产的保护与传承，北京市农业农村局于2016年开展了农业文化遗产普查，2019年将"加强农业文化遗产的保护与传承"写进了国民经济和社会发展计划④。2019年，随着乡村振兴战略的落地实施，农业文化遗产成了乡村生态振兴、文化振兴、产业振兴、组织振兴、人才振兴的重要空间载体，对其保护与传承迎来了春天。

二 北京农业文化遗产的发展现状

自2012年农业部开展"中国重要农业文化遗产系统"项目以来，北京也结合本土实际，在农业文化遗产保护利用领域做出了一定的探索与尝试，并取得了一定的成效。

（一）乡村振兴战略落地实施，释放农业文化遗产的政策红利

2018年，国务院颁布实施《北京城市总体规划（2016年—2035年）》，提出北京建设全国文化中心、擦亮文化遗产金名片等一系列措施。农业文化遗产作为文化遗产的重要类型，是塑造北京文化遗产金名片的重

---

① 《中共中央 国务院关于落实发展新理念 加快农业现代化 实现全面小康目标的若干意见》，农业农村部官网，2016年1月28日。
② 《农业农村部关于公布第五批中国重要农业文化遗产名单的通知》，农业农村部官网，2020年1月20日。
③ 《中共中央 国务院关于对〈北京城市总体规划（2016年—2035年）〉的批复》，中华人民共和国中央人民政府网站，2017年9月27日。
④ 《关于北京市2018年国民经济和社会发展计划执行情况与2019年国民经济和社会发展计划的报告》，首都之窗，2019年1月29日。

要抓手，其中蕴含的农业产品、耕作技术和农业文化，契合北京高质量城市化发展道路和乡村振兴战略的落地实施[1]。2018年北京市委市政府发布了本区域的乡村振兴战略措施，从公共服务、质量安全、生态建设、收入增长、组织建设、体制机制等方面提出了乡村振兴的要求[2]，为农业文化遗产的保护提供了良好的政策环境。北京以城乡融合发展、优化空间发展格局推动城市化高质量发展，将美丽乡村建设作为实施乡村振兴战略的主要抓手，推动乡村人居环境整治、农民增收致富。加大城乡现代治理力度，促进城乡一体化发展，合理布局规划建设用地资源，解决剩余农民劳动力安置、资金平衡等问题，解决了郊区城市化的关键难题。乡村振兴战略的实施，使北京农业文化遗产保护迎来了新的发展机遇，为农业文化遗产保护发展提供了政策保障。

（二）初步建立农业文化遗产普查与规划制度，奠定农业文化遗产保护基础

为落实农业文化遗产的保护，自2016年以来北京建立了农业文化遗产普查制度，并于当年开展了市域的农业文化遗产普查工作，使北京成为首个开展农业文化遗产普查的国际性大都市。通过摸查农业文化遗产的类型，按类型划分摸清农业文化遗产的发展现状，有助于细化农业文化遗产保护与利用的思路，从而将农业文化遗产的保护利用落到实处。根据普查统计数据，北京农业文化遗产资源丰富，现已形成了2项中国重要农业文化遗产、50项系统性农业文化遗产（含2项中国重要农业文化遗产项目）、485项要素类农业文化遗产和316项已消失的农业文化遗产（见图1）。2016年，农业部编制了全国具有潜在保护价值的农业文化遗产名录，北京市以316项的成绩位列榜首，数量在全国农业文化遗产占比为1/8[3]。农业文化遗产普查工作的开展和普查制度的建立为北京农业文化遗产的保护利用奠定了坚实的基础，将为北京农业文化遗产保护发展提供重要参考依据。除此之外，市农业农村局还编制了北京市农业文化遗产资源名录和农业文化遗产保护发展规划，形成了全市重要农业文化遗产认定标准和重

---

[1] 闵庆文、曹幸穗：《农业文化遗产对乡村振兴的意义》，《中国投资》2018年第17期。
[2] 《北京市乡村振兴战略规划（2018—2022年）》，首都之窗，2019年1月24日。
[3] 闵庆文、阎晓军：《北京农业文化遗产普查报告》，中国农业科学技术出版社2017年版，第13页。

要农业文化遗产申报程序等地方性农业文化遗产保护标准及程序[①]，通过争取财政资金支持，以科学规划引导农业文化遗产的可持续发展。

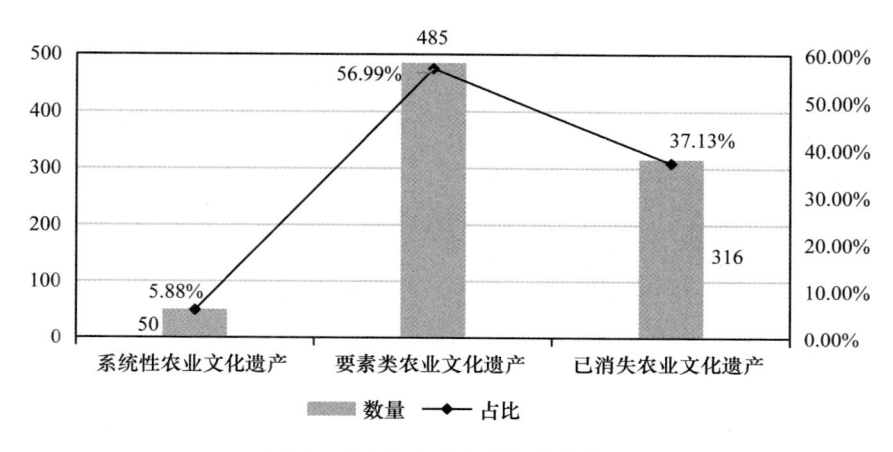

图 1　北京市农业文化遗产统计图

（三）乡村旅游、休闲农业助力农业文化遗产发展

"大京郊小城区"是北京改革创新的重点谋划方案，通过推动美丽乡村建设，发挥京郊乡村地区自然生态等生产要素优势，以乡村旅游、休闲农业等产业推动城乡融合发展。2019 年，北京乡村旅游游客量达 6000 万人次[②]，乡村旅游、休闲农业已成为京郊发展的重要产业，也成为农业文化遗产保护发展和乡村振兴战略实施的重要结合点。部分农业文化遗产地通过与合作社、农业企业合作的方式，通过推广休闲旅游活动，举办了诸多节庆文化活动，提供了多样的文化旅游产品。京西稻通过筹办京西稻博物馆，举办了诸多农耕体验活动和农业文化节庆，吸引了众多市民和游客的参与，促进了农业文化遗产的活化利用。昌平区以区域性品牌举办文化节庆，发挥草莓博览园的主体作用，举办北京农业嘉年华等文化节庆活动[③]，打造创意农业景观、先进农业技术、农业知识科普、文化互动体验活动等，吸引游客和市民的关注，使其成为农业文化遗产保护"活"起来

---

① 《"北京市农业文化遗产资源普查及规划项目"顺利通过专家验收》，北京市农业农村部官网，2017 年 6 月 8 日。
② 《2019 年北京乡村旅游的游客量达 6000 万人次》，人民网，2019 年 12 月 27 日。
③ 《北京农业嘉年华：让农业文化遗产活起来》，人民网，2019 年 4 月 10 日。

的平台和窗口。通过乡村旅游和休闲农业行业的加盟，农业文化遗产保护利用拓宽了有效的发展道路。

（四）初步形成北京农业文化遗产系列品牌

北京重视农业文化遗产的品牌建设，自2012年以来陆续开展了中国重要农业文化遗产项目和农业文化遗产地理标志产品的申报和保护工作，在创建地方农业文化遗产品牌的道路上取得了一定的成绩。2015年，京西稻、四座楼麻核桃两项农业文化遗产成功入选第三批中国重要农业文化遗产项目，开始在海淀、平谷和房山三地建立农业文化遗产保护区[①]，打造了北京地区最著名的农业文化遗产品牌。京西稻作为北京本土最具特色的农业文化遗产之一，通过塑造"御稻米"概念，形成了融合现代科技的生产体系，并依据京西稻的历史文化，推出系列文化创意产品，对京西稻的活化保护与利用起到了积极的作用。此外，2017年北京成功获得北京鸭地理标志保护，使其成为全国唯一一个省级区域冠名的家禽地理标志。2019年启动了北京油鸡地理标志项目，于2020年1月获批成为北京农业文化遗产地理标志产品。北京黑猪作为本土行业培育的农业文化遗产品牌，在2017年全部迁出北京后，加快实施了品牌战略，加强了科技手段的使用，使其形成了"三品一标"[②]的优质农业文化遗产品牌[③]。目前，北京已营造了诸多优良的农业文化遗产品牌，使其成为北京农业文化遗产的发展范本，有效地提高农业文化遗产的保护与利用水平。

（五）逐渐组建农业文化遗产"政+产+研"保护网络格局

2012年以来，由市农业局牵头，开始建立了农业文化遗产保护的"北京模式"。通过政策引导、规划建设、组织申报等方式逐渐形成了北京农业文化遗产保护的标准和框架，吸引了相关休闲农园企业的参与和支持。对农业文化遗产保护与利用决策的研究逐渐深入，以中科院地理所、北京联合大学、中国农业大学、北京农学院等为代表的科研机构也参与其中，开展了"北京农业文化遗产保护"决策咨询沙龙等一批关于农业文化遗产

[①] 《本市首建重要农业文化遗产保护区（图）》，搜狐网，2015年12月2日。
[②] "三品一标"指无公害农产品、绿色食品、有机农产品和农产品地理标志。
[③] 《北京让农业文化遗产"活"起来》，搜狐网，2019年8月22日。

保护的学术会议①，产生了诸多关于农业文化遗产保护的成果，吸引行业优秀经验应用到了农业文化遗产地，产生了良好的经济效益。目前，北京在农业文化遗产保护发展领域形成了"政府+企业+遗产地+高校"的保护网络格局，有效地发挥了各方主体作用，初步搭建了北京模式的农业文化遗产保护框架。

三 北京农业文化遗产保护利用中存在的问题

2016年以来，北京在农业文化遗产保护与发展方面形成了一定的经验和收获，但回顾农业文化遗产保护利用的探索过程仍存在诸多亟须解决的问题。

（一）城市化进程威胁导致农业文化遗产的生存空间减少

当前北京人口增长过快，城市化水平高，长期"摊大饼式"的城市发展使北京的"大城市病"问题凸显。城市人口的过度增长，打破了原本的生态结构平衡，形成了尖锐的人口与资源环境矛盾。随着过度的土地开发和利用，城乡环境和土地利用方式也发生了改变，环境质量显著下降，使农业文化遗产丧失了原有优良的生产环境和生存环境。随着城市建设面积的扩散，周边的乡村地区逐渐经历了城市化，导致农业生产活动的空间也逐渐减少，目前北京耕地面积也仅占改革开放初期的一半，直接威胁农业文化遗产的生产空间。经济结构的变化也改变了农业生产结构，使得农业文化遗产的种植面积呈阶梯式下降，亟须优化农业文化遗产的生存空间。随着新形势城市发展方式的转变，部分农业文化遗产面临着搬迁与消失的尴尬处境。

（二）农业文化遗产保护管理制度仍待健全

在2015年北京两项农业文化遗产入选了第三批中国重要农业文化遗产名录之后，北京市农业局于2016年开展了北京市农业文化遗产普查工作。截至2017年，《北京市农业文化遗产普查报告》完成并公示，使北京成为全球第一个在全域行政范围开展了农业文化遗产普查的国际性大都

---

① 《"北京农业文化遗产保护"决策咨询沙龙成功举办》，澎湃网，2019年8月13日。

市。2019年，北京市还在年度发展报告指出"加强农业文化遗产的保护与传承"。相对而言，北京对于农业文化遗产保护与传承的力度给予了重视，但对于农业文化遗产普查之后，对于北京市各区农业文化遗产的后续监测、评估方案及实施细则等方面内容，并未进行深一步的发掘和行动。因而，北京亟须深化农业文化遗产的保护与管理工作，在后续工作中加强加快提高农业文化遗产保护的力度，健全农业文化遗产的保护制度，以使其充分发挥应有的价值推动北京乡村地区发展。

（三）公众对农业文化遗产的认知水平亟须提高

随着2016年中央一号文件的颁布、北京文化遗产金名片的建设和乡村振兴战略的落地实施，农业文化遗产的概念逐渐走进公众的视野。但整体而言，仅有少数群众能通过政企网页、学术期刊、报刊等渠道接触农业文化遗产，对于北京类型丰富、复杂多样的农业文化遗产并未进行系统性的发掘与宣传，造就了公众对农业文化遗产的认知水平偏低的局面。市场信息失灵造就了低水平的产业化局面，未能有效推动农业文化遗产的保护发展。因而，应当拓展农业文化遗产的宣传渠道和手段，提高公众对农业文化遗产的认知水平。

（四）农业文化遗产品牌建设水平有待提高

农业文化遗产作为特殊的公共文化资源，具有独特的稀缺性和差异性，目前北京农业文化遗产对于其内涵和价值的发掘和品牌建设等方面仍待提高。当前北京仍处于农业文化遗产谱系梳理和摸查的阶段，对于各类型农业文化遗产的保护发展思路仍不明确，导致农业文化遗产未能形成明显知名的品牌，目前仅有京西稻、平谷桃、昌平草莓等个别可圈可点的农业文化遗产品牌，但品牌概念导向的农产品、旅游产品和文化产品具有高度的同质化问题。因而，北京亟须通过政策导向，加强农业文化遗产保护与管理部门之间的联动，推动农业文化遗产品牌的建设和保障。

（五）农业文化遗产内涵挖掘力度不足

北京拥有丰富的农业文化遗产资源，但目前在文化遗产保护利用领域，相关部门主要将视线放在建筑遗产、非物质文化遗产和工业文化遗产等方面，对农业文化遗产的内涵挖掘仍然未到达较深的层次。农业文化遗产涵盖了乡村区域的农业生产活动及其衍生的技术和习俗等一系列资源，对其内涵发掘的不充分也导致了乡村发展中"有资源无思路"的现象，造成了农业文化遗产资源的浪费。

（六）缺乏农业文化遗产新业态的培育

农业文化产品作为农业文化遗产的重要组成部分，是农业文化遗产保护与传承的重要方式。然而，当前部分农业文化遗产地过分依赖这种单一的经济方式，未能拓展农业文化遗产保护利用的思路，造成了农业文化遗产业态的单一和低效益，从而加剧了农业文化遗产衰败的进度。农业文化遗产保护利用亟须抛弃原有的保护发展方式，通过多途径、多方法、多手段、多主体的渠道提升内在价值，以促进农业文化遗产本身及其承载广大乡村地区的发展。

（七）农业文化遗产的研究亟待加强

由于农业文化遗产集合了考古学、农学、文化遗产学等学科理论，属于一个较为新型的交叉学科。目前在农业文化遗产领域形成了数家研究智库和机构，但通过知网等一线学术期刊数据来看，对于相关专业人才和研究人才的培养仍然不足，导致了关于北京农业文化遗产研究的成果数量较少，整体而言仍处于较为落后的水平。农业文化遗产的成果与行业未能形成良好的沟通对接，部分研究成果未能发挥其应有价值。我国作为农业大国，农业文化遗产数量与质量也位列世界前茅，亟须正视农业文化遗产研究现存的问题。

四 北京农业文化遗产的对策及启示

针对目前北京市农业文化遗产的发展现状及问题，结合当前行业与学界发展趋势，特提出以下北京本土农业文化遗产的发展对策与建议。

（一）加强农业文化遗产的政策引导，健全农业文化遗产保护制度

如今，市政府已开始重视农业文化遗产保护利用，但从长远发展来看仍然需加强政策法规的引导作用。对于农业文化遗产的保护制度也亟须完善和健全，尤其是针对部分生存空间严重受损、原产地消失的农业文化遗

产，应当创新保护与管理方式，以政策补偿、转移支付等手段提高农业文化遗产发展的可能性。同时，应当发挥地方立法制度在农业文化遗产领域的作用，尽快落实农业文化遗产保护的细节，高起点、高站位谋划，形成以市发改委牵头，市农业农村局、市规划自然资源委、市生态环境局、市文物局、市文化和旅游局等多部门联席会议制度，使农业文化遗产保护作为乡村"五大振兴"[①]的重要环节，以科学合理的政策法规引导农业文化遗产保护制度的实施，以部门联动形成农业文化遗产保护的合力。

（二）保障农业文化遗产的生存空间，构筑"留白增绿"农业文化遗产的展示平台

严格落实新版《北京城市总体规划（2016年—2035年）》方案，保留文化遗产的生存空间，使"留白增绿"空间成为农业文化遗产保护和发展的新自留地，搭建农业文化遗产展示平台，提升农业文化遗产的保护利用方式。农业文化遗产所在地承载了乡村区域的历史文化资源和经济发展资源，在保护与生产的过程中应当落实国家生态文明建设要求，严格遵守生态红线，抓好农村生态修复、提升北京乡村生态环境，保护与修复乡村自然生态系统，为农业文化遗产的保护发展提供优良的环境，发挥农业文化遗产涵养生物多样性的功能，建立生物多样性保护网络，充分利用良好的生态文化资源和历史文化资源，提供优质的农业文化遗产系列产品。

（三）拓展宣传渠道与手段，提升农业文化遗产知名度和公众认知度

信息技术的发展带来了新兴的宣传渠道和手段，微博、抖音、微信公众号等一众线上宣传媒介成为诸多信息流交汇的平台。农业文化遗产保护也亟须搭上便车，积极引导主流线上宣传技术在行业内的尝试与应用，同时大力开展农业文化遗产推介会、农产品展销会等线下推介平台，从而通过线上线下相结合的方式推进农民增收致富、推进农业文化遗产的活化传承与利用。拓展北京农业文化活动的宣传渠道和手段，加强与主流媒体的合作与沟通，开展媒体记者体验交流活动，增加媒体的参与度，打造良好的文化宣传平台。依托北京蓬勃发展的影视媒体、广告宣传等产业，鼓励

---

① "五大振兴"指《中共中央 国务院关于实施乡村振兴战略的意见》提出的乡村产业振兴、人才振兴、文化振兴、生态振兴、组织振兴。

首都农业企业走向国际，搭建国际性农业文化服务贸易平台。搭建"政府＋社会＋市场"多主体互动的宣传网络，充分利用农业文化遗产文化资源开展定期和不定期的文化活动，丰富市民、村民和游客的生活方式，调动公众积极性，营造社区村落与历史文化资源共生的保护与利用格局。鼓励公众参与文化遗产地的志愿服务，以公益性保护利用方式推介农业文化遗产的历史文化。鼓励非政府组织利用互联网技术等方式搭建北京农业文化遗产资源的宣传与保护平台，促进"互联网＋农业＋文化"的融合发展，推动农业文化遗产的活化利用。

（四）加强农业文化遗产的品牌建设，凸显北京皇家文化农业文化遗产特色

营造文化品牌是文化产品必须追求的发展途径，良好的文化品牌有助于提升文化产品的可持续发展潜力。皇家文化是北京农业文化遗产最大的特色，结合北京历史文化故事与资源，打造皇家文化特色的农业文化遗产品牌，是适合北京本土农业文化遗产的发展之路。通过遴选京西稻等相关皇家文化农业文化产品，打造"皇家农业礼物"品牌，有助于农业文化遗产内涵的挖掘与提升。针对其余各区农业文化遗产，也应当结合当地实际情况，打造平谷桃、昌平草莓、怀柔板栗等片区特色的农业文化遗产品牌，使其成为区域性文化名片，形成良好的农业文化遗产产品和品牌，成为国家地理标志产品和区域的农业知名品牌，对京郊休闲旅游和农村产业的发展都具有重要的作用。

（五）加强农业文化遗产内涵的发掘，促进乡村文化资源的转化与活化利用

深入发掘北京农业文化遗产与首都乡村的历史文化资源，充分展示首都农村丰厚的历史文化内涵，形成北京特色的农业文化遗产保护标准。进一步发掘北京乡村的文化内涵和特色，加强非物质农业文化遗产的保护和传承，搭建农业文化遗产的保护平台和渠道，促进文化资源与文化产品对接，形成具有创意的文化和旅游产品，打造农业文化遗产"北京礼物"系列创意产品产业。坚持"一村一品""一乡一品"的原则，大力推进农文旅融合发展，打造系列文旅产品，开展系列农业文化活动及文化惠民工程，拓展村民及游客的休闲活动空间，形成文化活动品牌及全方位宣传渠道，以文化建设推动北京乡村振兴。加强历史民俗、传统节日文化等非物质农业文化遗产内涵的发掘和利用，开展群众性文化节庆活动。

（六）大力促进农文旅融合发展，积极培育农业文化遗产新业态

文化和旅游融合发展态势已成为文化资源向旅游资源转化的重要方式，农业文化遗产作为特殊的文化产品，具有"农业 + 文化 + 旅游"的多重功能价值和特性，应当充分发挥其价值和作用，以农文旅融合发展的方式推进农业文化遗产的保护利用。系统性农业文化遗产作为最具代表性的农业文化遗产类型，该类农业文化遗产主要分布于京郊，拥有休闲农业和乡村旅游发展的坚实基础[①]。大力推进农文旅融合发展，打造农业文化旅游精品路线，以农文旅融合发展体现农业文化遗产资源的现代价值。农业文化遗产发展不应单纯提供农业产品，而是应当借助休闲农业、乡村旅游等产业，结合乡村生态环境资源、历史文化资源，在农业种植、科普教育、餐饮住宿、旅游观光、户外休闲、会议培训等多重环节打造特色文化产品，形成相对完整的产业链条。针对不同区域的农业文化遗产与历史文化资源聚集区，面对不同消费市场形成等级分明、结构合理的差异化市场，确定不同类型和主题，突出各区文化展示重点主题。深入推进京郊农业文化遗产腹地一二三产业的融合发展，针对"平原、浅山、深山"乡村，因地制宜地形成中高端结合的差异化市场构架，以"农旅融合""文旅融合""互联网 +"等构筑新型农业发展业态，推动乡村产业的转型升级，提高农村居民收入。

（七）发挥首都智库优势作用，加强农业文化遗产保护利用研究

加快加强北京市农业文化遗产普查与评估工作，明确农业文化遗产权属，加快盘点北京农业文化遗产保护与利用现存问题，积极引导各类型农业文化遗产资源的保护与发展。建立北京市农业文化遗产数据库，促进普查和监管工作的动态化和常态化，建立农业文化遗产的审核评价制度。充分发挥北京的科教资源优势，整合北京文化遗产、农业、历史、考古、文博、旅游等人才资源，以相关高校及科研机构等优势平台分区对口支援北

[①] 闵庆文、阎晓军：《北京农业文化遗产普查报告》，中国农业科学技术出版社2017年版，第13页。

京农业文化遗产保护与利用研究。重视人才队伍的培育与建设，加大文化遗产保护发展研究人才的投入，包括保护人才、宣讲人才、后备人才等。加强国内外文化遗产保护发展的经验研究，借鉴国内外农业文化遗产保护利用的新方法和新技术，促进北京农业文化遗产的活化保护和发展。

城乡一体化视角的文旅融合日本经验及其对北京的启示

韩孟缘[*]

摘要： 城乡一体化发展是中国城市化与现代化发展的一个重要的新阶段，同时也是当代城乡发展研究中的热点。目前国内将乡村文化旅游作为促进城乡经济全面协调可持续发展的方法得到了学界普遍的认同，但在改造进程中，"重开发、轻文化"现象还时有发生，造成了割裂历史、破坏文化、难以传承的问题。日本在改变其长期形成的城乡二元经济结构上形成了诸多的探索经验，在地域振兴运动中形成了以文化遗产保护与传承为抓手、文旅融合发展的新思路，既合理地保护传承了当地文脉又有效促进了乡村振兴。以日本城乡一体化视角为切入点，通过对乡村文旅融合的成功经验进行阐述，以期为当前北京市城乡一体化建设提供高质量建议。

关键词： 城乡一体化；乡村振兴；文旅融合；日本经验

2003年，党的十六大中首次提出了"统筹城乡经济、社会发展"的新理念，城乡一体化发展理念成为国内城乡二元制结构凸显下，被提出的消除城乡隔阂的一剂"良方"。乡村旅游作为乡村振兴战略的重要手段，也作为促进乡村经济发展的重要推动力，是当前城乡一体化研究的热点，学者们就乡村旅游的发展困境[①]及发展理论[②]进行思考的同时深入探讨乡村

---

[*] 韩孟缘，北京联合大学应用文理学院硕士研究生，研究方向为文化遗产区域保护规划。

[①] 黄震方、陆林、苏勤、章锦河、孙九霞、万绪才、靳诚：《新型城镇化背景下的乡村旅游发展——理论反思与困境突破》，《地理研究》2015年第8期。

[②] 战冬梅：《理论与实践创新结合推动乡村旅游高质量发展》，《中国旅游报》2020年第4期。

旅游的发展路径及策略①②③，同时积极吸取西方发达国家的经验及成果为我国未来的发展提供借鉴④⑤。经过一段时间的发展中国乡村旅游在理论及实践层面都取得了一定的发展。但我国的乡村旅游仍以单一的乡村生态旅游为主，普遍存在"重开发、轻文化"的现象，导致旅游特色不鲜明、旅游产品同质化、服务质量亟待提高等问题⑥。1977年，美国学者Mcintosh和Gebert首次提出"文化旅游"⑦的概念，引起学界关于文化旅游的思考和讨论。在文化和旅游关系日渐紧密的当下，如何将乡村的文化、自然与旅游业更好地融合成为乡村旅游的关键词。

邻国日本为应对乡村凋零和城乡二元制结构，于20世纪50年代开始实施"地域振兴"战略，在战略指导下开展以文化遗产保护传承为抓手的文化绿色旅游，大大推动了日本城乡一体化建设。由于其自然环境、发展历程及历史背景与我国有许多相似之处，本文希望对日本"地域振兴"战略的发展背景、历程及策略进行梳理，同时针对乡村文化旅游的具体举措加以介绍，进而为北京乡村振兴工作提供实践层面的借鉴意义。

一 日本地域振兴概况

（一）日本地域振兴的发展历程

作为亚洲地区较早开启工业化进程的日本，明治维新运动使得日本经济快速发展，在此背景下形成了巨大的劳动力缺口，大量的农村人口开始向城市转移。"二战"后日本经济进入到了高速发展时期，不断推

---

① 梁传波、焦世奇：《扬州市乡村旅游游客动机与行为分析》，《北京财贸职业学院学报》2019年第6期。
② 马勇、赵蕾、宋鸿、郭清霞、刘名俭：《中国乡村旅游发展路径及模式——以成都乡村旅游发展模式为例》，《经济地理》2007年第2期。
③ 尤海涛、马波、陈磊：《乡村旅游的本质回归：乡村性的认知与保护》，《中国人口·资源与环境》2012年第9期。
④ 王兵：《从中外乡村旅游的现状对比看我国乡村旅游的未来》，《旅游学刊》1999年第2期。
⑤ 王云才：《国际乡村旅游发展的政策经验与借鉴》，《旅游学刊》2002年第4期。
⑥ 郭焕成、孙艺惠、任国柱、吕明伟：《北京休闲农业与乡村旅游发展研究》，《地球信息科学》2008年第4期。
⑦ ［美］罗伯特·麦金托什、夏希肯特·格波特：《旅游学：要素·实践·基本原理》，蒲红等译，上海文化出版社1985年版。

进的工业化、城市化进程使得大量的资本、人才不断向城市聚集，农村的吸引力不断减弱，致使大规模农民尤其是青年农民大规模涌入城市，不可避免地使乡村人口外流现象加剧，同时人口过密带来交通、环境等城市问题；而乡村方面，由于劳动力尤其是年轻劳动力的流失，人口的减少带来劳动力老龄化、少子化等问题。为了解决在城市化进程中乡村不断解体、消失的困局，日本政府在1948年开始实施农业改良与生活改良措施，从大城市圈产业再配置的观点出发，在国土计划中确立了地域振兴计划。

为实现乡村劳动力人口回流、缩小城乡发展不均，进而实现城乡一体化发展，日本20世纪60年代开始实施"全国综合开发计划"，成为日本推行地域振兴计划的关键时期[①]。第一次"全国综合开发计划"于1962年制定，核心是针对工业整备用地的开发政策进行改革，同时1961年的《农业基本法》，其核心是通过政策改革中多重优惠政策支持农业发展；同时培养农户的自发性和创造性，提高自身竞争力以适应新时代的发展。1970年通过《农业振兴地域整备法》开启第二次"全国综合开发计划"，希望通过大规模项目的推进，提升乡村生活环境与居住条件，实现乡村人口回流以缩小地域差距。但前两次"全国综合开发计划"未能纠正地区差别，也未能成功地振兴乡村，加之1973年的第一次石油危机和不景气的经济状况，以经济增长至上为核心的"全国综合开发计划"以失败告终。

1977年富有改良色彩的第三次"全国综合开发计划"提出定居计划，以提升乡村的综合居住环境为目标，引导城市人民跨区域居住，推动城乡文化融合。之后的第四次"全国综合开发计划"（1987年制定）在继承"三全"的想法基础上，以纠正东京一极集中的现状为总体目标，推动村庄建设，使村庄具备现代农业生产能力并拥有良好居住环境。1998年开始推行第五次"全国综合开发计划"，次年《农业基本法》遭到废除，颁布《食品、农业、农村基本法》，通过改善农业生产条件、挖掘农村文化特色为目标，通过公共事业建设振兴乡村发展。不难看出，从第三次"全国综合开发计划"之后，政府开始积极引导乡村建设，同时强调乡村的文化保护与传承。

---

① 贺青梅：《中国乡村振兴的实现路径：来自日本地域振兴的启示》，《广西大学学报（哲学社会科学版）》2019年第5期。

（二）地域振兴政策的关键举措

1. 特色农产品打造

20世纪70年代末期，日本通过造村运动来推动地域振兴，其中最具代表性的当属1979年在大分县开展的"一村一品"运动。

"一村一品"运动旨在通过挖掘当地文化内涵打造富有特色的产品，以推动农业产业化和乡村旅游的发展、强化城市与乡村之间的联系、逐步缩小城乡二元制结构、拯救逐渐衰败的农村[1]，简而言之就是因地制宜地利用特色资源来推动村域特色农业发展，推动乡村经济复兴。在产品定位环节提倡本村自主选择当地独有的，与自然、社会、历史相融合的特色农产品，打造全国性的地方品牌。在农产品加工环节，为了提升产品附加值同时又能结合城市人口消费需求，在产品生产中秉承"健康、绿色、高品质"的理念，生产绿色环保的高质量农产品，将传统生产技艺与现代产品需求相结合。

2. 人才培养制度

日本政府十分重视对于外来高等人才的引进以及本地化专业人才的培养。一方面，乡村积极与城市高校相对接，通过政策利好吸引有回乡意向的、高学历的有志青年投身到乡村建设中；同时对于本地村民，以社区为单位组织农业知识补习班，开展免费的教育培训，通过农业基础知识和专业技能的培训活动加强人才横向发展，培养素质健全、专业技术扎实的本地村民，提供优秀的人力资源支持，为乡村后续持续发展提供内在动能。

3. 政府与基层的共同作用

在以往的日本的地区开发中，乡村一直以依存型开发为主——领取国家政策补助金，但人们很快意识到过度依赖政策方面的指导，致使农村无法发挥出自身特色，加之政府的财政危机导致补助金削减，促使地区开发必须转换长期形成的被动模式。为此，1951年日本建立农业委员会制度，农业委员会是基层协商组织，其职责是根据相关农业法律行使自身权利，鼓励村民参与乡村发展规划的制定及环境建设事业等活动。而政府充分发挥其自身的引导、服务职能，在"地域振兴"的实施过程中制定相应的技

---

[1] ［日］足立文彦：《一村一品運動研究の回顧と展望》，《金城学院大学論集社会科学編》2015年第11期。

术支持、技术引导政策，激发农民的生产生活积极性；同时打通农产品的市场渠道，向农户公开市场信息。政府与基层共同发挥自身作用，充分地激发了农业劳动者主体的积极性、组织参与性，使得政府决策得以更好地实施与下达，同时政府可以通过基层自治组织的反馈制定更有针对性的政策。

二 地域振兴视角下的文旅融合发展战略

在日本以地域振兴促进城乡一体化发展的大背景下，日本社会普遍认为，地域振兴对于乡村旅游具有显著的带动作用，而乡村旅游又反哺于地域振兴。目前就日本乡村旅游与乡村文化相结合，及形成的文旅融合新局面的理论及实践作一介绍。

（一）绿色旅游政策

乡村旅游作为一种乡村经济的刺激手段，是日本"地域振兴"的重要途径之一。在20世纪60年代以前，尚未形成明确的乡村旅游概念，只是在各地诞生了针对滑雪客人需求的民宿农家；20世纪六七十年代，是日本经济高速增长期，随着经济快速增长、国民收入上升和休闲时间的增加，乡村作为城市居民的休闲娱乐活动场所受到极大的关注，乡村旅游开始出现；在1985年日元急剧升值的背景下，日本土地投资加剧，"度假胜地开发"成为人们关注的焦点，20世纪八九十年代也成为乡村旅游的热潮期，通过十年乡村旅游的快速开发，在各地乡村建成了如高尔夫球场、滑雪胜地和度假公寓等旅游设施，但政府发现，农村地区的文化与景观已经完全改变，文化丢失、环境质量下降、农村人口"兼职化"与农村年轻劳动力外流现象并未得到根本性解决。在这种情况下，对农业景观和乡村空间应进行重新审视。

1992年，政府在《提倡绿色旅游》的报告中第一次提出了"绿色旅游"概念。1994年颁布《农山渔村休闲法》也强调要将绿色旅游与"区域振兴"相结合，认识到乡村旅游只有在维持原有农庄、农田等乡村景观的情况下才能实现。提倡将农村的自然景观、社会文化、历史遗迹开发为一种观光资源，同时在开发过程中要注重对于乡村文脉的保护与传承，对于已开发的设施要进行规范化管理。政府希望通过"绿色旅游"政策，使城市居民通过体验自然、参加乡村劳动、了解乡村历史文化的方式，将农村的自然、文化资源进行转化，刺激乡村的经济发展。

（二）绿色旅游的文化挖掘

普通乡村旅游的主要目的是通过满足旅游者需求，从而获取商业利润；相比之下，绿色旅游的主要理念是人与农业、山区等自然资源和文化遗产等文化资源的"接触"和"体验"，在吸引游客促进经济发展的同时传承乡村的文脉，促进"地域振兴"。目前日本绿色旅游的文化挖掘途径主要以"故乡"建设与工业遗产保护再利用为抓手。

在"故乡"建设层面，政府强调乡村历史建筑的保存和传统技艺、民俗的传承。乡村的建筑不仅承载了一代人的记忆，更为重要的是乡村传统建筑样式及聚落的形态体现了乡村的建造艺术与生活方式，是当代城市居民了解乡村文化的直观途径。如北海道的江差町，在江户时代由于地处日本海航路的北端，作为港口型商业城镇极为繁荣，同时保存了大量的传统建筑与贸易文化等有形、无形遗产。1986年，日本开启了江差町传统建筑的保护开发活动，大量有历史意义的传统建筑上升至日本有形文化财产层面并将建筑内的物品向公众进行展示。日本政府希望通过传统建筑的保存打造"故乡文化"，其核心是唤起人民内心的思乡情怀，唤起对于故乡的共鸣，吸引旅游人口，在刺激经济发展的同时向公众传播传统乡村文化。

在工业遗产保护与再利用层面，在日本人口稀少和工业结构变化的农村地区，工业遗产作为旅游资源以振兴当地社区的做法屡见不鲜。在20世纪七八十年代，工业遗产再利用的社会目标是最大限度地减少关闭行业的负面经济影响，并消除负面的记忆，通过对倒闭厂房的再利用以减少损失的同时产生经济价值[1]。但使乡村工业遗产与文化相结合的，是日本文化厅开始在全国范围内进行的工业普查，此次普查颁布了工业遗产的概念，使公众了解到了其中的文化价值。加之，保护工业遗产的全球标准和世界遗产名录的登记制度直接使得工业遗产的经济与文化之间的平衡发生了变化；正如2014年与2015年，联合国连续两年将日本两处工业遗产注册成为世界遗产，工业遗产的概念与其保护与再利用的实践迅速获得了公众的关注和认可。因工

---

[1] ［日］平井健文：《日本における産業遺産の観光資源化プロセス—炭鉱・鉱山の遺構に見出される価値の変容に着目して》，《観光学評論》2017年第5期。

业遗产与其他文化遗产相比普遍具有"低龄化"特征,所以日本国内将工业遗产视为"当地的最后历史文化资源"进行开发①,至此之后,旅游不仅被视为经济价值的来源,而且被认为是保护工业遗产、传承当地文脉的工具,游客来到这些景点可促使当地居民注意到其工业遗产的文化价值。在此种情况下,目前日本已将工业遗产视为一种旅游资源进而促进"地域振兴",同时也将工业遗产视为唤起公众了解文化、传承历史的载体。

三 日本典型案例分析

日本在改变其长期形成的城乡二元经济结构上形成了诸多的探索经验,其中最有代表性的当属通过"文旅融合"战略进行地域振兴的冈山县高梁市成羽町吹屋地区,该地区于 1707 年开采出了一种名叫孟加拉(ベンガラ)的红色颜料,由于烘烤后可长时间保持美丽的红色并保持高的品质,世界范围内需求量猛增,1900 年该地区发展成为日本三大铜矿之一;也正是利用这些可长久保持的红色矿业颜料,形成了现在以红色砖墙为代表的、以采矿为核心的成羽町吹屋地区。第二次世界大战之后,由于更为廉价的代替染料出现,采矿业开始减产、关停,城市逐渐衰落、建筑物不断老化,繁荣的吹屋地区也成为过眼云烟。因该地区拥有众多建筑样式统一的历史建筑,拥有浓厚的文化背景,1977 年被日本文化厅认定为国家级传统建筑保护区。目前通过政府与民间群体的共同努力,有效结合该地区社会背景及文化资源,形成了基于工业遗产再利用与传统历史建筑为核心的"故乡"绿色旅游地区,有效地促进了地域复兴。

(一)吹屋地区传统建筑群

由于吹屋地区保存着较高的建筑统一性,拥有叹为观止的红铜色瓷砖与朱红色墙体,形成了江户时代末至明治时代冈山县最大的文化遗产群。致力于文化遗产保护的志愿者与当地民众通过自身努力开始吹屋地区的保护复兴运动,希望将传统建筑群进行保护修缮,唤起民众的"故乡"意识,通过乡村旅游活动带动已经衰落的历史文化街区复兴,促进地域振兴。

---

① [日]木村至圣:《産業遺産の表象と地域社会の変容》,《社会学評論》2009 年第 3 期。

1972年5月成立深谷观光协会，开始组织房屋所有者对于历史建筑进行保护翻新；1974年吹屋地区被选为冈山县的"里故乡"；1977年整个地区被指定为国家级传统建筑保护区，同时传统建筑保护区保护委员会成立，开始对该地区进行修复，以保持其原始外观；1985年保护委员会为每栋历史建筑设立统一的标识牌，用于展示每栋历史建筑的简介及历史；2000年当地居民参与制定了"城镇、町发展计划"，提出当地的特色产品应围绕本地独有的"孟加拉"红色染料展开；拥有111年历史的深谷小学建筑在2003年被认定为重要文化遗产，并于2015年开始对其进行修缮。2006年，代表江户时代末期建造的住宅被认定为国家级重要文化财产，向公众免费开放。经过政府、社会组织以及民众的共同努力，吹屋地区目前已经形成了以传统建筑群为基础、以特色产品经营为主要形式、以"故乡"文化为核心的绿色旅游区，吸引了大量城市游客前往。

（二）吹屋地区工业遗产再利用

成羽町吹屋地区的兴起与繁荣，都离不开采矿业的发展，从铜矿中所提取的红色染料不仅为吹屋地区带来了客观的经济收入、人口的往来，红色染料更使吹屋地区红色历史建筑能够建成并长久保存变为可能。繁荣时期的吹屋采矿业形成了集采矿、加工、烧制、再加工于一体的完整生产工艺流程，但随着新材料、新技术的不断更新，采矿业也开始纷纷停产。作为日本三大铜矿之一，蕴含了丰富的文化内涵，因日本经济产业省将此地评为日本近代化产业遗产，企业所有者决定将此处工业遗存视为一种旅游资源进而促进"地域振兴"，同时能够帮助民众更好地了解当地文化、传承铜矿历史。

通过保护与开发，目前吹屋地区将笹畝坑道、染料制造房、烧制窑炉、脱酸室向公众开放，同时组织周边青年学生到此实践，以便展示染料从开采到制成的整个传统工艺流程，传承当地传统文化。

（三）吹屋地区文旅融合的成就

吹屋地区通过传统建筑群的保护修缮打造"故乡"文化，同时将工业遗产旅游视为保护工业遗产、传承当地文脉的工具。经过一段时间的发展建设，在"地域振兴"层面取得了一定成就。2007年成羽町吹屋观光游客数量增长率达到98%，第一次超过冈山县整体观光游客数量增长率。在游客数量上，成羽町吹屋地区（吹屋传统历史街区及笹畝坑道等工业遗产景观）从 2000 年的 45000 余人上升至 2008 年的 63000 余人[1]，成为高梁市内的第三大旅游观光区。

四 对北京的借鉴与思考

日本在城乡一体化背景下，在改变其长期形成的城乡二元经济结构上，通过文化与旅游相结合的方式形成了诸多的探索经验，既合理地保护传承了当地文脉，又有效促进了地域振兴。北京作为中国的首都，同时也是全国最早一批开始发展乡村旅游的城市，具有良好的自然资源、文化资源与乡村旅游基础。吸取日本文旅融合的乡村旅游经验，可以更好地促进乡村旅游的持续发展，推动城乡一体化进程。

（一）文化、工业遗产的传承

每个地区都有其相对应的文化在生活中传承下来，该文化展示了当地的地域文化与个性，是不可替代的独有资源，其中乡村文化作为中华文化的源头和重要组成部分，是乡村旅游发展的基础和依托。日本通过乡村旅游促进乡村经济发展的同时强调当地文化的重要性，致力于特色文化与集体文化记忆的挖掘，赋予乡村景观"灵魂"。作为"年轻"的遗产，工业遗产承载了一代人的文化记忆，日本充分利用分布于城市建成区外的乡村工业遗产，其鲜明的建筑特征和建筑形式为再利用创造经济价值提供了可能。同样，北京市拥有丰富的地域特性、历史文化资源与工业遗产遗存，应尽快认识到乡村复兴的核心是乡村文化复兴，开展新型城镇化背景下乡村旅游地的文化保护与传承研究工作，对有历史、社会文化、经济再利用价值的工业遗存进行保护，并与当地特有历史文化相结合，打造依托文化遗产的乡村文化区，实现"活化"再利用，从而传承历史文脉、带动乡村经济发展、更快地推动城乡一体化发展。

---

[1] ［日］篠原·靖:《地域活性化を図るための観光事業の活用方法について—岡山県高梁市における活性化モデルの構築と観光アクションプランの策定—》,《跡見学園女子大学マネジメント学部紀要》2011 年第 12 期。

（二）环境、乡村风貌的保持

与城市截然不同的优质生态自然环境与乡村风貌构成了乡村旅游的核心，即"乡村性"。乡村旅游对于乡村环境及风貌来说是把"双刃剑"，作为具有三千年建城史和八百余年建都史的北京，其悠久的自然文化环境孕育了独有的乡村风貌，形成了许多历史悠久、文化深厚的历史传统村落，一方面乡村旅游的发展势必对于文化的传播有着促进推动作用，但另一方面，现今不少旅游开发者或是意识不强的农户，为了满足城市旅游者的市场需求，追求片面的经济效益，对于自然环境及乡村风貌肆意改造，已有不少乡村原有格局、风貌及建筑遭到一定程度的破坏，形成了许多与乡村景观不相符的现代化设施。在城乡一体化发展的大背景下，乡村旅游"适度"发展的理念是核心要求，政府要因地制宜地制定乡村旅游规划，正确认识乡村的社会、文化与生态现状，加强生态资源保护红线，建立旅游生态补偿制度，争取实现乡村旅游的"适度"发展，实现良性提升；同时通过对于乡村原有环境、风貌的保持逐步恢复乡村的乡村性，还原游客一个真正的乡村风貌，形成与城市景观有别的乡村竞争力。

（三）资源、特色产品的挖掘

日本"一村一品"运动的核心是：因地制宜地利用特色资源来推动村域特色农产品发展。北京市有着良好的自然环境与特有民俗、历史文化资源，拥有相当数量的历史文化村落，应充分利用当地独有资源及特色，打造地方乃至全国驰名的特色农产品。除平谷大桃、怀柔板栗、大兴西瓜等特色农产品外，挖掘新型特色农产品，在提升农产品附加值的同时加强农产品的优化；同时要寻找观光、采摘、餐饮、住宿等基本形态之外的经营形式，从乡村核心资源角度，挖掘不可替代的独特性，打造各具魅力的旅游产品、特色产品，加强城市游客的参与感、新鲜感。

（四）人才培养和组织形式的创新

在城乡一体化发展的新背景下，要实现旅游模式的创新离不开一批乡村旅游的创新人才培养。一方面，村民不只是乡村文化的载体，更是乡村文化的创造者，政府要加强对于当地村民生产、经营技术的培养，通过有针对性的免费教育培训、交流会等活动，提升村民的生产技术、接待水平及管理水平，培育新型农民。另一方面，北京地区有着全国最好的高校教育资源，政府管理部门应充分利用此优势条件，积极与高等院校进行对接，探索与高校之间新型的合作机制，将大学的教室从室内搬到户外，设立乡村实践基地，引导新型人才到农村。强调乡村基层组织的重要性，政府应重视与基层组织的交流，听取基层民众的心声，以提出具有针对性的"接地气"政策，以提升民众的生产、生活积极性。